# SALTO
## *a la*
# LIBERTAD

Si este libro le ha interesado y desea que lo mantengamos
informado de nuestras publicaciones, puede escribirnos a
comunicacion@editorialsirio.com,
o bien suscribirse a nuestro boletín de novedades en:
www.editorialsirio.com

Título original: Shift into Freedom: The Science and Practice of Open-Hearted Awareness
Traducido del inglés por Pedro Ruiz de Luna González
Diseño de portada: Editorial Sirio, S.A.
Diseño de interior y maquetación: Toñi F. Castellón

©    de la edición original
     2015 Loch Kelly

©    del prólogo
     2015 de Adyashanti

©    de la presente edición
     EDITORIAL SIRIO, S.A.

EDITORIAL SIRIO, S.A.
C/ Rosa de los Vientos, 64
Pol. Ind. El Viso
29006-Málaga
España

www.editorialsirio.com
sirio@editorialsirio.com

I.S.B.N.: 978-84-17030-38-4
Depósito Legal: MA-1442-2017

Impreso en Imagraf Impresores, S. A.
c/ Nabucco, 14 D - Pol. Alameda
29006 - Málaga

Impreso en España

Puedes seguirnos en Facebook, Twitter, YouTube e Instagram.

LOCH KELLY

# SALTO
## a la
# LIBERTAD

*La ciencia y la práctica de
la consciencia abierta de corazón*

EDITORIAL
SIRIO

*A Paige, por todo su amor,*
*apoyo e inspiración*

*El ser humano es una parte del todo que llamamos «universo»,*
*una parte delimitada en el tiempo y el espacio.*
*El ser humano se experimenta a sí mismo,*
*a sus pensamientos y sentimientos, como algo separado del resto, lo cual constituye*
*una especie de ilusión óptica de la consciencia.*
*Para nosotros, este engaño ilusorio*
*es una cárcel que nos limita a nuestros deseos personales*
*y al cariño hacia unas cuantas personas, las más cercanas.*
*Nuestra tarea debe ser liberarnos a nosotros mismos de esta prisión,*
*por medio de ampliar nuestro círculo*
*de compasión con el fin de acoger por completo a todas*
*las criaturas vivientes y a toda la naturaleza*
*en su belleza. El auténtico valor del ser humano depende*
*fundamentalmente de la medida y el sentido en que haya*
*alcanzado la liberación de sí mismo. Necesitaremos*
*una nueva manera de pensar si queremos que la humanidad sobreviva.*

ALBERT EINSTEIN,
*El mundo tal como lo veo, 1934*

# PRÓLOGO

DE ADYASHANTI

Está amaneciendo una nueva espiritualidad en la que se reexaminan las viejas ideologías, se desafían las hipótesis conocidas y nacen nuevas enseñanzas y nuevos maestros. En épocas como esta, en que surgen nuevas enseñanzas espirituales, necesitamos de una gran claridad y capacidad de discernimiento para navegar por estas aguas cambiantes y permanecer orientados hacia lo que es sólido y auténtico.

Nuestra vida moderna se caracteriza, en muchos ámbitos, por el cambio, la inseguridad y la apertura de posibilidades nuevas y creativas. En medio de todos estos cambios continuos, nuestros corazones anhelantes intentan alcanzar formas más profundas de conexión y de sabiduría. Ello guarda relación con el deseo humano de despertar a la dimensión sagrada de la vida, no solo por medio de la transcendencia, sino también por medio de encarnar lo sagrado dentro de nuestra propia humanidad y en la expresión creativa de nuestras vidas.

El despertar ya no se ve como algo perteneciente al ámbito exclusivo de los adeptos religiosos enclaustrados; hoy día se ve como algo que está al alcance de todo ser humano, sea cual sea su pasado, la clase social a la que pertenezca o sus creencias religiosas. Aunque esta nueva apertura de mente supone una gran bendición para todos nosotros, tenemos que permanecer alerta ante las dificultades y las exigencias que nos presente cualquier forma de espiritualidad que sea auténtica. La evolución de las formas antiguas de práctica espiritual hacia formas nuevas es un asunto sumamente importante, y se requiere mucha lucidez espiritual y una gran dedicación con el fin de preservar la profunda sabiduría de las tradiciones antiguas a la vez que se acoge el contexto siempre cambiante de la vida secular. Depende de nosotros la posibilidad de democratizar la libertad espiritual, pero también somos nosotros quienes debemos ser unos buenos adeptos para asegurar que esta nueva apertura de posibilidades esté basada en una percepción espiritual auténtica y madura.

Necesitamos formas de espiritualidad que sean honestas, directas y accesibles; que estén firmemente arraigadas en las tradiciones de la sabiduría antigua de nuestros antepasados a la vez que acogen totalmente la sabiduría moderna que ofrecen tanto la psicología como la ciencia. Y aunque sea importante contar con mapas buenos y útiles de este territorio de liberación inclusivo, también necesitamos contar con guías y mentores sabios y amorosos que encarnen en sí mismos el camino que hay por delante. Si no nos apoyamos en ellos, podrá muy bien ser que nos quedemos mirando el mapa en lugar de emprender el camino. No es una tarea fácil, pero es necesario que la llevemos a cabo si queremos seguir adquiriendo un conocimiento experiencial relativo a quiénes somos y lo que somos, y si queremos encarnar perspectivas de libertad y amor cada vez más amplias en este mundo siempre cambiante. Porque nuestro corazón humano pide libertad a gritos, y el corazón del mundo reclama que participemos en él de formas sabias y amorosas.

Creo que el libro que tienes entre las manos es un gran tesoro de enseñanzas espirituales antiguas, modernas y muy recientes (estas últimas reflejan un buen espíritu creativo). El conjunto de todas ellas son excepcionalmente adecuadas para que podamos tener las revelaciones más profundas respecto a nuestra verdadera naturaleza, encarnarlas y expresarlas en la vida diaria. Hace muchos años que trabajo con Loch Kelly y siento que su vida es una de las más claras expresiones de la libertad y el amor auténticos, fruto del despertar. Su risa y su calidez siempre me llenan de alegría; y su enorme experiencia y el hecho de que integra en sí mismo todos los aspectos que nos hacen humanos son características de su personalidad vigorosa que vale la pena celebrar, pues son muy poco frecuentes. Este libro es una joya brillante dentro del paisaje espiritual moderno; es una obra que te invita, te reta y te insta a implicarte plenamente en tu despertar a la verdad y a que encarnes el amor.

El título de este libro, *Salto a la libertad*, refleja bien la inmediatez y la utilidad de las enseñanzas que contiene, así como el deseo que tiene Loch Kelly de presentar estas enseñanzas de tal manera que sean fáciles de entender y de aplicar. *Salto a la libertad* constituye una medicina sabia y amorosa para cualquiera que esté preparado para responsabilizarse de su propia liberación aquí y ahora, puesto que las enseñanzas contenidas en este libro ponen en nuestras manos todas las herramientas que nos permiten liberarnos en cuerpo, mente y espíritu. Esta lectura no fomenta la adoración a ningún maestro ni requiere que se profese ninguna creencia ni ningún credo; no constituye más que una guía práctica, directa e inmediata que es el fruto de la vasta experiencia de Loch, de su profundo compromiso con todos los aspectos del potencial humano y de su deseo de despertar a la libertad espiritual. El profundo compromiso que adoptó con la claridad y la practicidad a la hora de escribir este libro es un regalo para todos nosotros. Yo, por ejemplo, estoy agradecido por el compromiso que Loch ha tenido toda su vida con el *dharma* y por su dedicación a presentar estas enseñanzas tan potentes con un estilo tan contemporáneo y accesible.

# INTRODUCCIÓN

*Dime, ¿qué planeas hacer
con tu loca y preciada vida?*

MARY OLIVER,
de «Día de verano»[1]

Recuerdo que era una de esas noches frías y claras de invierno. Mientras la biblioteca de mi facultad cerraba sus puertas, empecé a ascender penosamente la pronunciada colina hacia mi residencia de estudiantes. Mi cuerpo estaba exhausto, y mi corazón afligido mientras mi mente repasaba atentamente los acontecimientos del año anterior. Había perdido a mi padre, que estuvo dos años luchando contra el cáncer cerebral. Mi abuela, que había estado doce años viviendo con nosotros, había muerto recientemente. Y luego, un mes después, uno de mis mejores amigos falleció en un trágico accidente de automóvil. Yo me había sumergido profundamente en el río de la vejez, la enfermedad y la muerte e intentaba nadar en él o, al menos, permanecer a flote.

Me encontraba en la mitad de mi ascenso por la colina cuando oí un sonoro pensamiento en mi mente: *no sé si puedes cargar con tanto dolor*. Me detuve y me quedé parado. ¿Quién hablaba y quién no podía cargar con el dolor? Miré a mi alrededor y busqué al que hablaba, pero para mi sorpresa no había nadie. Mis pensamientos se calmaron y mi corazón se abrió completamente. Se aligeró el peso de mi desesperación y sentí no solamente alivio sino que, además, la alegría, el bienestar y el amor inundaron todo mi ser. Las lágrimas me rodaron por las mejillas, y lloré y reí a la vez. Miré a las estrellas que parpadeaban en el ilimitado cielo nocturno y me sentí conectado y apoyado.

Mientras estaba allí parado, respirando profundamente, me di cuenta de que mi sentido normal del yo había desaparecido, y de que a pesar de eso me sentía completamente dentro de mi cuerpo y lleno de vida. A partir de aquella noche, si bien continué estando afligido, también experimenté una mayor sensación de espacio interior y una mayor compasión, lo cual me ayudó a sentir mis emociones sin que eso me abrumase. Recuerdo que pensé que yo también moriría algún día, pero hasta eso me parecía bien. Algo había cambiado y se había desencadenado un nuevo proceso en mi interior. Me di cuenta de que era libre de hacer lo que quisiera con mi vida.

Esa experiencia me mostró que es posible que la consciencia experimente un cambio involuntario, pero en aquel momento aún no sabía cómo soltar y provocar el cambio a voluntad. Lo que me ha motivado a escribir este libro es el deseo de proporcionar una guía clara hacia el despertar, escrita en un lenguaje moderno; la guía que me habría gustado leer en medio de mi propio periplo. La he escrito con amor, con la intención de compartir contigo estas herramientas.

Por aquel entonces les comenté mi experiencia a unos cuantos amigos íntimos, pero ninguno de ellos me entendió. De manera que empecé a indagar acerca de lo que me había ocurrido por medio de leer sobre experiencias similares que habían tenido otras personas. En aquella época, acababa de terminar de leer *Las variedades de la experiencia religiosa*, de William James, psicólogo que vivió a caballo entre el siglo XIX y el XX y que hablaba sobre esas experiencias. Él las ubicaba en el ámbito de lo espiritual, de lo psicológico y de la consciencia, en lugar de limitarse a situarlas en el ámbito de lo religioso. Añadió en el libro informes de personas corrientes que describían despertares y cambios de consciencia que parecían más naturales y profundos que nuestra autoconsciencia ordinaria y egoica.

Yo había experimentado cambios pequeños y espontáneos antes, pero desde aquella noche empecé a buscar formas de cambiar deliberadamente mi estado de consciencia. Esta exploración resultó ser un camino largo y serpenteante hacia la luz, en el que tropezaba a menudo. Finalmente, llegué a darme cuenta de que el aspecto más importante y habitual es la pretensión de verse libre de la carga que impone un «yo» insatisfecho e inquieto. Me preguntaba si ese alivio solamente podía lograrse como un estado temporal o si era posible que el amor, el bienestar y la unidad estuviesen siempre presentes por debajo de la mente parlanchina, en tanto que aspectos básicos de nuestra constitución.

En mi deseo de aprender de aquellos que habían examinado cuestiones parecidas, fui a la escuela de posgrado y me ofrecieron una beca para viajar por Sri Lanka, la India y Nepal. Allí tuve tiempo de meditar y de conocer a personas extraordinarias que hablaban abiertamente de sus experiencias y trayectorias. Cuando regresé, me formé como psicoterapeuta especializado en el uso conjunto de la meditación y las herramientas psicológicas, y trabajé muchos años en un centro público de salud mental. Empecé a acudir yo mismo a un psicoterapeuta, dejé la bebida y me casé con la mujer más asombrosa, que es el amor de mi vida.

También me había enamorado de la investigación del papel de la consciencia y del potencial que tiene de despertar a cualquiera. En 2002 una amiga me regaló un libro y me dijo que el escritor y yo teníamos la misma manera de hablar sobre el despertar y la consciencia encarnada. De modo que acudí a conocer al maestro de meditación Adyashanti, nacido en los Estados Unidos, y a meditar con él. Poco después, me invitó a que enseñásemos juntos un enfoque moderno y no dualista del despertar, el cual hacía hincapié en la posibilidad de despertar en el contexto de la vida cotidiana. Yo había estudiado este tipo de enfoque con mi primer instructor, Tulku Urgyen Rinpoche, en Nepal. Desde entonces he estudiado muchos años con sus hijos,

Tsoknyi Rinpoche y Mingyur Rinpoche. En 2004, durante una reunión que mantuve con Mingyur Rinpoche tras un retiro, le hablé sobre el enfoque consciencial que yo estaba desarrollando para enseñar meditación. Al final de un debate largo y profundo, durante el cual me interrogó sobre mis puntos de vista y mi experiencia, dijo: «Me gustaría que enseñases el *sutra mahamudra*». Al darme su permiso para impartir esta modalidad de enseñanza, hizo hincapié en lo importante que era incluir la ciencia contemporánea y encontrar maneras de hacer que el despertar fuera más asequible para la gente.

El *mahamudra* se enseña principalmente en el seno del budismo tibetano hoy en día, pero sus raíces vienen del budismo que se practicaba en la India en el siglo II.

Fundamentalmente, el *mahamudra* era un sistema de práctica espiritual desarrollado por gente laica con el fin de facilitar el despertar en medio de la vida diaria. La práctica del *mahamudra* prosperó porque era un sistema sencillo y directo, que no incluía ejercicios físicos o energéticos complicados. En palabras de uno de mis instructores, Dzogchen Ponlop Rinpoche: «La meditación del *sutra mahamudra* consiste esencialmente en dejar descansar la mente, libre de actividad mental, en el estado de sabiduría no conceptual. [...] [El *sutra mahamudra*] se considera un método muy profundo porque no requiere llevar a cabo ninguna práctica elaborada o compleja (rituales tántricos, ejercicios de visualización propios del yoga de la deidad, *samayas*...). [...] La tradición del *sutra mahamudra* contiene medios eficaces que incluyen métodos profundos destinados a mostrar directamente la naturaleza de la mente, que es luminosa y está desprovista del sentido del yo».[2]

El enfoque moderno del *sutra mahamudra* empieza con la meditación *mindfulness*, la cual se ha demostrado que reduce el estrés, y luego sigue con los niveles siguientes de la meditación, que incluyen el *mindfulness* sin esfuerzo y el *mindfulness* del corazón, prácticas que alivian niveles de sufrimiento más profundos. Actualmente, recurro a ejemplos procedentes de estas tradiciones meditativas en mis enseñanzas, en lo que considero que es un linaje moderno ya no de maestros, sino de seres humanos.

## ¿Dónde estamos ahora?

Durante los últimos años, la humanidad ha efectuado rápidos progresos en áreas como la tecnología, la medicina y las comunicaciones. A pesar de eso, hay partes de nuestro cerebro y de nuestra consciencia que aún operan como si viviésemos en tiempos primitivos. Si queremos sobrevivir y prosperar en el siglo XXI, tenemos que implicarnos conscientemente en el desarrollo y la puesta al día de nuestro sistema operativo. Hoy día existe una gran necesidad de contar con herramientas conscienciales eficaces, si queremos preservar nuestro planeta y crear una calidad de vida sostenible para todo el mundo. La buena noticia es que podemos aprender a cambiar nuestra consciencia deliberadamente, con el fin de llegar a acceder a la etapa siguiente de la evolución humana.

Tenemos mucha suerte de que muchos manuales de meditación antiguos y poco conocidos hayan salido últimamente de sus países de origen y se hayan traducido, publicado y puesto a disposición del público. Sin embargo, estos antiguos manuales utilizan frecuentemente un lenguaje arcaico o esotérico. Este libro es un intento de traducir esas prácticas a un lenguaje moderno, sencillo y experiencial. Para comprender el despertar, no podemos contemplar solamente los ámbitos físico, mental, emocional o psicológico de la experiencia; es por eso por lo que, al principio, puede parecer difícil de entender.

Podemos aprender una nueva forma de utilizar las herramientas conscienciales para examinar los niveles de la consciencia en nuestro interior. Se trata de una nueva manera de mirar, pero no es más difícil que observar nuestra experiencia mental o psicológica. En realidad, no existen palabras que permitan describir acertadamente los sutiles estados de consciencia que se descubren durante el despertar. Los niveles sutiles de la consciencia pueden ser muy difíciles de articular o de comprender si uno no los ha experimentado por sí mismo. Aunque tal vez no sea posible describir con precisión el despertar, vivir con una consciencia abierta de corazón es una experiencia palpable, y, por lo tanto, se puede aprender y enseñar.

*Salto a la libertad* es una síntesis de conocimientos procedentes de la sabiduría antigua, de la psicología moderna y de las investigaciones llevadas a cabo en el campo de la neurociencia. En este libro no se adopta un enfoque psicológico ni religioso, sino que se ofrecen el mapa y las herramientas que permiten transformar la propia consciencia desde el enfoque de la educación para adultos. Mi intención es traer el proceso del despertar a nuestra cultura moderna, de manera que pueda estudiarse, debatirse e incluirse en ella del mismo modo que se ha incluido la psicología y, más recientemente, la meditación *mindfulness*. Mi enfoque no trata del trabajo psicológico que te ayude a prepararte para el despertar, sino de cómo puedes acoger y limpiar tus pensamientos y emociones una vez que empieces a despertar. Asimismo, ofrece prácticas especiales de consciencia para el cuerpo, la mente y las emociones que pueden llevarse a cabo en medio de la vida diaria. El resultado de estas prácticas es el descubrimiento de un sentido más profundo del bienestar y de la tranquilidad, junto con un sentimiento de conexión amorosa. La única premisa de este libro es que el bienestar no se encuentra por medio de calmar la mente, ni de cambiar los pensamientos, ni de adaptar las actitudes, sino por medio de entrar en un nivel de la mente que ya está calmado y alerta.

*Salto a la libertad* empieza donde acaban muchos libros sobre crecimiento espiritual, meditación y psicología; amplía la definición del despertar. Se ha considerado que el despertar es un fenómeno que ocurre raramente, porque sus principios aún no se han comprendido desde una perspectiva moderna. Uno de los puntos de vista sostiene que uno no puede despertar porque es algo demasiado difícil de lograr si no se vive en un monasterio o en una cueva. El otro punto de vista es que no hay nada que pueda hacerse con el fin de despertar, que no existen meditaciones, ni pasos, ni etapas que puedan conducir a ello. Según este punto de vista, uno no puede despertar intencionadamente; depende para ello, por entero, de la suerte o de la gracia divina, y luego sigue despierto. El camino de en medio afirma que una serie de comprensiones directas pueden conducir a un despertar gradual, por medio de proceder paso a paso y por etapas. El despertar no es demasiado difícil de lograr si a uno le interesa y le motiva alcanzarlo. Así como todos podemos aprender a leer y a escribir, todos tenemos la capacidad de despertar.

Empezaremos aprendiendo a despertar de nuestra identidad equivocada; a continuación, aprenderemos a despertar a nuestro cuerpo y nuestras emociones (lo cual constituye un «despertar interior»); y luego despertaremos a las relaciones con los demás y nos daremos cuenta de que somos parte de un todo mayor (lo cual constituye un «despertar exterior»). Según se expone en esta obra, la consciencia abierta de corazón constituye la siguiente etapa del desarrollo humano.

Las herramientas que se presentan en este libro nos capacitan para ir más allá de nuestra perspectiva actual, estrecha y centrada en uno mismo, y pasar a vivir mas anclados en nuestro Ser, con el corazón más abierto y más conscientes de las interconexiones. En esta obra, muchas descripciones relativas a la meditación se han actualizado con metáforas modernas. Se ha puesto el acento en modernizar las prácticas para que sean más asequibles para todo el mundo. El enfoque de la consciencia abierta de corazón pone al día lo que se considera que son meditaciones avanzadas. De todos modos, estos métodos son tan fáciles de aprender como las prácticas de meditación destinadas a los principiantes.

El objetivo del enfoque de la consciencia abierta de corazón en cuanto al despertar y el crecimiento no es mostrarte cómo transcender la condición humana o cómo escapar de ella, sino ayudarte a descubrir cómo vivir la vida desde lo más profundo de ti. Para ello, lo primero que desarrollarás será la capacidad de ver las cosas tal como son realmente. Eso abarca tanto las cualidades positivas como la capacidad de ver la verdad de que nos hemos ocasionado sufrimiento a nosotros mismos y lo hemos provocado en los demás.

Aprender a emplear la atención para dirigir, cambiar y reconfigurar la propia consciencia es la clave de la libertad y la felicidad. En lugar de utilizar la meditación solamente para disfrutar de breves períodos de alivio y disminución del estrés, puedes aprender a cultivar un estado permanente de expresión sincera, clara y compasiva, y a despertar todo tu potencial como ser humano. *Salto a la libertad* está concebido para ayudarte a pasar del pequeño y separado sentido del yo, que te hace sentir alienado, solo, inquieto y temeroso, a recibir el apoyo de la consciencia despierta, la cual ya está calmada y alerta, y ya es amorosa y sabia. Una vez que des el salto a la libertad, tu naturaleza verdadera emergerá espontáneamente como un espacio vivo e inmenso en el que todo está interconectado. Denomino *ámbito del Ser* a este espacio.

## Indicadores a lo largo del trayecto

La primera parte de este libro, «Visión general», proporciona una visión de conjunto sobre el enfoque de la consciencia abierta de corazón y sobre cómo este enfoque sintetiza conocimientos pertenecientes a los ámbitos de la ciencia, la psicología y la meditación. En el primer capítulo se describe la consciencia despierta como una capacidad humana natural, mientras que el segundo ilustra el método principal que permite reconocer directamente la consciencia despierta y concentrarse en su despliegue. El capítulo 3 presenta la exclusiva herramienta de la consciencia local, que es lo que nos permite cambiar; y el 4 nos ofrece un mapa de los niveles mentales por los que transitamos. La parte «Visión general» termina con un capítulo sobre las investigaciones científicas recientes y ofreciendo un contexto moderno para el despertar, disponible para todo el mundo.

La segunda parte se concentra en los cambios que atañen a nuestra identidad y a nuestra forma de adquirir conocimiento. Empieza con dos capítulos que describen el cambio de la forma de conocer de tipo conceptual, basada en el pensamiento, a la forma de conocer de tipo no conceptual basada en la consciencia. A continuación, se describe la causa raíz de nuestra identidad errónea. La segunda parte termina con una descripción de la anatomía de la consciencia y con un capítulo que define qué significa vivir desde la consciencia abierta de corazón plenamente encarnada.

La parte final del libro se concentra en el *despertar*, el *despertar interior* y el *despertar exterior* como las próximas etapas del desarrollo humano. Hablo del *mindfulness* sin esfuerzo como una forma de practicar de cara a estabilizar la consciencia abierta de corazón y vivir según ella. Esta parte termina con una exposición del proceso de despliegue, limpieza y reconfiguración de cara a vivir desde el nuevo sistema operativo basado en la consciencia.

A lo largo de este libro, al final de cada capítulo encontrarás prácticas ideadas para ayudarte a experimentar directamente por ti mismo aquello de lo que se ha hablado. Encontrarás cierta redundancia de temas y definiciones, ya que se trata de una obra práctica, y este proceder permite presentar nuevos contenidos e inducir la creación de nuevos hábitos. El hecho de decir las mismas cosas de formas diferentes permite que el lector las incorpore con mayor solidez. A menudo empiezo por ofrecer una definición sencilla y un principio básico, pero luego profundizo y muestro cómo se relaciona eso con nuevos temas y nuevas prácticas. Presento también varias metáforas diferentes en relación con el mismo tema, de manera que todo el mundo pueda beneficiarse de ello, sea cual sea el estilo de aprendizaje al que esté acostumbrado. Comparo esta estrategia con caminar alrededor de un objeto para verlo desde todos los ángulos. Las palabras que contiene este libro son como punteros destinados a ayudarte a alcanzar la libertad y vivir imbuido de dicha libertad.

## El mapa experiencial

*Salto a la libertad* te mostrará la anatomía de la consciencia. Se trata de un mapa útil que te permitirá recorrer tu camino. Este libro se concentra exclusivamente en el trayecto que sigue al despertar inicial y en desarrollar la inteligencia emocional que permita afrontar la experiencia a medida que se va desplegando. Incluso si decidieras no llegar hasta el final del trayecto que se presenta en este libro, encontrarás herramientas que podrás utilizar enseguida, e incluso un pequeño atisbo de lo que llamo «consciencia despierta» puede cambiarte la vida. Leerás sobre la forma de pasar inmediatamente a la consciencia abierta de corazón a partir de realizar ciertas prácticas de atisbo muchas veces. Estos atisbos constituirán un nuevo tipo de entrenamiento para tu cerebro y tienen el potencial de conducirte a una nueva etapa del camino.

Una cosa es sentarse en una playa y leer un libro sobre el mar iy otra es meterse en el agua! Te señalo el océano, pero no lo comprenderás del todo hasta que hayas saltado a él. No necesitarás comprender intelectualmente tu nueva consciencia antes de vislumbrarla directamente. Las descripciones que se ofrecen tienen el objetivo de hacerte mirar las cosas de otra manera. Te animo a que sigas leyendo, aunque no comprendas todos los términos nuevos inmediatamente. Después, cuando hayas realizado algunas de las prácticas, podrás volver a leer las descripciones y compararlas con tu experiencia. El despertar se parece más a aprender a montar en bicicleta, o a escribir con un teclado, o a conducir un automóvil que a estudiar para un examen. Una vez que experimentes directamente los estados y las etapas de la consciencia que se presentan se convertirán en una segunda naturaleza para ti y serás capaz de entrar en ellos fácilmente.

Este libro es un manual del usuario para tu consciencia que puede adaptarse a tu estilo individual de aprendizaje. Te doy el mapa, te muestro la dirección en la cual ir y te ofrezco descripciones de los territorios que es posible que te encuentres. La función de los punteros (las palabras) es ayudarte a encontrar tu propio GPS interior, de manera que puedas orientarte en el camino; pero no sabrás en qué consiste realmente el viaje si no lo emprendes tú mismo. No tomes mis palabras, punteros o mapa impresionista demasiado al pie de la letra. Empieza leyendo para captar la esencia del enfoque, pero haz caso de lo que aprendas por tu propia experiencia.

Aunque un mapa detallado del despertar puede ser útil para mucha gente, no tiene como objetivo guiarte por un proceso que debes seguir obligatoriamente, paso a paso. No existe una manera correcta o incorrecta de experimentar el despliegue del despertar. Aunque descompongo el despertar en niveles de la mente, te ruego que recuerdes que esos niveles están contenidos unos dentro de otros. La gente ha pasado de unos niveles de la mente a otros por muchos medios diferentes y ha llegado al despertar a través de distintas puertas. Por ejemplo, aunque describo cuatro pasos pequeños y bien diferenciados, hay personas que llegan a la consciencia abierta de corazón con un solo movimiento, sin necesidad de descomponerlo en pasos. Y si alguna de las instrucciones te desconcierta, no te preocupes; este libro presenta una gran cantidad de formas de aprender sobre el territorio del despertar y recorrerlo. Se presentan unos principios generales, por supuesto, pero cada persona tiene su propia manera de vivirlos.

Las prácticas de la consciencia abierta de corazón proporcionan indicaciones concebidas para guiarte de vuelta a la verdad viva que ya está en tu interior. Mi intención es presentarte una hipótesis y un conjunto de experimentos. Te corresponde a ti realizar estos experimentos y observar los resultados. Mi esperanza es que esta experiencia te permita descubrir una nueva forma de conocer y de ser. Con el fin de aprender la herramienta para el despertar que es la consciencia abierta de corazón, descubrirás una nueva manera de aprender y de desaprender, la cual deberás convertir en un hábito diario para que te aporte los mayores beneficios. Si te acercas a estas enseñanzas con la mente de un principiante y con un corazón abierto, confío en que la experiencia de la libertad y del amor acabarán por constituir tu motivación.

# VISIÓN GENERAL

# 1

## ESTAR EN CASA MIENTRAS SE VUELVE A ELLA

> *No vayas a la jungla enmarañada a buscar al gran elefante despierto que ya está descansando en silencio en casa, frente a tu propio corazón.*
>
> LAMA GENDUN RINPOCHE[1]

Érase una vez un pez que había escuchado relatos acerca de la Fuente de la Vida, la cual otorgaba a quien la encontrase todos los deseos de su corazón. El pez nadó por todos los confines del océano preguntando:

—¿Dónde está la Fuente de la Vida?, ¿cómo puedo encontrarla?

Fueron indicándole distintas tareas y lo enviaron a zonas del mar cada vez más lejanas; siempre debía ir más lejos, sumergirse más profundamente o acercarse más a la superficie.

Después de muchos años de búsqueda, el pez llegó otra vez al lugar del que había partido. Al entrar en las aguas que constituían su hogar, se encontró con un pez viejo, que le preguntó:

—¿Qué te ocurre, amigo? ¿Por qué pareces tan preocupado y alicaído?

—Me he pasado años buscando la Fuente de la Vida —explicó el pez—. No podría ni empezar a decirte las cosas que he intentado, ni la cantidad de lugares en los que la he buscado, todo en vano. ¿No sabrás tú por casualidad dónde puedo encontrarla?

El pez viejo sonrió y dijo:

—Toda mi vida he oído muchos nombres diferentes para la Fuente de la Vida, pero el más sencillo es *agua*.

Igual que el pez, hemos estado buscando una fuente vital asombrosa. Aunque esta fuente fundamental esté más allá de nuestra capacidad de describirla acertadamente con palabras, le hemos dado muchos nombres: Verdad, Dios, Paz, Fuente, Amor, Naturaleza Verdadera, Iluminación, Unidad, Espíritu..., pero el más sencillo es *consciencia*. Igual que el pez, hemos buscado por todas partes, por arriba y por abajo, por dentro y por fuera esta fuente de vida y libertad; pero ¿y si resulta que lo que buscamos está más cerca de nosotros que nuestro propio aliento? ¿Y si la fuente de la vida ya nos está rodeando y permeando?

He conocido a miles de personas de muchas culturas y sectores de la sociedad. He averiguado que la mayoría han probado el «agua de la vida». Muchas de ellas han conocido por un momento la cualidad profunda y fundamental de nuestro Ser: han tenido una experiencia de paz y de amor, libre de las limitaciones de la mente. Igual que el pez, anhelamos encontrar ese nivel de consciencia y vivir desde él, pero ya que la mayoría de nosotros nos hemos encontrado con él involuntariamente, no sabemos encontrarlo voluntariamente.

La consciencia es fundamental para que podamos vivir una vida humana; no podemos saber ni aprender nada sin ella. A pesar de esto, la conocemos muy poco. En general damos por sentado que está ahí y nos concentramos en el contenido; en las cosas de las que somos conscientes, más que en la consciencia misma. La consciencia que buscamos está aquí mismo, ahora mismo, y todos podemos acceder a ella. La consciencia despierta se asemeja a las funciones del sistema nervioso autónomo: acontece por sí misma, como la respiración. Sin embargo, la consciencia suele ser esquiva, porque no sabemos reconocerla. No es algo que tengamos que crear ni que desarrollar; lo que necesitamos es encontrar una manera de descubrirla, destaparla o recobrarla. Descubrir la consciencia implica tanto llevar a cabo un aprendizaje como un desaprendizaje, pero estoy convencido de que cada uno de nosotros podemos conocer la consciencia de alguna forma; todos nosotros podemos experimentar la libertad que ofrece y vivir desde este espacio. Puedes percibir esta libertad de la consciencia y entrar en ella con la misma facilidad con la que puedes pasar de ser consciente de estar leyendo a ser consciente de las sensaciones que experimentas en la mano derecha.

## La consciencia está despierta

Una vez que reconocemos que nuestra consciencia básica es la base de lo que sabemos y de quienes somos, podemos llamarla *consciencia despierta*. Descubrir la consciencia despierta es fundamental para esa transformación consciencial que llamamos *despertar*, la cual nos conduce a ser capaces de vivir desde la libertad, el bienestar y la conexión amorosa. Con el despertar, nuestra identidad cambia, así como nuestra manera de conocer: la consciencia despierta es la esencia del ámbito de nuestro Ser y del origen de nuestra mente. Esta transformación consiste en algo tan sencillo como lo siguiente: la consciencia despierta pasa de estar en el trasfondo de la mente a ocupar el primer plano.

Como tenemos el hábito de concentrarnos en los pensamientos, que se mueven muy rápido, y en las emociones fuertes —y en buscar la felicidad fuera de nosotros mismos—, no percibimos la consciencia despierta. La constelación actual de nuestra consciencia restringe la percepción que tenemos de nuestra totalidad. El origen del despertar no es algún cambio en nuestro sistema de creencias, o alguna mejora de nuestras circunstancias exteriores; empezamos a despertar cuando cambiamos la manera en que organizamos nuestra mente y nuestra identidad actuales, que son las que nos mantienen sumidos en la ignorancia y la confusión. Podemos aprender a apreciar la realidad ya no desde la mente, que se basa en el pensamiento, sino desde la consciencia. En este caso podemos estar presentes con las experiencias, conectar con ellas y acogerlas. Cuando apreciamos la realidad desde la consciencia, desde la presencia, experimentamos una sensación semejante a cuando estamos en flujo, o «en la zona», o enamorados, o prestando servicio desinteresadamente, o riéndonos con nuestros mejores amigos. Estamos tan completamente vivos en el ahora que «nos olvidamos de nosotros mismos». Vivir desde la apreciación de la realidad basada en la consciencia nos otorga la auténtica libertad de elección.

La consciencia despierta es invisible y no tiene contenidos, no tiene forma, no tiene límites y es intemporal, pero es el fundamento de nuestro Ser. Cuando dejamos nuestro sentido convencional del yo, entramos en un intervalo de ausencia de conocimiento. La consciencia despierta es lo que somos *antes* del condicionamiento personal que normalmente tomamos por nuestra identidad. En lugar de observar nuestros pensamientos, nuestros recuerdos, nuestra personalidad o nuestros roles para identificarnos a nosotros mismos, aprendemos a conocer la consciencia despierta como la dimensión primaria de lo que somos, como la base de nuestra existencia. Entonces, una vez que estamos experimentando la consciencia despierta incondicionada como la base de nuestra identidad, podemos añadir nuestros pensamientos, emociones y sensaciones condicionados como si fueran las olas del océano de nuestra vida. Cuando la gente siente que la consciencia despierta es la dimensión principal de su constitución, afirma sentir un bienestar esencial que se caracteriza por ser libre y amoroso, y por transmitir seguridad. La consciencia despierta, en tanto que fundamento del Ser, es la misma en todos nosotros, y nuestras personalidades surgen de ella.

A la consciencia despierta se la llama a veces *consciencia pura*, pero la pureza es intrínseca a todas las formas de nuestra consciencia. También se utiliza a veces la denominación *consciencia despertada*, pero la consciencia siempre está despierta, de modo que no se ha despertado. La consciencia despierta está desde siempre aquí, y solamente se trata de que aprendamos a acceder directamente a ella. Una de las cosas más importantes que debemos aprender es a distinguir la consciencia del pensamiento; cuando sepamos hacerlo, veremos que los pensamientos y las emociones no constituyen la parte central de lo que somos. Entonces descubriremos que la consciencia es el origen de la mente, y que otorga una paz que es superior a cualquier forma de conocimiento. Un alumno dijo: «Esta es la sensación que produce tener la mente abierta». Es la mente que contiene nuestra sabiduría natural; es previa al pensamiento conceptual y también lo transciende. La consciencia despierta puede «conocer» algo sin tener que acudir abiertamente a los pensamientos, pero también puede utilizar el pensamiento cuando es necesario.

Entonces descubrimos la importante capacidad de retirarnos hacia la consciencia despierta; ya no nos identificamos con nuestros pensamientos inquietos ni con nuestras temerosas emociones. Lo que es consciente del miedo no es temeroso. Y cuando la consciencia despierta se experimenta como intrínseca a todo, sentimos la unidad con el conjunto de la vida. Empezamos a desplazarnos desde la mente abierta hacia la consciencia abierta de corazón, que es la expresión de la consciencia despierta que conoce el amor incondicional y sabe que todas las cosas están conectadas entre sí. Reconocer la consciencia despierta como el fundamento del Ser es como «volver a casa» y descansar en lo que siempre hemos sido.

Pasar a apreciar la realidad desde la consciencia despierta no es como ponerse unas lentes cuyos cristales son de color rosa; se parece más bien a quitarnos las anteojeras. En el enfoque de la consciencia abierta de corazón, en lugar de intentar domesticar los caballos salvajes que son los pensamientos y las emociones dentro de un corral demasiado pequeño, abrimos las puertas y descubrimos el gran campo de la consciencia en el que los pensamientos pueden moverse libremente. La manera más eficaz de liberarnos de los estados emocionalmente perturbadores no es intentar «destruirlos» o deshacernos de ellos, sino darnos cuenta de que esos estados están hechos de la consciencia misma. La consciencia despierta, en tanto que la fuente primordial de lo que somos y de nuestra forma de conocer, no puede verse afectada por ningún estado emocional, por fuerte que sea. Descubrirás que el bienestar esencial no se encuentra por medio de calmar la mente ni de cambiar los pensamientos o las actitudes, sino por medio de salir de la mente parlanchina y entrar en un espacio de libertad que tenemos a nuestro alcance.

El viaje del despertar consiste en efectuar una serie de cambios y en tener pequeños atisbos. La consciencia despierta puede entreverse y experimentarse directamente en un instante, lo que aporta un gran alivio. Un día, antes de marcharse, un hombre que me había ayudado con mi ordenador me pidió que le diese una instrucción práctica con el fin de despertar a la consciencia. Le mostré una parecida a las prácticas de «atisbo» que figuran al final de este capítulo. Me mandó un correo en el que decía: «Cuando fui a verle llevaba semanas intranquilo, agobiado y estresado. Todo eso pareció desaparecer en pocos minutos y no volví a sentirme así. Esta semana ha sido probablemente la mejor de toda mi vida». Este es un ejemplo de por qué a menudo se dice que la consciencia despierta es «la medicina definitiva». El hecho de descubrir y destapar la consciencia despierta nos abre inmediatamente a las cualidades naturales de la paz, la alegría, el amor y el valor.

## Por qué no reconocemos la consciencia despierta

Si la consciencia despierta es algo que todos hemos experimentado, si está tan cerca y es tan accesible, ¿por qué no estamos más familiarizados con ella? ¿Cómo podemos haberla pasado por alto? ¿Por qué no hemos sido capaces de acceder a ella voluntariamente? Si la consciencia despierta tiene tantos beneficios, ¿por qué no consideramos que sea el componente primordial de nuestra configuración psicológica?

La tradición budista tibetana *shangpa kagyü* nos ofrece una respuesta poética a la pregunta de por qué no reconocemos la consciencia despierta. No la reconocemos porque:

> Está tan cerca que no podemos verla.
> Es tan sutil que la mente no puede conocerla.
> Es tan sencilla que no podemos creerla.
> Es tan buena que no podemos aceptarla.

Somos tan inteligentes, y nuestras vidas son tan complejas, que se nos hace difícil creer que el solo hecho de descubrir la consciencia despierta puede constituir la solución a nuestro sufrimiento. También nos cuesta creer que el descubrimiento más importante ya esté en nuestro interior; que no necesitemos emprender una odisea para encontrarlo, conseguirlo o desarrollarlo. Estamos tan acostumbrados a conocernos a nosotros mismos a través de nuestros problemas y dificultades, de nuestros dramas y obsesiones, que se nos hace difícil aceptar que la consciencia despierta —la cual constituye nuestra verdadera naturaleza y nuestra bondad básica— sea nuestra verdadera identidad.

El obstáculo principal que nos impide aliviar nuestro sufrimiento es nuestra identidad actual, que Einstein llamó «ilusión óptica de la consciencia». Paradójicamente, esta misma identidad está intentando resolver el problema de nuestro sufrimiento. Parece una identidad muy real; la experimentamos como un yo separado que está ubicado dentro de la cabeza. Pero tanto la sabiduría antigua como la neurociencia moderna están de acuerdo actualmente en que no hay ningún lugar en el cerebro en el que se aloje la entidad separada que denominamos «yo». Se considera que el hecho de vivir como si existiera un yo separado dentro de la cabeza es tener una identidad equivocada, y esta es la causa del sufrimiento. Llamaremos *identificación con el ego* al procedimiento por el cual nos remitimos a este yo.

Nuestra falsa identidad mantiene la coherencia de las historias que nos contamos a nosotros mismos según las cuales somos unos inútiles que no merecemos ser amados —historias que tienen su origen en la vergüenza—. Pero podemos liberarnos de los sentimientos de falta de valía por medio de acudir a la consciencia despierta. La identificación con el ego es solamente una forma limitada de organizar la propia identidad. La identificación con el ego no consiste en que «tú» te identificas con «tu ego»; es más bien un patrón de consciencia constituido por pensamientos y por las funciones del ego (como la búsqueda y la protección) que se forma durante nuestro desarrollo biológico temprano. Una vez que este patrón de identificación con el ego empieza a generar la sensación de que este tiene unos límites físicos, concebimos que nuestra identidad se aloja en un determinado lugar.

No hay que confundir la identificación con el ego con nuestra personalidad, ni con nuestra historia personal, ni con las funciones de nuestro ego. El hecho de confundir las funciones del ego (aquello que hacemos) y la autoconsciencia (la capacidad de pensar que estamos pensando) con nuestra identidad (quiénes somos) está en la raíz de este tipo de sufrimiento existencial. La identificación con el ego es un patrón mental de la consciencia que nos hace experimentar la sensación de que tenemos un «mini yo» dentro de nuestras cabezas. No hay que luchar contra este yo, ni reprimirlo, ni extinguirlo, ni negarlo, ni matarlo. Cuando descubrimos que la consciencia despierta es nuestra verdadera identidad, no pasamos a ser unos don nadie, o unos ángeles, o unos holgazanes. En lugar de ello, nuestro ego pasa a realizar las funciones que le corresponden, sin más; deja de extralimitarse y acaparar nuestro sentido de la identidad.

Una mujer dijo que su vida se había visto transformada desde que llevó a cabo estas prácticas.

—Ya no tengo ataques de pánico –dijo– y me río más, ¡sobre todo de mí misma!

Trajo a su marido a una clase de presentación que yo daba, y él se sentó al fondo de la sala con los brazos cruzados. Durante mi charla inicial, pareció que estaba medio dormido. Después del segundo ejercicio experiencial, cuando pregunté a todos qué habían descubierto al situarse en la consciencia despierta, se animó de repente y dijo:

—¡[He descubierto] que eso soy yo!, el yo *de verdad* que no había experimentado desde la niñez.

Cuando dejamos de identificarnos con el ego y, posteriormente, reconocemos que la consciencia despierta constituye el fundamento de lo que somos, sentimos que no hay nada que tengamos que conseguir ni nada de lo que tengamos que librarnos con el fin de sentirnos bien en cuanto a nuestra identidad. No descubriremos la libertad y el amor por medio de acotar nuestras necesidades físicas; ni por medio de cultivar una mente más fuerte, calmada y enfocada; ni por medio de intentar obtener seguridad y éxito en el mundo. El hecho de mover piezas por el tablero de ajedrez de nuestras mentes no acabará con nuestra confusión ni con nuestro sufrimiento; para lograr esto debemos dejar de identificarnos con el ego y pasar a vivir desde la consciencia despierta.

Por medio de deconstruir, o abandonar la identificación con el ego, no descubriremos necesariamente la consciencia despierta. Puede ser que acabemos alucinados, extasiados o perdidos en nuestro inconsciente. Incluso puede ser que nos veamos atrapados por estados meditativos como el de estar «cómodamente adormecidos» o desapegados en plan «programa de protección de testigos». No basta con tener una percepción relativa a la ausencia de un yo separado; también debemos descubrir la presencia de la forma de conocer basada en la consciencia, de manera que podamos vivir desde ahí.

Puede parecer que la consciencia despierta sea una experiencia nueva; sin embargo no es un estado alterado, ni transcendente, ni siquiera meditativo. Es nuestra naturaleza innata y verdadera, y siempre está aquí. Cuando estemos situados en la consciencia despierta nos daremos cuenta de que el estado alterado es, en realidad, la identificación con el ego. Al reconocer la consciencia despierta nos deshipnotizamos del trance de la identificación con el ego.

### ¿NOS HEMOS VISTO ANTES?

Muchos de nosotros hemos entrevisto la consciencia despierta, sin pretenderlo, a lo largo de nuestras vidas. De hecho, a menudo buscamos sus placenteras cualidades sin darnos cuenta de que su origen es la consciencia despierta. Desde el estado mental en el que nos encontramos habitualmente no podemos experimentar el ámbito de nuestro Ser, ni la sabiduría profunda, ni la consciencia abierta de corazón. Aunque no lo supiésemos, siempre que experimentamos amor y sabiduría fue porque accedimos a otro nivel de nuestra mente.

Muchos de nosotros nos hemos encontrado con la consciencia despierta, involuntariamente, mientras caminábamos por la naturaleza, o mientras estábamos desarrollando una actividad creativa, o mientras estábamos haciendo el amor o practicando algún deporte; y algunos la hemos experimentado por medio de crisis que se convirtieron en oportunidades. Las actividades como caminar por la naturaleza son placenteras en sí mismas, pero además mitigan la identificación con el ego, lo cual permite que la consciencia despierta surja del trasfondo.

Cuando emprendemos una caminata y llegamos a la cima de una colina, dejamos de perseguir un objetivo, temporalmente. Nos relajamos por completo y dejamos de identificarnos con nuestro papel de buscadores; entonces se revela la consciencia despierta, la cual había estado ahí todo el tiempo. En momentos como esos se muestran las cualidades naturales de la consciencia despierta; entre ellas la claridad, la libertad ilimitada, la tranquilidad, la alegría, la conexión y la sensación de bienestar. Como no sabemos que el origen de nuestra alegría y de nuestra libertad ya está en nosotros, después es muy posible que digamos: «Estos días me siento muy mal; tendré que esperar a poder volver otra vez a la cima de esa colina el año que viene».

Existe un viejo proverbio que dice: «El silencio no es la ausencia del sonido, sino la ausencia del yo».[2] Dicho de otra manera, no necesitamos acudir a un lugar físicamente silencioso; podemos experimentar simultáneamente tanto una profunda quietud como una vitalidad ligera. El silencio y la quietud están dentro de ti ahora mismo, conforme lees este libro. La consciencia despierta y sus cualidades naturales no están ligadas a ningún sitio, persona o actividad; ni tampoco depende la consciencia despierta de ningún pensamiento interno ni de ninguna circunstancia externa. Si intentamos recrear nuestra experiencia por medio de regresar a aquella colina, nuestro estado de expectación puede impedir que dejemos de lado la mente buscadora el tiempo suficiente para que la consciencia despierta se revele de nuevo.

Muchos de nosotros hemos intentado encontrar la consciencia despierta. Hemos intentado ser merecedores de ella por medio de buenas acciones, o hemos intentado alcanzarla por medio de la meditación, o hemos rogado que se nos concediese. Algunos creen que solamente está al alcance de los individuos muy evolucionados; otros creen que solo aparece por suerte o por medio de una especie de gracia que o bien se nos concede o bien está ausente de nuestras vidas. Cuando desaparece la ofuscación de la identificación con el ego, puede parecer que la gracia o la consciencia despierta han estado ausentes y luego han llegado desde algún sitio. Pero ¿y si la consciencia despierta no se consigue por medio de las buenas acciones ni le es dada solamente a unos pocos afortunados? ¿Y si nunca está ausente y, por lo tanto, no aparece y desaparece? ¿Y si está siempre aquí, inherente a cada uno de nosotros? Podemos crear las condiciones favorables a la gracia por medio de acostumbrarnos a abrirnos a la gracia que siempre ha estado aquí, dentro de nosotros y a nuestro alrededor.

Mucha gente cae en la trampa de concentrarse solamente en las manifestaciones de la consciencia invisible. Ejemplos de estas manifestaciones pueden ser luz, energía, arrobamiento, dicha, quietud, éxito exterior y carisma. También puede oírse una voz interior o pueden producirse visiones. Estas manifestaciones son reales, pero solamente son efectos transitorios de la meditación; no son la consciencia despierta misma. Las expresiones energéticas positivas pueden constituir manifestaciones previas a la consciencia despierta o puertas de acceso a la misma.

También podemos caer en la trampa de enfocarnos en el objetivo de las manifestaciones positivas externas, mundanas. Pero si no reconocemos que la consciencia despierta es el origen no manifiesto de toda manifestación, las manifestaciones positivas pueden seducirnos y llevarnos a creer que las cosas externas que van y vienen son la fuente de nuestra felicidad. Cuando somos felices sin un porqué, somos libres de efectuar elecciones que nos beneficien a nosotros mismos y que favorezcan a los demás.

Muchos que han anhelado la consciencia despierta y se han esforzado por conocerla no lo han logrado, no por falta de deseo o compromiso, sino porque no sabían dónde buscar o con qué mirar. Una de las razones de que *no podamos encontrarla*, *verla* o *conocerla* es que la consciencia despierta no es «algo». La consciencia despierta no es un objeto ni nada que pueda verse, oírse, tocarse, olerse o saborearse. No es un pensamiento ni una emoción, ni una imagen, ni una creencia, ni una sensación; ni siquiera es energía. La tradición zen afirma que «buscar la Mente con la mente discernidora es el mayor de todos los errores».[3] Ninguno de los cinco sentidos, ni la mente pensante, ni el ego, ni la voluntad, ni la imaginación, ni la atención pueden conocer la consciencia despierta. Quien esté leyendo estas palabras e intente experimentar la consciencia despierta no podrá hacerlo hasta que abandone la manera de conocer que utiliza en las demás áreas de la vida. Solo la consciencia despierta puede conocer la consciencia despierta.

## El poder del cómo: la consciencia local

Una de las razones principales por las que no despertamos es que todavía no hemos resuelto la paradoja de que *solo la consciencia puede conocer la consciencia*. Naturalmente, esto nos lleva a preguntarnos: si actualmente no estamos operando desde la consciencia, ¿cómo podemos acceder a la consciencia que puede conocer la consciencia despierta?

La respuesta más habitual es sentarse a meditar durante largos períodos de tiempo, de manera que la mente parlanchina se aquiete y al final permita que se revele la consciencia despierta. Normalmente, esto requiere un compromiso total. Sin embargo, si descubrimos la consciencia local podremos acceder inmediatamente a la consciencia despierta en cualquier momento y lugar. La *consciencia local* es la expresión de la consciencia despierta que puede desengancharse del pensamiento y conocerse a sí misma. Es posible que ahora mismo no comprendas qué es la consciencia local o que no sepas cómo encontrarla; sin embargo, cuando trabajes con ella en los ejercicios de atisbo del final de este capítulo, descubrirás que utilizarla es tan fácil como atarse los cordones de los zapatos.

El enfoque de la consciencia abierta de corazón te presenta primero la consciencia local, y luego esta consciencia local te presentará todos los niveles mentales y todas las ubicaciones de la identidad. Entonces podrás empezar a desenvolverte en el ámbito de tu propia consciencia y serás capaz de vivir desde la consciencia completamente encarnada y abierta de corazón. La consciencia local es la herramienta principal del enfoque de la consciencia abierta de corazón; es la modalidad de expresión de la consciencia despierta que es capaz de desplazarse por los distintos niveles de la mente.

Normalmente, la consciencia local está eclipsada por nuestros rápidos pensamientos y nuestras fuertes emociones. Sin embargo, descubrimos que la consciencia local puede separarse fácilmente del pensamiento e identificarse con la consciencia despierta, de modo que pasamos a vivir desde esta. El proceso por el cual la consciencia local se separa del pensamiento y se une después a la consciencia despierta se denomina *desenganche* y *reconocimiento*. Aprendemos un sencillo conjunto de ejercicios para desenganchar la consciencia local de la identificación con el ego y dirigirla después al reconocimiento directo de la consciencia despierta. La consciencia local es capaz de conocer la consciencia que ya está naturalmente despierta porque nunca está separada de ella. En cuanto miremos desde la consciencia despierta, estaremos «funcionando» con otro sistema operativo, distinto de la mente. Realmente, podemos vivir la vida desde esta nueva base.

## CAMBIAR DE CANAL

La consciencia local es como un sintonizador de radio o un mando de televisión que nos permite desplazarnos deliberadamente entre distintos anchos de banda conscienciales. La consciencia local puede dejar de sintonizar con la emisora estrecha, mental e identificada con el ego que es la mente cotidiana y sintonizar la emisora de los sentidos corporales. Y puede sintonizar también la *consciencia extensa*, que es la consciencia incondicionada, ilimitada y pura que constituye la expresión de la consciencia despierta.

Tu mente es como un aparato de radio o de televisión que tuviese muchas emisoras sonando a la vez o muchos canales funcionando simultáneamente. Muchos de nosotros estamos sintonizados al Canal Pensamiento todo el día, y la mayoría de los programas que emite son de debate. No nos damos cuenta de que existe un sintonizador que nos permitiría cambiar de emisora. Sin embargo, cuando aprendemos a utilizar la consciencia local, ya no tenemos que limitarnos a escuchar los programas de debate del Canal Pensamiento. Tenemos siempre a nuestra disposición otras dimensiones de la mente y de la identidad, y podemos acceder a ellas con la consciencia local.

Cuando somos capaces de abandonar el Canal Pensamiento, nos sentimos inicialmente aliviados, pero si no sabemos qué emisora sintonizar después puede ser que acabemos en el Canal de Música de Humor Negativo, o en la emisora Pesadilla Inconsciente. Ciertas personas podrían suscribirse al Canal Satélite Demasiado Serio, o a la emisora de FM «No Eres Bueno», o a la red de informativos Noticias para Temer y Preocuparse. De hecho, podríamos llegar a identificarnos con una sola voz presente en nuestra cabeza y creer que ese ancho de banda estrecho es quienes somos nosotros. Esta ruidosa emisora radiofónica, llamada Yo Soy, está predeterminada para anular los demás anchos de banda de nuestras vidas.

Es posible que veas historias correspondientes a las primeras etapas de tu vida en la pantalla de tu imaginación. Tanto si se trata de comedias como de historias de terror, es probable que las veas desde el punto de vista de un personaje que está dentro de la trama, más que como un espectador externo. Es muy fácil que te identifiques con las escenas de persecuciones, los argumentos de venganza o las tragedias románticas si no sabes que no son más que filmaciones que se emiten una y otra vez. Creemos que esos programas que se emiten regularmente son el lugar donde debemos buscar la solución a la insatisfacción que experimentamos en relación con nuestras vidas, así que vamos cambiando de canal constantemente. Pero las reposiciones, o los programas de telerrealidad, o los concursos que ofrecen dinero y premios, no son los espacios adecuados en los que encontrar la satisfacción.

Cuando estamos identificados con el ego, vemos el mundo como si fuese un espectáculo de realidad virtual o de telerrealidad. Pero podemos abandonar esta identificación. Afortunadamente, con la consciencia local podemos dejar de sintonizar los anchos de banda del parloteo y sintonizar con la música silenciosa de la consciencia despierta que está siempre en el trasfondo. Cuando sintonizamos la emisora de la consciencia despierta encarnada, estamos en contacto real con el mundo y con nosotros mismos.

## La paradoja del despertar

Cuando pasamos de vislumbrar la consciencia despierta a conocerla y vivir desde ella, este movimiento interno es conocido como *despertar*. El despertar no consiste en limitarse a creer que todo está bien; consiste en acceder al nivel de la mente que sabe y siente que todo está bien. No podemos comprender el despertar si solamente tenemos en cuenta la conducta, el pensamiento y la psicología. Para comprender el despertar necesitamos observar el nivel de la experiencia de la percepción y de la consciencia. Esto puede ser nuevo para ti, pero no te será difícil una vez que aprendas lo básico acerca de cómo observar, dónde observar y qué buscar. Comprender intelectualmente lo que es el despertar es como tener una sarta de luces de Navidad; experimentar directamente el despertar es como encenderlas.

Aunque ya estamos en casa, no lo sabemos; de manera que tenemos que aprender a regresar al hogar. Empezamos por vislumbrar el objetivo final. El objetivo es nuestro camino. Hay un proverbio tibetano *dzogchen* que dice que el trayecto hacia el despertar es como ascender una montaña mientras caemos en picado desde la cima. Llegamos ahí mientras ya estamos allí. Esta es la paradoja de estar en casa mientras volvemos a casa: 1) En última instancia, ya estamos en casa con la consciencia despierta, y todo está bien así. 2) Sin embargo, por lo general no experimentamos esta realidad con nuestra mente ordinaria. 3) La consciencia despierta es como el Sol: no se va nunca; solamente puede ocurrir que lo tapen las nubes. 4) No saber que estamos en casa es el origen del sufrimiento. 5) Podemos dejar nuestra mente ordinaria, basada en el pensamiento, y volver a casa, a estar con la consciencia despierta. 6) En el nivel de la identidad, no hay nada que deba mejorarse. 7) En el nivel de la mente, podemos vislumbrar la consciencia despierta y, a continuación, conocerla y vivir desde ella.

El despertar te hará saber que no eres quien crees que eres y te presentará tu verdadera naturaleza. Para vivir desde una nueva posición, primero tenemos que abandonar la antigua. Acabamos por descubrir que aquello que primero nos pareció que era dejar el hogar y correr el riesgo de convertirnos en vagabundos es en realidad regresar al hogar que nunca abandonamos.

## EL PROCESO DEL DESPERTAR

Tienes la posibilidad de despertar. Tal vez tengas la impresión de que se trata de una empresa grande y esotérica, sobre todo si estás pasando un mal día. Todos somos imperfectos, esto no va a cambiar, pero tampoco cambiará el hecho de que podemos reconocer que somos amor incondicional. Hoy día tenemos la posibilidad de vivir una nueva etapa del desarrollo humano que combine el despertar y el crecimiento. Está claro que solamente podemos crecer hasta cierto nivel a menos que despertemos, y también es importante que maduremos psicológicamente en el transcurso del despertar. Por más avanzados que estemos desde el punto de vista espiritual, el objetivo no es que transcendamos nuestra condición humana.

Con el fin de despertar, uno no tiene que abandonar su vida, ni meterse en una cueva, ni convertirse en un meditador de nivel olímpico, ni adoptar un conjunto cualquiera de creencias religiosas. Independientemente de cuál sea tu sistema de creencias o de tu filiación (o no filiación) espiritual, puedes empezar a despertar en medio de tu vida diaria. Ni siquiera tendrás que esperar a haber arreglado tu vida. De hecho, si adoptas la perspectiva del ego, nunca te sentirás lo bastante bueno ni lo suficientemente preparado. La mayoría de los adultos están preparados. Si estás leyendo este libro, lo más probable es que tú también lo estés. Si has practicado la concentración, has completado tareas en la escuela y en el trabajo, y has establecido relaciones, ya has crecido lo suficiente para despertar y aprender a vivir desde la consciencia abierta de corazón.

El despertar tiene que ver con aliviar el sufrimiento y aumentar el bienestar por medio de un cambio de identidad y de la forma de conocer. Todos tenemos frustraciones y sufrimientos en todos los ámbitos de nuestra vida (el físico, el mental y el emocional). Existen distintas formas de encarar estos problemas. Sin embargo, el sufrimiento al que pone remedio el despertar es de una clase muy especial: es la confusión dominante y la insatisfacción perpetua provocadas por la identificación con el ego. El despertar aborda la causa raíz, no solamente los síntomas que son el anhelo y la aversión. Aunque los dolores físicos y emocionales son sufrimientos legítimos y forman parte de la vida humana, el sufrimiento que nos ocasiona el hecho de encontrarnos confundidos en relación con nuestra verdadera identidad es optativo.

En el enfoque que se desarrolla en esta obra, el despertar empieza con un reconocimiento directo, pero luego tiene un despliegue paulatino. No se plantea la iluminación instantánea, ni se trata de escapar de la condición humana. En última instancia, nosotros somos siempre la consciencia despierta y, aun así, el hecho de darnos cuenta de ello desencadena un proceso de transformación de nuestra dimensión humana. El solo hecho de vislumbrar nuestra naturaleza básica puede dar lugar a un cambio profundo.

El proceso del despertar empieza frecuentemente con un *despertar de* la identificación con el ego para pasar a identificarnos con la consciencia despierta. Luego continúa con un *despertar interior* consistente en conocer el propio cuerpo, los propios pensamientos y las propias emociones desde una perspectiva no conceptual y conservar esta percepción. El tercer nivel, *el despertar exterior*, implica crear y relacionarse desde la consciencia abierta de corazón. Cada nivel aporta su propia liberación: el primer despertar conduce a liberarse del miedo a la muerte, el despertar interior conduce a liberarse del miedo a la vida, el despertar exterior conduce a liberarse del miedo al amor.

El nivel inicial del despertar puede dividirse en dos movimientos importantes. El primero de ellos es despertar *de* la identificación con el ego, que es la forma normal que tenemos de organizar nuestra identidad y que nos ocasiona sufrimiento. El segundo movimiento es despertar *a* la consciencia despierta como alternativa a nuestra identidad equivocada, y reconocer que la consciencia ya está despierta y es inteligente. El hecho de darnos cuenta de que podemos pasar de identificarnos con el ego a estar en la consciencia despierta es, hoy en día, tan revolucionario como lo fue en el siglo XVII el hecho de reconocer que la Tierra gira en torno al Sol.

En muchas tradiciones de sabiduría, el término *despertar* se utiliza a menudo porque la gente cuenta que su experiencia se asemeja a despertar de un sueño. Estamos actualmente en un estado alterado, parecido al sueño, que ocasiona un sufrimiento y una confusión que desaparecen cuando despertamos. Cuando soñamos por la noche, estamos totalmente identificados con el mundo del sueño y lo experimentamos como algo absoluto y real; pero en cuanto nos despertamos, lo tenemos muy claro: «¡Ah!, solo era un sueño».

Cuando salimos de un sueño desaparece completamente el mundo de ese sueño. Cuando despertamos de la identificación con el ego, desaparecen nuestros pensamientos y proyecciones vinculados con nuestros miedos y anhelos, lo cual hace que el mundo físico aparezca más sencillo y más claro. Cuando despertamos de un sueño, nos damos cuenta de que el personaje que creíamos que éramos en el sueño no es quien somos realmente. La percepción onírica de nuestra identificación con el ego desaparece, y dejamos de andar sonámbulos por la vida. Cuando despertamos y nos asentamos en la consciencia, nuestra identificación con el ego ya no es el centro de lo que somos. Podremos llegar a sentir como si hubiera habido un personaje onírico con nuestro nombre que intentaba vivir nuestra vida.

Tras despertar de la identificación con el ego podemos sorprendernos al descubrir que nuestra limitada perspectiva es solamente una parte pequeña de una realidad muchísimo mayor. Despertar es como salir de una sala de cine después de ver un drama absorbente. Lo que antes parecía ser un peligro real para el «mini yo» identificado con el ego, lo vemos ahora como un cuento. Cuando despertamos, dejamos de temer las situaciones imaginarias que antes nos parecían tan inquietantes y dejamos de preocuparnos por ellas. Nos damos cuenta de que somos la gran consciencia que ha estado interpretando un pequeño papel.

La mayoría de nosotros suponemos que nuestra identificación con el ego es quienes somos, de manera que vivimos nuestras vidas desde este punto de vista. Creemos que lo mejor que podemos hacer para llevar una vida segura y sensata es fortalecer esta identidad egoica. Pero cuando miramos a través de la lente de la identificación con el ego, las dimensiones más sutiles de la realidad aparecen borrosas y nos sentimos marcadamente separados de todo. Despertar es pasar a tener la experiencia directa de una realidad más plena, que previamente no habíamos podido apreciar a causa de la ignorancia y la ilusión.

Si solo despertamos por medio de deconstruir o transcender el mini yo, podemos acabar en un espacio que parezca un vacío negativo. Esta transición puede asustarnos y puede darse un efecto rebote que nos mande de nuevo al mini yo. De manera natural, a causa del hábito, tenderemos a reestructurar la consciencia por medio de identificarnos con la forma de conocer la realidad basada en el pensamiento. Podemos sentir que nuestra mente pensante es nuestro hogar; en el caso de muchos de nosotros, de hecho, es el único hogar que conocemos. También puede ser que hayamos aprendido a decirnos a nosotros mismos: «no te salgas de tu mente (no te vuelvas loco)», o bien «evita el vacío». En cuanto volvemos a nuestra mente pensante a buscar una segunda opinión, nos volvemos a identificar con nuestro contraído sentido del yo. Al reconocer inmediatamente la consciencia despierta, descubrimos un vacío positivo que no es una mera ausencia, sino una presencia viva, una mente abierta, un espacio seguro: nuestro ámbito del Ser. Solo podemos saber quiénes somos realmente a partir de conocer sobre la base de la consciencia despierta; entonces podemos acoger ese miedo al vacío negativo como un sentimiento más.

Conforme experimentamos lo que he denominado *despertar interior*, nos vamos sintiendo arraigados, centrados y más en nuestro cuerpo; y a medida que experimentamos el *despertar exterior* nos sentimos más creativos y conectados con los demás que nunca. La mayoría de nosotros nos hemos pasado gran parte de la vida trabajando en el proyecto de mejorar y desarrollar nuestro sentido del yo separado de cara a tener éxito, conseguir aprobación y encontrar la felicidad. Debemos estar dispuestos a cruzar ese espacio, esa brecha caracterizada por la ausencia de conocimiento y de ego, en que no tenemos el control. Al reconocer la consciencia despierta inmediatamente, contamos con el apoyo que necesitamos para dar inicio a una nueva fase de nuestra vida. Despertar puede parecer un desafío abrumador, pero no es más difícil que las demás etapas de aprendizaje y crecimiento por las que ya hayamos pasado, y es más gratificante. De hecho, para que el despertar arraigue en nosotros necesitamos poner al descubierto e incluir todos los aspectos del crecimiento, las relaciones y el desarrollo humanos.

El despertar comienza cuando descubrimos la consciencia que ya es libre, está despierta y está conectada, independientemente de si nuestros pensamientos son positivos o negativos. El despertar no es un acontecimiento único, sino que consiste en una serie de cambios y un proceso de despliegue que nos aleja del hábito de intentar mantener un centro, un punto de vista y la primacía del yo separado. Los procesos de despertar y de arraigar el despertar en el cuerpo tienen principios comunes, pero se despliegan de manera única para cada persona. Podemos empezar nuestro proceso por medio de tener pequeños atisbos de la consciencia despierta en repetidas ocasiones.

La práctica de los pequeños atisbos empezará a reconfigurar todo nuestro sistema operativo y a apoyar más a fondo el proceso del despliegue del despertar. Todo nuestro sistema mente-cuerpo se ha llenado de bloqueos a causa de nuestros intentos de defendernos del dolor provocado por nuestra identidad equivocada. Por esta razón, la mayoría de nosotros atravesamos un proceso de desinmovilización, de desintoxicación y de reconfiguración paulatina de nuestras redes neuronales. El proceso del despertar da la bienvenida a nuestras dudas y miedos más profundos y los libera. Las historias fundamentales que hemos estado albergando —*no soy lo bastante bueno… algo está mal en mí… no soy digno de ser amado*— ya no nos convencen. Aprendemos a regresar a la consciencia despierta en tanto que el fundamento de nuestro Ser, y nos ejercitamos para permanecer en ella. La nueva forma de percibir y de conocer que pasamos a disfrutar, así como la nueva identidad en la que nos reconocemos, hace que gocemos de un nuevo tipo de vitalidad. Como resultado de ello, experimentamos una nueva motivación y una nueva forma de expresión creativa.

Tienes que empezar desde donde estás, pero el que empieza a recorrer el camino no es el que se despierta. «Tú» no te despiertas, y la consciencia no se despierta. La consciencia despierta, que carece de contenidos y está incondicionada, se da cuenta de que siempre ha estado despierta y de que es el fundamento principal de tu condicionamiento y de tu vida como humano. Muchos llaman a esto *realización*, o *recordar quiénes somos verdaderamente*. Una persona dijo: «Es el sentimiento de quién he sido yo en todas las etapas de mi vida, lo cual no ha cambiado». Se trata de algo tan ordinario que es extraordinario. Al despertar, despiertas de un patrón circular de pensamiento al que has llamado «yo» y que has sentido ubicado detrás de tus ojos, en mitad de tu cabeza; pero el despertar no hace que te conviertas en un don nadie, ni en un tonto dichoso, ni en un robot insustancial. Sencillamente, dejas de ser la identidad concreta que antes creías que eras. Al principio del camino, dejamos de identificarnos con nuestros cuerpos y nuestras mentes, pero al final del recorrido acabamos por incluir y acoger todo desde la consciencia abierta de corazón.

Puede serte difícil aceptar que experimentar la libertad sea algo realmente posible para ti, pero la consciencia natural y amorosa de la que hablo es el origen de tu mente y de tu identidad. Es nuestra condición natural; podemos vislumbrarla en cualquier momento, y es el nuevo sistema operativo por el que podemos regirnos. Una vez que descubramos la consciencia abierta de corazón, ya no tendremos que vivir en el cubículo de oficina que es nuestra cabeza. En lugar de eso, podremos quedarnos en casa, en nuestro corazón, y estar conectados a la información que necesitamos de nuestro cerebro por medio de la red wifi de la consciencia despierta.

Te sugiero que hagas tu primera práctica de atisbo por la mañana temprano, por un período de cinco a veinte minutos. Una vez que estés asentado en un nuevo espacio interior, el del Ser, habrás terminado y estarás listo para disfrutar del día. Una manera de proceder consiste en realizar la práctica de atisbo justo después de despertarte por la mañana, cuando todavía estés en la cama. Otra posibilidad es que encuentres un lugar en el que sentarte en el que te sientas cómodo y que, con los ojos abiertos o cerrados, procedas a llevar a cabo la práctica de atisbo que te funcione. Es importante que vayas alternando y mezclando la práctica de sentarte con la del atisbo varias veces al día; así serás capaz de activar la consciencia local y de girarte hacia la consciencia extensa, reconocerla, sintonizarla, familiarizarte con ella, macerarte en ella y acabar por mirar y actuar desde tu Ser.

Cuando surja el hábito de la identificación con el ego, lo cual no debe resultar sorprendente, limítate a hacer una pequeña práctica de atisbo y vuelve a reconocer tu verdadera naturaleza. Puedes hacer la misma o probar varias diferentes mientras estés aprendiendo a manejarte por el territorio de tu propia consciencia. Experimenta y descubre qué ejercicios de atisbo te son más útiles en distintas situaciones.

Las prácticas de los atisbos están concebidas para que las leas o las escuches hasta que te familiarices lo bastante con ellas como para que las hagas por ti mismo durante un descanso en el trabajo o cuando estés esperando en la cola del supermercado. Puede ser difícil hacer la práctica mientras se van leyendo las instrucciones, de manera que puedes grabarlas con tu propia voz, o puedes encontrarlas en Internet, en vídeo o audio (en inglés); yo mismo las dirijo.

---

ATISBO 1: **Sin problemas**

Este ejercicio está destinado a que abandones directamente la identificación con el ego y entres en la consciencia despierta en tanto que el fundamento de tu Ser. La mayor parte de las personas sienten una insatisfacción subyacente que las conduce a experimentar anhelos y aversiones, a partir de su identificación con el ego. Desde esta identificación intentamos resolver el problema de la confusión de identidad por medio de cambiar aspectos de nuestra personalidad o cosas de nuestro entorno. Esta creación de una identidad resolutoria de problemas es lo que nos pone una venda en los ojos y nos impide ver la libertad que ya está aquí. Nos impulsa a una búsqueda frenética y continua; toda esta actividad es parecida a buscar denodadamente nuestras gafas cuando resulta que ya las llevamos puestas.

Con esta práctica descubrirás que puedes abandonar tu identidad errónea en un momento. El objetivo no es eludir los problemas y las elecciones típicos de la vida diaria, sino dejar la identidad errónea resolutoria de problemas. Cuando hagas este salto y descubras la consciencia despierta en tanto que el fundamento de lo que Eres, tendrás menos problemas y podrás resolver más fácilmente las dificultades diarias.

1. Cuando estés listo, deja el libro y, con los ojos abiertos o cerrados, enuncia esta pregunta: «¿Qué hay aquí ahora si no hay problemas que resolver?».

2. Descansa y permanece alerta para intentar discernir quién o qué está experimentando.

3. ¿Quién está aquí? ¿Qué es consciente? ¿Qué hay aquí cuando no hay nada que hacer y ningún sitio al que ir; cuando no hay nada que saber ni que crear, y cuando no tienes que llegar a ser nada? ¿Qué hay aquí, exactamente ahora, cuando no eres tú quien resuelve los problemas?

4. Siente lo que se muestre aquí y ahora. ¿Quién, o qué, está consciente? ¿Qué hay aquí cuando no existen referencias al pasado, cuando no se va al futuro ni un momento, cuando uno no se instala en el sueño y no se dedica a tener pensamientos? ¿Qué hay aquí ahora? ¿Cómo te sientes cuando no hay ningún problema por resolver justo en este momento? ¿Qué es lo que percibes? ¿Qué falta? ¿Qué cualidades esenciales se revelan?

5. Deja el libro. Toma una respiración y haz una pausa. Luego pregúntate, con curiosidad y mentalidad de principiante: «¿Qué hay aquí ahora si no hay problemas que resolver?».

---

ATISBO 2: **La consciencia despierta lo está sin utilizar el pensamiento**

Para permanecer centrada, la mente ordinaria necesita un objeto. Cuando la consciencia observa el espacio estamos libres de la mente ordinaria. Cuando estamos identificados con el ego, debemos tener pensamientos, y a partir de ahí tenemos que crear un sujeto. Sin embargo, cuando la consciencia es tanto el sujeto que percibe como el objeto de percepción, ya no existe un sujeto (un

SALTO A LA LIBERTAD

yo) hecho de pensamientos. La consciencia despierta se ha convertido en la forma principal de conocer y en el ámbito del Ser.

1. Cierra los ojos mientras permites que tu consciencia permanezca abierta en tu interior. Empieza a sentir tu propia respiración desde dentro de tu cuerpo. Siente todo tu cuerpo desde dentro mientras haces tres respiraciones naturales.

2. Tómate un momento para ver lo que está aquí ahora. Date cuenta de lo que siente tu cuerpo. ¿Está incómodo, cómodo, nervioso, relajado, cansado o no experimenta ninguna sensación en especial? Permite que tu cuerpo se sienta como se esté sintiendo; no intentes cambiar nada.

3. Ahora, percibe la consciencia que está aceptando el estado en que se halla tu cuerpo. Siente la consciencia en la que tienen lugar estas sensaciones.

4. Interésate en la actividad de tu mente y de tus pensamientos. Sé consciente de si tus pensamientos están agitados o en calma; o de si reflejan cansancio, emociones o ansiedad; o de si son neutros. Sin cambiar nada, deja que tu mente y tus pensamientos se manifiesten como lo están haciendo.

5. Ahora percibe el espacio en el que se mueven los pensamientos. Interésate por la consciencia en lugar de interesarte por los pensamientos. Date cuenta de que la consciencia permite que tu mente esté como está; no cambies nada.

6. Empieza a darte cuenta de que la consciencia despierta está alerta, de que es clara y no juzga. Observa también que la consciencia no está cansada, ni tiene ansiedad, ni sufre. Date cuenta de que la consciencia despierta está a tu alrededor, así como dentro de tu cuerpo y de tu mente. En lugar de identificarte con los estados de tu cuerpo o de tu mente, o de intentar aceptarlos o cambiarlos, interésate solamente por lo que está consciente y aceptando todo.

7. ¿Cómo es la consciencia que ya acepta las cosas como son, aquí y ahora? Toma nota de la consciencia que tengas del siguiente sonido que oigas. ¿Tiene tamaño la consciencia? ¿Se ubica en alguna parte?

¿Qué sientes al ser consciente de las experiencias desde esta consciencia libre de dolor y pensamientos?

8. Ahora, limítate a ser consciente de la consciencia que está liberada del contenido de tu mente y de las sensaciones de tu cuerpo. Pasa un rato como consciencia, sin identificarte de nuevo con los pensamientos ni dormirte. Sé la consciencia que acoge tus sensaciones y tus pensamientos. Date cuenta de que la consciencia no está separada de los pensamientos, sentimientos y sensaciones.

9. Deja de concentrarte en una sola cosa, cualquiera que sea. Obsérvalo todo sin enfocarte en nada. Descansa como la consciencia, que es consciente sin utilizar el pensamiento. ¿Puedes ver que ningún pensamiento ni sentimiento es sólido? ¿Ves que la consciencia no va y viene?

10. Sencillamente, deja que las cosas sean como son y, sin aplicar un esfuerzo, permanece abierto y no te distraigas.

## ATISBO 3: Las brechas de la mente

En este atisbo se trata de encontrar la consciencia despierta en la brecha que hay entre los pensamientos. Es posible que conozcas un ejercicio de meditación en el que se repite una palabra o frase sagrada, lo que se conoce como *mantra*. Aquí no tienes que concentrarte en la palabra ni en su significado, sino en el espacio —y la consciencia— que hay entre las palabras. Se trata de que le des a la mente pensante la tarea sencilla de repetir una palabra que la mantenga ocupada mientras te haces consciente de la brecha existente entre tus pensamientos. Conforme examines la presencia de la consciencia en el espacio, empezarás a sentir que el espacio que hay entre las palabras y alrededor de ellas es el mismo campo continuo de consciencia del que ya eres consciente.

1. Empieza repitiendo silenciosa y lentamente, en tu mente, «bla»; deja algo de espacio entre las palabras. «Bla... bla... bla...». Permite que la palabra *bla* flote a través del espacio de tu mente como si fuera una pluma. No crees ningún otro pensamiento, ni te intereses en los pensamientos que surjan. Deja que «bla» ocupe todo el interés y toda la actividad del pensamiento.

2. Empieza a ser consciente del espacio libre de pensamientos que hay entre las palabras: «bla»... espacio... «bla»...

3. Seguidamente, interésate más en la cualidad del espacio que hay entre las palabras. Mira si puedes darte cuenta de que el espacio no es solamente una brecha, sino que es consciente en sí mismo. «Bla»... espacio consciente... «bla»... espacio consciente... «bla»... espacio consciente.

4. Siente la consciencia extensa que hay entre las palabras y alrededor de ellas como un campo de consciencia despierta en el que actualmente están apareciendo la palabra *bla* y otros pensamientos. Siente tu mente no como algo sólido, sino clara, abierta y consciente.

5. Siente y sé la consciencia que está despierta y alerta sin necesitar acudir al pensamiento en busca de una segunda opinión. Sé consciente de la sensación de la claridad alerta y libre de pensamientos. Date cuenta de que todas las experiencias que surgen son recibidas con suavidad y naturalidad.

Mientras hacías este ejercicio es posible que hayas notado que existen dos clases de espacio. Una de ellas es el espacio físico de la habitación: la *ausencia* de objetos y de contenidos. El otro espacio es la *presencia*, la cual está consciente y despierta. Lo que acabas de experimentar muestra que puedes ser consciente, conocedor e inteligente sin tener que apoyarte en el pensamiento. Tanto si hay pensamientos en la pantalla de tu mente como si no los hay, existe un trasfondo conocedor que puede pasar a ocupar el primer plano y convertirse entonces en el ámbito de tu Ser. Esta consciencia silenciosa y extensa no utiliza el pensamiento para buscar otros pensamientos que confirmen que sabes lo que sabes.

# 2

## RECONOCIMIENTO DIRECTO, DESPLIEGUE PAULATINO

> *La realización implica el proceso de reconocer, ejercitarse y alcanzar la estabilidad. Es parecido a plantar la semilla de una flor: la plantas, la nutres y al final crece y florece.*
>
> TULKU URGYEN RINPOCHE[1]

Cuando era niño la escuela me resultaba difícil. Sabía que era listo, pero no podía poner lo que sabía mentalmente por escrito. Me era muy difícil concentrarme y mantener las cosas ordenadas. Aunque por entonces no lo sabía, padecía una variante del trastorno de déficit de atención (TDA) y dislexia. En el quinto curso (a los diez años) estudié mucho para un examen de ortografía, y me decía a mí mismo: «recuerda que Europa empieza con *E-u* y acaba con *p-a*». Cuando me devolvieron el examen no podía comprender por qué lo había hecho mal. Mi amigo Tim, mirando por encima de mi hombro, se rio mucho y me dijo: «Has escrito *Eupa*».

De niño me encantaban todos los deportes, desde el juego del pañuelo con los amigos del vecindario hasta jugar en equipos organizados. Podía estar concentrado, calmado y conectado con los demás mientras hacía deporte. En el instituto era el portero del equipo de *hockey* sobre hielo. En el décimo grado (a los quince años) jugué especialmente bien en uno de los partidos y contribuí a que mi equipo eliminase al equipo rival.

Después del partido, en el vestuario, mi buen amigo Bruce se sentó a mi lado.

—Tío, has hecho unas paradas alucinantes —dijo—, ¿cómo lo haces?

—Bueno, si de veras quieres saberlo... —Dudé y me pregunté si me atrevería a describir mi experiencia en voz alta, o si tan siquiera podría ponerla en palabras—. Hago eso que llamo «mirar desde los ojos de la nuca» —empecé—. Abro mi visión periférica a los lados de mi cabeza y luego dejo que se extienda alrededor de ella, hasta la nuca. Entonces se produce un cambio asombroso: el tiempo va más despacio. Me siento abierto y en conexión con todo lo que me rodea. Dentro de mí se hace un gran silencio, y lo de fuera parece también extrañamente silencioso. Me siento como un gato: calmado, alerta y listo para moverme cuando sea necesario. Mis ojos no miran una sola cosa, sino que todos mis sentidos parecen completamente abiertos y me siento conectado con todo.

Me emocionaba explicar esto a alguien en voz alta, en lugar de meditarlo para mí mismo.

—Mira, es algo así —seguí con entusiasmo—: uno de los chicos golpea fuerte el disco desde la línea azul, y veo cómo sale disparado en línea recta a lo largo de medio metro o un metro; pero entonces lo pierdo de vista entre el revoltijo de piernas y palos de *hockey*. Después de eso, sin pensarlo, mi mano se dispara de manera natural y el disco me aterriza en el guante.

Bruce me echó una mirada inexpresiva.

—Ah, qué bien —me dijo finalmente, antes de alejarse.

El capitán del equipo, un alumno del último curso de secundaria, debió de oírme, porque se acercó a mí después del siguiente partido y me dio un ejemplar del libro *Zen en el arte del tiro con arco*.

—Toma, chico —me dijo—, léete esto. Es de lo que hablabas la semana pasada.

Fui a casa y leí el librito entero aquella misma noche. Me dejó pasmado el hecho de que otra gente hubiera tenido experiencias parecidas a las mías. Aunque no comprendí todo lo que leí en el libro, me asombraron las similitudes existentes entre el enfoque zen del tiro con arco y mi propia experiencia como deportista. El autor había escrito: «En el caso del tiro con arco, quien dispara y aquello a lo que se dispara ya no son dos objetos contrapuestos, sino una sola realidad».[2] El método zen no solo nos ayuda a mejorar nuestras habilidades, sino que también convierte el deporte en el campo de entrenamiento para una nueva forma de vivir basada en un estado de flujo consciente y que acontece sin esfuerzo.

El libro decía además que esta clase de práctica zen está asociada con la sensación de estar «completamente vacíos y libres del yo».[3] Esta frase me pareció extrañamente familiar, a la vez que curiosa. Cuando abrí mi consciencia y dejé de pensar en lo que estaba haciendo, empecé a estar más alerta y relajado, y a tener más éxito. Me sentí como vaciado de cierto sentido del yo, y aun así mucho más cerca de mi yo verdadero. Sabía muy bien lo que estaba pasando, ¡pero no pensaba! Los pensamientos del tipo «¿me estoy equivocando?» o «¡inténtalo más duro!» estaban ausentes. Quería saber más acerca de cómo experimentar más a menudo esta manera de estar. Me parecía algo tan importante que me preguntaba por qué no estudiábamos eso en clase. Al final acabé por acudir a una escuela de posgrado a estudiar psicología y religiones comparadas, aunque no encontré en las aulas lo que buscaba.

Uno de los años que estuve en la escuela de posgrado, tuve un resfriado que no se me quitaba y un compañero me sugirió que visitase al doctor Chan, que había sido médico en China antes de huir de ahí durante la Revolución Cultural. El doctor Chan vivía y trabajaba en un cuarto piso sin ascensor en el Chinatown de Nueva York. Después de examinarme, mezcló hierbas con hojas y tallos en una bolsa para que me la llevase a casa y me hiciese tés. El doctor Chan se mostró interesado cuando le dije que estaba estudiando espiritualidad comparada y psicología.

—¿Quieres tratar el resfriado y la causa raíz del sufrimiento? —me preguntó, riendo.

—¿La causa raíz del resfriado? —respondí, no muy seguro de haberle comprendido.

—Sí, eso –confirmó, y luego aclaró–: pero también la causa raíz del sufrimiento.

Le dije que me interesaba.

Junto con la bolsita de hierbas me dio un libro taoísta, *The Secret of the Golden Flower* (que se traduce como 'el secreto de la flor dorada').

—Toma este té todas las mañanas y tardes –me instruyó–. Lee este libro todos los días, hasta que lo acabes, y vuelve la semana que viene.

Cuando volví la semana siguiente me sentía mucho mejor. Ese día, el doctor Chan me enseñó a hacer un ejercicio de *The Secret of the Golden Flower* llamado «hacer girar la luz de la consciencia». Me explicó que en China este ejercicio se confunde frecuentemente con una práctica de circulación de la energía. El doctor Chan valoraba los ejercicios de circulación de la energía, pero hizo hincapié en que esas prácticas no eran lo mismo que hacer girar la consciencia.

Apunté lo que me dijo en mi diario: «La consciencia es previa a la energía, y la consciencia está dentro de la energía. Primero vemos lo que es la consciencia y luego lo que sabe la consciencia».

Aunque no comprendí realmente lo que tenía que hacer cuando el doctor Chan me dio la primera instrucción, intenté de todas formas hacer lo que me indicó. Mi consciencia pareció salir a la habitación, y luego girar para mirar atrás *a través* de mi mente y mis pensamientos. La consciencia se desplazó a través de lo que yo sentía como mi «yo», o, al menos, a través del «yo» que anteriormente parecía estar situado en mi cabeza. El resultado fue una experiencia inmediata de liberación respecto de mi pequeño sentido del yo y una consciencia ilimitada desde la que en ese momento observaba. Sentí tantísima claridad, amor y conexión que me empecé a reír a carcajadas. No me encontraba en un estado meditativo calmado; experimentaba una inocencia sencilla, alerta, alegre, amable y sabia, que acontecía por sí misma. También sentí una tristeza dulce, como si me fuese a reunir con un ser querido al volver a casa. Lágrimas de alegría empezaron a brotar de mis ojos ante la intimidad y la belleza que tenía todo.

Le conté al doctor Chan mi experiencia juvenil de tener «ojos en la nuca». Eso le hizo feliz. Me explicó que esa era una de las enseñanzas ancestrales más sencillas, pero más valiosas. Él sentía que esas enseñanzas debían ser divulgadas entre todo el mundo. Añadió que la palabra *transmisión* se había malinterpretado como la energía o los poderes especiales de una tradición o de un maestro. Habló sobre las instituciones y los gurús que intentaron mantener en secreto estas enseñanzas sencillas y antiguas; o que confundieron estos ejercicios con la energía (*chi* o prana), o con la meditación calmada, o con creencias de tipo intelectual. La energía puede transmitirse de una persona a otra, pero la luz de la consciencia está en todos nosotros por igual, y por lo tanto no puede viajar de una persona a otra. Todo lo que puede hacer un maestro es ofrecer instrucciones orientadoras. El alumno debe encontrar la consciencia dentro de sí, y hasta es posible tropezarse con la consciencia sin la ayuda de ningún maestro ni de ninguna tradición.

Aquel día, después de salir de la consulta del doctor Chan, el fundamento de la consciencia despierta se mantuvo activo en mí toda la noche sin que tuviese que esforzarme en absoluto, y permaneció así hasta las primeras horas de la tarde, en que empecé a recobrar mi antiguo sentido del yo. Ahora bien, el proceso por el cual había llegado a atisbar mi verdadera naturaleza había sido tan sencillo que adquirí confianza. Lo importante era que uno podía acceder a la consciencia despierta de forma deliberada e inmediata. Una vez que aprendí a hacer ese sencillo movimiento consciencial, fui capaz de acceder a la consciencia despierta por mí mismo.

El año siguiente obtuve una beca para emprender un viaje. Estudié la meditación del *insight* en Sri Lanka, y a continuación estudié con maestros en la India. Acabé en Nepal, donde conocí al maestro budista tibetano Tulku Urgyen Rinpoche, quien brindaba instrucciones orientadoras sencillas, pero profundas, y de forma gratuita, a todos quienes acudían a los retiros; incluso las brindaba en sus charlas públicas.

En las tradiciones tibetanas budistas *dzogchen* y *mahamudra*, *rigpa* o 'consciencia despierta' es el sistema operativo —vacío, pero activo, y basado en la consciencia— desde el cual podemos aprender a vivir. Actualmente vivimos desde un sistema operativo basado en el pensamiento, llamado *sem*. El *sem* origina una confusión que da lugar a la percepción dualista. A las instrucciones orientadoras se las llama a menudo «introducción a la consciencia», y constituyen pistas acerca de cómo y dónde buscar la consciencia despierta como causa de la mente. Estas instrucciones ofrecen formas pragmáticas y sencillas de ver a través de nuestra identidad equivocada por medio de hacer que nuestra mente mire nuestra mente, por medio de hacer que la consciencia mire la consciencia.

Me sentí especialmente atraído por el estilo de budismo *sutra mahamudra*, que ofrece acceso a la consciencia despierta y a la capacidad de vivir a partir de ella en medio de la vida diaria. Los primeros practicantes del *mahamudra* no eran tibetanos, ni monjes; eran un grupo variado de hombres y mujeres de la India –artistas, comerciantes, sanadores, miembros de familias, políticos, nobles y parias– que hacían su vida en un contexto no sectario, no elitista, no institucional y no dualista; no habían optado por renunciar al mundo ni querían seguir rituales.

Sam Harris, neurocientífico y autor del libro *Waking Up* (*Despertar*), quien también estudió con Tulku Urgyen Rinpoche, escribe sobre lo valiosa que fue para él esa experiencia de aprendizaje:

> Sencillamente, Tulku Urgyen me transmitió la capacidad de ver directamente a través de la ilusión del yo, incluso en estados ordinarios de consciencia. Esta enseñanza fue, sin lugar a dudas, la más importante que me haya ofrecido nunca otro ser humano de forma directa. Me proporcionó una forma de escapar de las típicas oleadas de sufrimiento psicológico –miedo, ira, vergüenza– en un instante.[4]

## ¿Qué son el reconocimiento directo y el despliegue paulatino?

En ciertas tradiciones se distingue entre el despertar paulatino y el súbito. Paradójicamente, el enfoque de la consciencia abierta de corazón no se corresponde con ninguna de estas dos modalidades del despertar y, a la vez, tiene que ver con ambas. Incluso en las tradiciones que hacen hincapié en la vía paulatina del despertar existe el reconocimiento de que a ciertas personas puede resultarles más fácil la vía directa. En el libro *The Attention Revolution* (publicado en castellano con el título *El poder de la meditación*), del doctor Alan Wallace, se esbozan diez etapas de entrenamiento progresivo en la meditación según la tradición tibetana. En las primeras cuatro etapas se desarrolla el enfoque en un solo punto y se ejercita el testigo consciente. En las etapas cinco a siete se trata de «instalar la mente en su estado natural», lo cual se logra por medio de una práctica de descansar en las cosas tal como son semejante a la práctica zen de limitarse a permanecer sentado.[5] Escribe Wallace: «A partir de la octava etapa pasamos a la práctica, todavía más sutil, de mantener la consciencia de la consciencia misma». La práctica de la consciencia de la consciencia «puede ser óptima desde el principio para aquellos que se ven fuertemente atraídos por ella».[6]

La consciencia abierta de corazón empieza con la consciencia de la consciencia. Es un enfoque *esencial*, también llamado *directo*. La palabra *esencia* viene de la raíz latina *esse*, que significa 'ser', pero eso no implica que exista una sustancia que no cambie en nuestro núcleo. En lugar de hacer, pensar o creer, empezamos por descubrir nuestra naturaleza esencial, y luego somos capaces de actuar desde ella. El hecho de que se trata de un enfoque *directo* hace referencia a que tenemos la capacidad de acceder a nuestra naturaleza esencial inmediatamente, sabiendo que ya está totalmente aquí y que no tiene que crearse ni desarrollarse.

Alguna versión del enfoque esencial aparece en la mayoría de las tradiciones y culturas de todo el mundo, como en el misticismo cristiano, el sufismo, la cábala judía, el budismo zen, el budismo tibetano *dzogchen* y *mahamudra*, el taoísmo chino, el yoga tántrico, el *vedanta advaita* y el chamanismo. También parece importante reconocer que a lo largo de la historia mucha gente ha referido despertares espontáneos fuera de cualquier tradición espiritual o religiosa.

El poeta del siglo XIX Alfred Lord Tennyson escribió sobre su propia experiencia con la indagación, tal como la descubrió en su niñez:

Esto me ocurrió por medio de repetir mi propio nombre para mis adentros, hasta que de pronto, como si ello se debiese a la intensidad de la consciencia de la individualidad, la individualidad misma pareció disolverse y disiparse en un ser ilimitado. No se trataba de un estado de confusión sino de un estado en que la claridad era absoluta y la seguridad era máxima; es imposible describirlo con palabras. La muerte era casi una imposibilidad ridícula y la pérdida de la personalidad (si se trataba de eso) no parecía implicar la extinción, sino que daba lugar a la única vida verdadera.[7]

El reconocimiento directo es una especie de recuerdo; no una rememoración literal de información, recuerdos o hechos, sino un desvelamiento más profundo de nuestra verdadera naturaleza. En griego clásico, la palabra correspondiente a *verdad* era *alethia*, y su antónima era *lethe*, que significa 'falta de memoria' u 'olvido'. En los mitos griegos, si bebías agua del río Lethe (Leteo) —que fluye a través del inframundo del Hades— olvidabas quién eras y te quedabas allí, perdido y errante. Conocer la verdad implica recordar. La experiencia del reconocimiento directo es como despertarse del sonambulismo: revela quiénes hemos sido siempre.

El enfoque de la consciencia abierta de corazón se concentra en destapar o descubrir nuestra naturaleza esencial y luego en pasar a otro nivel mental con el fin de vivir desde esa consciencia. Como la consciencia despierta ya está aquí, no hay necesidad de esforzarse por conseguirla, ni por crearla, ni por desarrollarla; ni tampoco es eficaz adoptar la actitud pasiva de esperar a que sea ella la que nos encuentre. La consciencia despierta, el fundamento del Ser, está disponible dentro de cada uno de nosotros por igual, en tanto que es nuestra esencia. Sin embargo, el solo hecho de creer esto —o comprenderlo intelectualmente— no es suficiente.

Una alumna nueva expresó esta queja: «¡No lo capto; es demasiado intelectual para mí!». Le respondí: «Puede que te sea difícil de captar porque no tienes que utilizar tu intelecto en absoluto. No es algo que pueda conocerse por medio de nuestra forma de exploración habitual, que es de tipo conceptual». Este enfoque no es intelectual, ni conceptual, ni lineal, de modo que puede parecer raro, paradójico y difícil de captar al principio. Cuando esa alumna vislumbró directamente la consciencia despierta, comentó: «¡Ahora lo veo! No es demasiado intelectual; es tan sencillo... ¿Cómo he podido no verlo?».

Despertar significa que el conocimiento basado en el pensamiento ya no domina nuestra percepción. Damos el salto a una forma de conocer y de ser basada en la consciencia. Puede ser que pasemos por un período de desorientación antes de que nos reorientemos en nuestro nuevo nivel mental. Empezamos por vislumbrar el objetivo final, que ya está aquí. En lugar de aplicar cualquier técnica con el fin de apaciguar nuestra mente parlanchina, empezamos atisbando directamente la consciencia despierta, la cual ya está calmada y es inteligente, amorosa e incluyente.

El enfoque de la consciencia abierta de corazón empieza con métodos ideados para proporcionar el reconocimiento directo de la consciencia despierta. Tras el reconocimiento directo, va teniendo lugar un despliegue paulatino conforme vamos reintegrando nuestras emociones, nuestros pensamientos y nuestro obrar ordinario desde la consciencia despierta. La tradición *mahamudra* tiene ejercicios destinados a *unir* y *mezclar* la consciencia absoluta con la vida física convencional.

Despertar por medio de este enfoque empieza por encontrar la ausencia de yo característica de la consciencia. Este reconocimiento directo inicial de la consciencia despierta da comienzo a un proceso que implica un despliegue paulatino. Algunas tradiciones hacen hincapié en la necesidad de efectuar unas prácticas preliminares y preparatorias antes de abordar la consciencia de la consciencia, con el fin de que no banalicemos este reconocimiento y volvamos al sueño de la ignorancia. El entrenamiento que es la vida moderna aporta desarrollo emocional, así como habilidades de concentración y disciplina. Tanto las personas que cultivan una práctica meditativa como las que no son igualmente capaces de empezar con la consciencia de la consciencia, si están motivadas. En el enfoque de la consciencia abierta de corazón, se pone el acento en las enseñanzas posteriores al reconocimiento y en cultivar el proceso de despliegue.

Una manera de comprender el proceso del reconocimiento directo y del despliegue paulatino es dividirlo en etapas: reconocimiento, comprensión, estabilización y expresión. El reconocimiento es el primer atisbo de la consciencia despierta. La comprensión es el cambio de identidad por el que llegamos a comprender que estamos mirando *desde* la consciencia despierta, que ha pasado a constituir nuestro ámbito del Ser. La estabilización empieza cuando la consciencia despierta es nuestra forma principal de conocer. La expresión tiene lugar cuando hemos descubierto la consciencia abierta de corazón y hemos reconfigurado el cerebro para crear y relacionarnos desde ella.

El enfoque de la consciencia abierta de corazón aborda directamente la causa de nuestro sufrimiento, y revela la ausencia del yo y la presencia de cualidades naturales y positivas. El salto a la consciencia despierta implica una forma totalmente nueva de ser y conocer. Cuando abandonamos la mente ordinaria por primera vez, experimentamos una especie de *no saber*. Con el primer atisbo de no saber, nos sentimos muy liberados de nuestro afán de controlar, resistirnos y juzgar, y de verificar todo con el pensamiento a cada momento. Pero el no saber no es el final del proceso, sino que es la brecha o el puente que nos conduce a una manera de saber muy diferente, una especie de *no saber que sabe*.

El *no saber* nos libera de la identificación con el ego, mientras que el *no saber que sabe* es quizá el elemento más importante de la estabilización y de la expresión. Aprender a entrar en la consciencia despierta no es un proceso intelectual ni conceptual. Solo podrás conocer verdaderamente la consciencia despierta cuando hayas pasado a estar *en* ella y conozcas *desde* ella.

Lo más importante no es solo el atisbo inicial de la consciencia despierta, sino el hecho de «entrenarse para quedarse» en ella. Empezamos el proceso reconociendo la ausencia de yo y el no saber, luego continuamos dándonos cuenta de que la consciencia despierta y la forma de conocer no conceptual constituyen nuestro ámbito del Ser.

Seguidamente experimentamos la presencia ya encarnada, luego pasamos a ver y saber desde la consciencia despierta, y finalmente empezamos a operar desde la consciencia abierta de corazón encarnada. La palabra tibetana que designa la meditación, *sgom*, se traduce como 'familiarización'. Con el fin de permanecer en la consciencia despierta debemos atisbarla varias veces y familiarizarnos con la forma de apreciar la realidad característica de este nuevo nivel mental. Tiene lugar una dinámica continua de soltar y de familiarizarnos con la consciencia despierta en tanto que el ámbito de nuestro Ser. La familiarización consiste en una especie de sintonización, en una maceración en la consciencia despierta, en una reconfiguración del cuerpo y la mente en función del nuevo sistema operativo basado en la consciencia despierta.

Todo nuestro sistema mente-cuerpo se ha llenado de bloqueos a causa de nuestros intentos de defendernos del dolor causado por nuestra identidad errónea. Por esta razón, la mayoría de nosotros pasamos por un proceso de despliegue que consiste en desbloquearnos, desintoxicarnos y reconfigurar paulatinamente nuestras redes neuronales. Aprendemos a pasar por dolores de crecimiento y a dar la bienvenida a sentimientos y subpersonalidades que habíamos rechazado. Mientras hacemos esto, los bloqueos energéticos y las creencias rígidas se van liberando paulatinamente. Aprendemos a regresar a nuestro ámbito del Ser y nos ejercitamos para permanecer ahí. El hecho de haber pasado a percibir y conocer de otra manera, y de contar con una nueva identidad, hace que tengamos una nueva vitalidad. Como resultado de ello, descubrimos una nueva motivación y una nueva forma de expresarnos creativamente.

Es importante que descubras cuáles de los ejercicios preliminares, si es que hay alguno, te son más útiles a la hora de prepararte para dar el salto. Es posible que ya conozcas formas de poner en orden tu cuerpo y tu mente. De entrada, puedes empezar con el yoga, o concentrándote en tu respiración, o meditando en un sonido, o con el *mindfulness* deliberado. Sin embargo, solamente podrás apaciguar tu cuerpo y calmar tu mente durante cortos períodos antes de que te inquietes o te estreses de nuevo.

No te quedes atrapado en la trampa de hacer solamente los ejercicios preliminares; utilízalos hasta que hayan cumplido su propósito. Por ejemplo, practica la meditación en un solo objeto solamente hasta que tu mente parlanchina se tranquilice. Practica el *mindfulness* deliberado hasta que veas que ya no eres un yo pequeño basado en el pensamiento. Entonces da el paso siguiente, que te capacitará para vislumbrar la consciencia despierta; ese paso que podríamos llamar «soltar», «rendirse», «darse la vuelta», «desengancharse», «dar el salto» o «disolverse».

Una vez que hayamos dado el salto a una forma de conocer basada en la consciencia, inauguraremos una fase de crecimiento totalmente nueva, la cual era imposible que experimentásemos antes. Cada uno de nosotros tenemos distintos bloqueos o tipos de resistencia, de modo que cada uno necesitamos acudir a estrategias de preparación diferentes antes de poder soltar. Conforme despertamos, es importante que sigamos desarrollándonos en el terreno físico, emocional y mental, así como en el ámbito de las relaciones. El hecho de crecer en las diversas áreas de la vida favorece el proceso. Sin embargo, solo podemos madurar hasta cierto nivel de desarrollo si no hemos despertado a nuestra verdadera identidad. Desde nuestro nuevo sentido de la identidad, muchos de los problemas que teníamos pierden importancia y muchas de las anteojeras emocionales que llevábamos puestas se sueltan, espontáneamente, y nos abrimos a un nuevo punto de vista. No existe ninguna forma correcta o incorrecta de acceder a la consciencia despierta ni de pasar a vivir desde ella, pero suelen darse ciertos principios y suele haber ciertas puertas de entrada.

## Las puertas de entrada al reconocimiento directo

Los dos métodos más habituales que nos conducen a reconocer directamente nuestra propia naturaleza son el *método de la observación* y el *método del descanso*. La tradición mística cristiana llama a estos dos enfoques la *vía positiva* (el método de la observación) y la *vía negativa* (el método del descanso). La vía positiva indica: «busca y encontrarás»; la vía negativa señala: «deja de buscar y encontrarás». La mayoría de los caminos de la meditación incorporan aspectos de ambos métodos. Además, tanto la vía positiva como la negativa están de acuerdo en que la identificación con el ego es el obstáculo al despertar.

La vía negativa no significa ser negativo; es una forma de negar los muchos aspectos que ocultan la verdad viva de nuestro Ser. Es la práctica espiritual de deconstruir, disolver y dejar lo que *no* es nuestra verdadera naturaleza. Aprendemos a descansar hasta que lo que nos ata y nos ciega acaba por soltarse. La búsqueda de quién eres empieza por dejarlo todo y ver qué o quién queda. La forma más habitual de cultivar esta experiencia es por medio de la meditación en postura sentada.

La vía positiva, o método de la observación, consiste en buscar el espíritu, la realidad, la consciencia despierta o la verdadera naturaleza de la forma más sencilla y directa posible. El método de observación que examinaremos es una forma de investigación en la que damos la vuelta a la consciencia de forma directa e intencionada para encontrar que la consciencia es el origen de la mente y nuestro ámbito del Ser.

## EL MÉTODO DEL DESCANSO

La tradición más antigua del budismo, la *theravada*, hace hincapié en el método del descanso, que es el método directo más ampliamente utilizado para acceder a nuestra verdadera naturaleza. En los cuatro fundamentos del *mindfulness*, el objetivo es ver cada uno de los procesos mentales que se combinan para crear la sensación de un yo separado y firme. Buda evitó describir el despertar o la iluminación con palabras positivas; en lugar de ello, habló sobre la liberación respecto del sufrimiento, del miedo, del apego y del odio. Incluso existen variantes extremas de la vía negativa que contemplan toda actividad, incluida la meditación, como un esfuerzo egoico que impide la realización. Este enfoque afirma: «No hay ningún método; no hay nada que hacer. Ya estás despierto; solo necesitas detener todo esfuerzo. Permanece quieto». Es posible despertar involuntariamente; sin embargo, la afirmación «no hay nada que hacer» es en realidad una instrucción que requiere aplicar un pequeño esfuerzo inicial con el fin de detener el esfuerzo egoico.

En el método del descanso, uno se sienta y empieza por dejar toda tarea exterior. A continuación, uno suelta cualquier identificación que albergue en relación con hacer, supervisar, analizar, juzgar y controlar. El método del descanso intenta llegar más allá del ego hacedor por medio de dejarlo sin nada que hacer. El método del descanso intenta no forjar una imagen imaginaria, elaborar una filosofía, evocar un recuerdo o formular una idea en relación con lo que es la consciencia despierta. Ciertos métodos de descanso nos piden que no prestemos atención a los pensamientos; otros nos indican que nos limitemos a dejarlos pasar. El budismo zen utiliza dos estrategias diferentes de la vía negativa para abandonar la identidad errónea de manera que nuestra verdadera naturaleza pueda manifestarse: la práctica de los *koans* y el «solo sentarse». El método de los *koans* presenta a los alumnos lo que parece ser un método de observación al plantearles preguntas como esta: «¿Qué sonido hace una sola mano que aplaude?». La intención no es que el meditador encuentre una respuesta, sino deconstruir tanto al que busca como la manera habitual de conocer por medio de manejar conceptos. Los *koans* cortocircuitan la mente conceptual al presentarle problemas que no puede resolver, lo que provoca que se agote a sí misma y renuncie a su pretensión de ser la forma principal de obtener conocimiento. Al reflexionar sobre un *koan*, el alumno intenta encontrar una respuesta hasta que la mente ordinaria abandone y su verdadera naturaleza se revele como algo que está espontáneamente allí.

El método del «solo sentarse» (*shikantaza*, en japonés) puede resumirse con el dicho zen que afirma que «el agua turbia, si la dejas estar, se vuelve clara». Dicho de otra manera, sencillamente nos detenemos, descansamos y dejamos que todo sea tal como es. Entonces, la mente ordinaria es capaz de abandonar su agitación perpetua. Al descansar del patrón mental de la identificación con el ego, la mente ordinaria renuncia a su pretensión de que es el nivel principal de la mente y la identidad. Cuando la mente ordinaria se calma y reposa, se revela la claridad de la consciencia despierta.

Adyashanti, que utiliza los métodos de la observación y del descanso en sus enseñanzas, nos da una descripción moderna muy útil del método del descanso, al que llama «meditación verdadera»:

En la meditación verdadera, se deja que todos los objetos (pensamientos, sentimientos, emociones, recuerdos, etc.) mantengan su comportamiento natural. Esto quiere decir que la persona no debe hacer ningún esfuerzo para enfocarse en ningún objeto de la consciencia, ni para manipularlo, controlarlo o eliminarlo. En la meditación verdadera, el acento se pone en el hecho de ser consciencia; no en ser consciente de los objetos, sino en descansar como la consciencia primordial misma. La consciencia primordial es la fuente de la que emanan todos los objetos, y en la que desaparecen.

A medida que te vayas relajando suavemente en la consciencia, en la escucha, irá desapareciendo la contracción compulsiva de la mente en torno a los objetos. El silencio de ser llegará más claramente a la consciencia como una bienvenida al descanso y la permanencia. Una actitud de receptividad abierta, liberada de cualquier objetivo o expectativa, facilitará que la presencia del silencio y la quietud se revele como tu condición natural.[8]

## EL MÉTODO DE LA OBSERVACIÓN

Los métodos de observación apuntan a que veamos directamente a través de nuestra identidad errónea actual para encontrar el fundamento de la libertad que ya está aquí. Cuando descubrimos que la consciencia despierta ya está despierta y disponible sin que haya necesidad de desarrollarla, nos damos cuenta de que, como dijo san Francisco de Asís, «lo que estamos buscando es lo que está mirando».[9]

Las enseñanzas que me dieron el doctor Chang y Tulku Urgyen –hacer que mi consciencia observase a través de lo que yo suponía que era «yo»– eran métodos de observación. Me indicaron dónde y cómo buscar la verdadera naturaleza de mi mente. Cuando un maestro ha dado las indicaciones oportunas, su trabajo ha terminado. Uno tiene que buscar y encontrar por sí mismo, porque el maestro no puede hacerlo por uno. Una vez que sabes dónde y cómo observar, tú mismo puedes darte las indicaciones; no necesitas un maestro.

Garab Dorje, el primer maestro del *dzogchen* tibetano, dio una descripción sencilla del reconocimiento directo y del despliegue paulatino llamada «los tres puntos vitales». El primer punto es reconocer directamente nuestra propia naturaleza verdadera. El segundo es decidir por nosotros mismos que eso es cierto, lo que quiere decir que hemos reconocido nuestra verdadera naturaleza y estamos apreciando la realidad desde la consciencia despierta. El tercero es seguir adelante con confianza con el proceso de liberación que se va desplegando.

Una vez que hayas reconocido la consciencia despierta como tu auténtica naturaleza, dependerá de ti permanecer en ella y aprender a regresar a la misma cuando te vuelvas a identificar con el ego. Para familiarizarte más con la consciencia despierta tienes que encontrar las indicaciones que te resulten más útiles. El estilo de práctica del *sutra mahamudra* nos remite a nuestro interior para que aprendamos a buscar por nosotros mismos. Cuando practicamos esta forma de interiorización a diario para dejar de identificarnos con el ego, realizamos la práctica de los pequeños atisbos muchas veces. En muchas tradiciones se enseñan métodos de observación diferentes, como la práctica indagadora del «¿quién soy yo?» en la tradición *advaita*, o la técnica de «dar un paso atrás» en la tradición zen.

Cuando giramos la luz de la consciencia hacia el observador, no se puede encontrar un observador identificado con el ego. Lo que experimentamos es que vamos más allá de la dualidad sujeto-objeto. Experimentamos el observador que sentíamos ubicado en nuestra cabeza como carente de existencia independiente. Asombrosamente, el vacío que se experimenta no se vive como una carencia, sino que percibimos y apreciamos la realidad desde un espacio amplio y vivo, en que no hay un observador ubicado en un lugar concreto. Pero la ausencia de ego, o el hecho de ver a través del ilusorio yo separado, no es el final. Tiene que haber una consciencia de lo que está aquí en su sitio como el nuevo fundamento de la identidad y como base de operaciones. Algunas personas llegan a esta fase del despertar, pero no saben cómo dar continuidad al proceso. En una consulta telefónica, un hombre llamado Eric me dijo: «Empecé a leer sobre la iluminación en Internet y luego tuve una experiencia que me desorientó. La persona "Eric" había desaparecido y parecía que no existiese. No había ningún "yo soy", solo un vacío como el que queda en una habitación que estaba llena de muebles cuando es vaciada». Si nos enfocamos en esta fase de ausencia del yo como si fuese la meta que perseguíamos puede ser que nos detengamos a medio camino. Es como si nos hubiésemos puesto el objetivo de ir en automóvil desde la costa este hasta el océano Pacífico y nos hubiésemos detenido en el Gran Cañón y nos hubiésemos quedado a vivir allí. Podemos quedarnos atorados en la quietud, un punto del camino que el zen llama «la vacuidad del vacío».

La expresión tibetana que designa el *reconocimiento* se traduce como 'mirar atrás a nuestro propio rostro'. La consciencia despierta te es tan conocida y está tan cerca de ti como tu propia cara. Muchas personas dicen que sienten como si hubiesen «vuelto a casa» cuando reconocen por primera vez la consciencia despierta. Por supuesto, la acción de darse la vuelta para mirar y reconocer la consciencia no tiene nada que ver con mirar con los ojos físicos. La capacidad que tiene la consciencia despierta de conocerse a sí misma se ha llamado *consciencia reflexiva*. La palabra *reflexiva* significa 'dirigida o vuelta hacia sí misma'. La consciencia reflexiva hace hincapié en que nuestra verdadera naturaleza ya está aquí.

Si tenemos que hacernos conscientes de la consciencia, ¿cómo podemos encontrar esa primera consciencia que puede volverse hacia sí misma? Para que la consciencia pueda comportarse de forma reflexiva debemos mirar de otra manera, para saber quién o qué se da la vuelta o da un paso atrás. La consciencia local es la respuesta experiencial a esta indagación, ya que puede pasar de estar identificada a ser libre. Puesto que solo la consciencia puede reconocer la consciencia, familiarizarse con la consciencia local es un primer paso necesario. De niños, muchos de nosotros cantábamos y bailábamos el Hokey Pokey: «Tú haces el Hokey Pokey y luego la vuelta das; es todo lo que hay que hacer». Una ingeniosa pegatina de parachoques dice: «¿Y si

SALTO A LA LIBERTAD

todo consiste, en realidad, en el Hokey Pokey?». En cualquier caso, mi experiencia es que todo consiste en «darnos la vuelta».

## Los dos giros en U de la consciencia

Ramana Maharshi escribió sobre el despertar: «Además de la indagación, no existe ningún medio adecuado».[10] Dijo que la indagación es sencilla y directa. «Si uno indaga la respuesta a la pregunta ¿quién soy?, la mente volverá a la Fuente [...] No hay que dejar que la mente salga, sino que hay que retenerla en el Corazón [...]».[11] En la primera parte de la indagación, la mente vuelve a su origen y luego, con el fin de vivir, la mente queda ubicada en un nuevo lugar, «en el Corazón». Esto es una buena descripción de la consciencia abierta de corazón.

Vamos a examinar cómo funciona este nuevo método de observación. Las instrucciones de distintas culturas en cuanto a la indagación dicen: «la Mente volverá a la Fuente», «da un paso atrás», «haz girar la luz», y «deja que la mente observe la mente». Aquí, la cuestión importante es: ¿qué es lo que da el paso atrás?, ¿qué es lo que se gira?, ¿dónde está la mente o la luz que puede girarse y encontrar la Fuente? Nuestra mente diaria conceptual no puede encontrar la consciencia despierta; ni siquiera la atención y nuestra mente sutil, a las cuales acudimos para la práctica del *mindfulness*, pueden encontrarla. No obstante, tenemos que empezar a indagar desde donde estemos ahora. Descubriremos que la consciencia local es capaz de desengancharse de nuestros pensamientos y de encontrar la consciencia extensa.

El primer paso en la indagación de la consciencia es utilizar la mente pensante para comprender las palabras de la pregunta que estamos intentando resolver. El paso siguiente es comprender cómo observar, dónde hacerlo y con qué lo hacemos. Si utilizamos el pensamiento para observar el pensamiento, recreamos la identificación con el ego, que es el patrón mental que estamos tratando de superar. En el enfoque de la consciencia abierta de corazón, la consciencia local observa a través del patrón mental del «yo» (también podemos decir que se desengancha de él). Entonces podemos indagar: «¿hay un "yo" aquí?, ¿de qué color?, ¿de qué forma?, ¿de qué tamaño?».

72

El resultado es que no se puede encontrar un observador separado en ningún sitio. Cuando no encontramos nada ni a nadie que sea el sujeto, empezamos a experimentar la consciencia extensa que es inherente a nuestros pensamientos y sensaciones.

En este paso estamos descubriendo la capacidad que tiene la consciencia de darse la vuelta y conocerse a sí misma en lugar de mirar los objetos del mundo. La consciencia tiene que buscarse a sí misma —y encontrarse a sí misma— para liberarse realmente. Este método de observación consiste en darse la vuelta para mirar a través y más allá de la posición observadora de la identidad egoica. La ubicación del observador se abre o se diluye conforme hacemos eso. No podemos detenernos a mirar la ausencia de la identidad del ego, ni el espacio donde antes estaba esa identidad. En este punto tenemos que encontrar la consciencia que siempre está observando.

La consciencia tiene que buscarse —y encontrarse— a sí misma con el fin de vivir desde un nuevo ámbito de existencia que no orbite alrededor del ego ni en el cual prime la identificación con el ego. Aquí salimos de nuestra mente ordinaria y descubrimos la consciencia que siempre ha estado observando. La consciencia extensa posee inteligencia e intencionalidad; por lo tanto podemos concentrarnos, elegir y actuar desde ella.

He aquí una descripción breve del proceso de indagación de la consciencia: puedes empezar por desenganchar la consciencia local del pensamiento y luego pasar a hacerte consciente de la consciencia extensa. Así estás dando la primera vuelta en U en cuanto a la consciencia y la identidad, por la cual dejas de mirar afuera, al mundo, y haces que la consciencia se dé la vuelta y mire a través del observador para encontrarse a sí misma. El resultado de ello es que puedes descubrir que la consciencia ya es consciente de sí misma, por sí misma. Una vez que te hayas establecido en la consciencia despierta, podrás dar la segunda media vuelta para contemplar e incluir el contenido de tu mente y de tu cuerpo desde la perspectiva de un testigo transcendente, plenamente consciente y que no necesita esforzarse. Seguidamente, la consciencia se reconocerá a sí misma dentro de tu cuerpo como una presencia encarnada, y entonces podrás experimentar el sabor único de la unidad de todas las cosas. Podemos crear y relacionarnos desde la consciencia abierta de corazón, mientras sentimos una conexión incondicionalmente amorosa con todo.

Tendremos que encontrar dónde está situada actualmente la consciencia que puede descubrir nuestra naturaleza esencial. La metáfora tradicional de la indagación es tirar un guijarro a un lago. Si el guijarro está hecho de pensamiento conceptual, será pesado y denso como una piedra, de modo que no podrá conocer el agua. Gracias a los pequeños atisbos será posible reconocer que el presunto guijarro está hecho, en realidad, de lo mismo que está buscando: es agua en el agua, consciencia consciente de la consciencia. La consciencia local es una gota de agua que puede reconocer su fuente; cuando una gota de agua cae en el lago, ha vuelto a casa.

## ¿Dónde, pero dónde está la consciencia?

Vamos a ver ahora que la consciencia está normalmente oculta en el trasfondo, identificada con el pensamiento o atrapada en el centro de nuestra forma de percibir. Habitualmente, la consciencia no constituye más que un vehículo de conocimiento, que establece una conexión entre uno mismo y lo que está viendo. En muchos sistemas de meditación, la consciencia, la atención y la percepción se abordan como si fueran lo mismo. En la psicología occidental se utilizan a menudo las expresiones *ser consciente* y *percibir conscientemente* como si significasen lo mismo. Por ejemplo, no cabría hacer ninguna distinción en cuanto al significado de las frases «soy consciente de lo que leo» y «percibo conscientemente lo que leo». También utilizamos las palabras *consciencia* y *atención* indistintamente: «pon tu atención en lo que oyes» y «pon tu consciencia en lo que oyes». De esta manera, consideramos la consciencia como una especie de percepción consciente limitada que está «entre» yo en tanto que sujeto y un objeto, como cuando decimos «soy consciente de esa copa». En este caso, la consciencia es el medio, el enlace entre uno mismo —el observador— y la copa, que es el objeto que se está viendo.

Pero la consciencia despierta no es lo que hay entre tú y un objeto, sino que es el fundamento de quien eres y de tu forma de conocer. La palabra *consciencia*, tal como se utiliza aquí, no significa lo mismo que *percepción consciente* y *atención*. Ni siquiera la atención plena puede conocer la consciencia despierta (o, lo que es lo mismo, tu verdadera naturaleza).

Nuestro sentido actual del «yo» se ha construido alrededor del pensamiento autorreflexivo, de manera que la consciencia está atrapada en medio de este pensamiento y se ve reducida a una función o una herramienta de la mente y de la identidad. Este método nos hace pasar del pensamiento reflexivo (pensar en pensar) a la consciencia reflexiva (la consciencia de la consciencia). En lugar de que el pensamiento observe el pensamiento, la consciencia observa la consciencia, y entonces la consciencia puede incorporar el pensamiento.

Actualmente, no experimentamos la consciencia como el lugar *desde* donde observamos, sino que parece que estuviera en el medio: por ejemplo, «soy consciente de ver la copa».

- Al principio, la consciencia parece ser una herramienta funcional del «yo», como en este caso: yo soy → consciente de → ver la copa.
- El «yo» es un patrón de pensamiento (un patrón de identificación con el ego) que se toma a sí mismo por el sujeto.
- «Soy» está conectado en este momento al «yo», en lugar de estarlo a la consciencia.
- La consciencia se reduce a la atención en tanto que herramienta intermediaria del enfoque consciente.
- El sentido que se usa en este caso es el de la «vista».
- La copa es el objeto enfocado, «lo visto».

Cuando la consciencia local da media vuelta y mira atrás, ve a través de la identificación con el ego y descubre que el «soy» está ubicado ahora en la consciencia despierta.

La consciencia local va hacia la copa, entonces regresa de la copa para proporcionar la visión de la misma, y luego vuelve, a través del «yo», hacia la consciencia despierta.

Esta es la manera normal de percibir:

Yo soy → consciente → de ver → la copa (lo visto).

El giro en U invierte el proceso:

Consciente de lo visto → consciente de ver → mirar otra vez por medio del patrón «yo» de la identificación con el ego → lo que es consciente de sí mismo, de ver y de lo visto.

Una versión sencilla del giro en U:

Consciente de lo visto → consciente de ver → descansa como lo que es consciente de ver.

La consciencia despierta puede pasar de estar atrapada en medio del pensamiento como modo de percepción a dar media vuelta y volver a observar a través del patrón mental del «yo» para encontrar la consciencia despierta. Así, la consciencia despierta pasa a ser la ubicación principal del acto de observar. El «soy» ya no se ubica dentro del pensamiento, sino que ahora se experimenta como un campo ilimitado de consciencia despierta que conecta, por medio del pensamiento, de la percepción y de la visión, con la copa y todo el espacio que tiene alrededor.

---

ATISBO 1: **Lo visto, la visión y la consciencia**

En este atisbo utilizarás tu sentido de la vista para hacerte consciente de la consciencia. Puedes usar las palabras de esta página como el objeto de enfoque mientras lees, o puedes aprender el ejercicio primero y luego probar con otro objeto, como una copa.

1. Hazte consciente de las palabras en esta página como objetos.
2. Date cuenta de cuál es tu manera normal de ver las palabras de la página: miras hacia fuera desde el sujeto («yo») hacia el objeto (las palabras). Date cuenta: «Soy consciente de ver las palabras».
3. Ahora invierte el proceso. Percibe las palabras como *lo visto*.
4. Seguidamente, sé consciente de la luz que refleja la página y que llega a tus ojos como *visión*.
5. Ahora sigue a tu consciencia hasta que descanse *como aquello que es consciente de ver*.
6. Deja que tu consciencia se desplace hacia atrás desde lo visto... hasta el acto de ver... y luego, a través del «yo», que descanse de nuevo como aquello que es consciente de ver.
7. Deja que la consciencia se retire de la página para descubrir la consciencia que está detrás y dentro que ya es consciente y está observando.
8. Deja que la consciencia vuelva a descansar hasta que descubra la consciencia despierta que está leyendo las palabras sin esforzarse.

**ATISBO 2: La consciencia de la consciencia**

1. Mira un objeto de la habitación. Date cuenta de que eres consciente de ese objeto.
2. Ahora date cuenta de que eres consciente de ver.
3. Ahora cierra los ojos y percibe que la misma consciencia que has utilizado para mirar hacia fuera puede ser ahora consciente de la consciencia. Deja que la consciencia se interese por ella misma y sea consciente de sí misma: la consciencia está descansando para ser el sujeto y el objeto. Siente la consciencia como algo íntimo, suave, extenso y penetrante.
4. Deja de interesarte por cualquier pensamiento, frase, idea y punto de vista. Deja que tu consciencia se interese totalmente por la consciencia.
5. Deja que la consciencia descanse como la consciencia que ya se conoce a sí misma y que es consciente de las experiencias que surgen.

SALTO A LA LIBERTAD

6. Percibe cómo es la experiencia de ser consciente desde la consciencia, en lugar de serlo desde el pensamiento o la identidad del ego.

---

## ATISBO 3: El yoga de la consciencia

En un curso de yoga aprendes a mover el cuerpo para sentirte renovado, revitalizado, equilibrado y unificado. En este ejercicio aprendemos a mover la consciencia con el mismo propósito. Utiliza las cuatro indicaciones siguientes una tras otra para cambiar tu punto de vista; haz una pausa entre ellas para experimentar los efectos. En lugar de intentar comprender el significado de cada afirmación, limítate a ser curioso; deja que tu consciencia observe. Procede según cada instrucción tantas veces como quieras. Puedes decir estas frases con los ojos cerrados o abiertos, como prefieras. Lo importante es que cambies el enfoque de la consciencia para efectuar cada tipo de observación y que sientas desde dónde estás observando después de haber cambiado el enfoque.

1. Observa desde la consciencia para ver cuál será el pensamiento siguiente.
2. Observa desde la consciencia para experimentar el espacio por el que se desplazan los pensamientos.
3. Observa desde la consciencia para ver qué es lo que es consciente del espacio y de los pensamientos que pasan.
4. Observa desde la consciencia y descansa en el espacio de consciencia y vitalidad que eres; un espacio que es amplio y penetrante.

---

## ATISBO 4: Hacer un giro en U

1. Desengancha la consciencia local del pensamiento y envíala a un rincón de la habitación.
2. Ahora haz que la consciencia local observe al que la envió y a través de él.
3. Date cuenta de que en el verdadero ver no hay nada que ver.

4. Date cuenta de que no hay un observador local en tu cabeza. Ni un observador ni lo observado; solo hay observación. Percibe el espacio ilimitado desde el que eres consciente.

5. Percibe desde el continuo campo de consciencia que es consciente de sí mismo y que ahora es lo que está viendo. Descansa en esta consciencia extensa que es consciente de lo que es.

6. Si elegiste enviar la consciencia a un rincón de la habitación situado delante de ti, ahora envía la consciencia a un rincón situado detrás de ti y repite los otros pasos.

# 3

# LA CONSCIENCIA LOCAL

*Sencillamente, haz girar la luz. Esta es una verdad sublime, insuperable.*

El secreto de la flor dorada[1]

Todos ansiamos la libertad, pero la libertad verdadera no es algo que se consigue, sino que es lo que ya somos. La libertad surge de una profunda sensación de bienestar que no depende de circunstancia vital alguna. Sin embargo, incluso cuando hemos saboreado la libertad real, la mayoría de nosotros no sabemos cómo volver a ella deliberadamente. Lo que nos falta no es voluntad, ni comprensión intelectual, ni esfuerzo, sino los medios que nos permitan salir de la confusión que ocasiona nuestro sufrimiento y entrar en la nueva forma de ser.

Un alumno mío, que había aprendido recientemente a orientar la consciencia local, estaba cenando con unos amigos a los que no veía desde hacía algún tiempo. Se dio cuenta de que se sentía inquieto y cohibido. Intentó calmarse, pero no lo logró. Entonces recordó que había aprendido un método para desenganchar la consciencia local y situarla en su mente, de naturaleza apacible. Solamente había practicado antes este método en la silenciosa soledad de su hogar, pero esa noche decidió ver si también funcionaba en esa cena festiva.

Mientras sus compañeros hacían sus pedidos al camarero, descubrió que necesitaba muy poco tiempo para retirar la consciencia local del doloroso y contraído estado de vergüenza que estaba experimentando y situarla en una nueva forma de ver y de ser. Después me dijo: «Enseguida me sentí aliviado. Mi juez interior —el que me criticaba a mí y criticaba a los demás— había desaparecido y eso me permitió escuchar a mis amigos con una actitud de mucha mayor implicación, más sincera y más relajada. Hasta que desapareció el crítico no me di cuenta de cuánto mandaba en mi mundo ese juez ansioso».

Desde la primerísima vez que efectúan el desplazamiento de la consciencia local, muchas personas hablan de que han experimentado una especie de liberación, semejante al alivio que se siente al depositar en el suelo una mochila pesada. A veces hay quienes experimentan la ausencia de cualidades negativas que les han obsesionado toda su vida; se sienten aliviados de la preocupación, de la agitación, del miedo, del pensamiento obsesivo, de la vergüenza y del juicio. Otros experimentan la aparición espontánea de cualidades positivas como la paz, la amplitud, la unidad y el amor. Cuando pruebes a desenganchar la consciencia local de tus pensamientos descubrirás que puedes experimentar los beneficios inmediatamente. El paso siguiente es aprender a qué dimensión interna acceder deliberadamente. No tienes por qué salir del lugar en que te halles y meditar media hora en mitad de tu jornada laboral o durante una reunión social para descubrir la tranquilidad que ya mora dentro de ti.

## Cuatro expresiones de la consciencia despierta

La consciencia local es una de las cuatro modalidades en que se expresa la consciencia despierta, junto con la consciencia extensa, la consciencia despierta encarnada y la consciencia abierta de corazón. La consciencia local es un vehículo que ya está aquí y que puede llevarnos a casa. A lo largo de los siglos, la gente ha probado muchos métodos para ir más allá de la mente, como el uso de los cinco sentidos, la mente conceptual, el ego, la voluntad o la atención. Pero nada de esto puede encontrar la consciencia despierta. Los cinco sentidos solamente pueden conocer lo que están concebidos para conocer; el pensamiento tampoco tiene entre sus funciones conocer la consciencia. Para encontrar la consciencia despierta debemos saber cómo desvincular la consciencia local del pensamiento conceptual; de esta manera descubrimos que la consciencia local puede sintonizar la consciencia despierta y conocerla.

La consciencia local es la dimensión dinámica e interactiva de la consciencia despierta que puede desengancharse del pensamiento. Es el medio eficaz con el que contamos para conocer inmediatamente nuestro ámbito del Ser. La consciencia local puede *sintonizar* la consciencia extensa *y conocerla* como ella misma. Para comprender la consciencia local es útil comprender también las otras tres modalidades de expresión de la consciencia despierta.

La segunda de ellas es la *consciencia extensa*, que es intemporal, ilimitada, inmutable, conocedora y carente de contenidos y de forma. La consciencia extensa es el fundamento de nuestro Ser, el origen de nuestra identidad. La consciencia extensa, en su pureza, es la naturaleza de la mente; es como el cielo abierto y claro que siempre está tras las nubes de nuestro cuerpo y nuestra mente, y dentro de ellas.

La tercera expresión es la *consciencia despierta encarnada*, o *presencia*, que es la comprensión de la no dualidad, la cual tiene lugar cuando la consciencia extensa, sin forma, sabe que también es forma. La consciencia extensa es innata en el cuerpo, de la misma manera que los átomos están dentro de las moléculas y hay espacio dentro de cada átomo. La presencia reconoce que los átomos, las moléculas y nuestro cuerpo son una expresión unificada de la consciencia despierta. Desde la presencia se experimentan todos los patrones de energía, todas las formas, todas las apariencias y toda la materia como olas que surgen del océano de la consciencia despierta.

La cuarta expresión de la consciencia despierta es la *consciencia abierta de corazón*, la cual conoce por medio del amor incondicional, de la interconexión existente entre todas las cosas y de las relaciones que tenemos con los demás. Desde la consciencia abierta de corazón tenemos la capacidad de ser creativos y compasivos.

SALTO A LA LIBERTAD

Es importante recordar que la consciencia extensa, la consciencia local, la consciencia despierta encarnada y la consciencia abierta de corazón *no* son tipos de consciencia distintos. *Todas ellas son expresiones diferentes de la consciencia despierta.* Cuando digo «consciencia extensa» es lo mismo que si dijera «consciencia despierta extensa».

La consciencia local es como un sentido adicional que puede conocer las otras tres modalidades en que se manifiesta la consciencia despierta. La consciencia local es no dual en el sentido de que puede conocer tanto la consciencia sin forma como las formas de la consciencia y desplazarse entre ellas. La consciencia local puede entrar en la consciencia extensa y conocerla en tanto que ella misma (es decir, la consciencia local se reconoce como la consciencia extensa en esos momentos). Después, cuando entramos en la presencia y la consciencia abierta de corazón, la consciencia local reemplaza a la atención en tanto que herramienta de enfoque.

Una vez que hayas captado qué es la consciencia local, podrás experimentar con los ejercicios de los atisbos y hacerlos tuyos. Empezaremos por aprender a separar (o desenganchar) la consciencia local de la mente ordinaria identificada con el ego. Una vez que hayas aprendido a desenganchar la consciencia local y desplazarla, serás capaz de abrirte camino a través de los distintos niveles de la mente. Una vez que sepas cómo pasar de un nivel a otro, descubrirás las cualidades positivas y naturales que están siempre disponibles dentro de ti.

La consciencia local también puede compararse con un microscopio que nos permite ver las dimensiones más imperceptibles y con un telescopio que nos permite experimentar las más inmensas. Aunque existen otros medios para dar el salto a la libertad, la consciencia local –la dimensión móvil de la consciencia despierta– nos permite culminar el proceso hasta la consciencia encarnada y abierta de corazón. Una vez que aprendamos a utilizar la consciencia local podremos cambiar de nivel mental estemos donde estemos y sea lo que sea lo que estemos haciendo.

## La consciencia local en otras tradiciones

Aunque aparezca sutilmente cubierta por las dimensiones más fuertes y veloces de la consciencia ordinaria, la consciencia local está siempre presente. Es natural en nosotros y nos ofrece la posibilidad de descubrir la consciencia extensa; y, más adelante, puede enseñarnos a enfocarnos desde esta.

La consciencia local no es energía sutil, ni lo que el cristianismo llama *alma*, ni tampoco lo que el hinduísmo llama *atman*. La consciencia local es una modalidad de la consciencia despierta que es capaz de enfocarse en las dimensiones de la consciencia y desplazarse a través de ellas. Esta capacidad de darle la vuelta a la consciencia para que se vea a sí misma se venera en muchas tradiciones de sabiduría.

En el budismo tibetano, al reconocimiento de nuestra verdadera naturaleza se lo conoce a veces como el encuentro entre la consciencia «niña» y la consciencia «madre». La consciencia local puede alejarse, y a veces puede perderse entre los pensamientos como un niño pequeño que estuviese explorando el mundo. Pero la consciencia niña siempre puede volver a su origen, que es el campo materno de la consciencia extensa, y ser bienvenida a casa. Una vez que la madre y la hija saben que son de la misma familia, estarán siempre en contacto. Un famoso texto *mahamudra* hace referencia a lo que llamo consciencia local cuando dice: «Como es imperativo, ajusta tu consciencia y observa [tu mente]».[2]

## El desenganche

La consciencia local es un vehículo que viaja sobre el puente vivo que une lo que tiene forma y lo que carece de ella; nos ayuda a ver la unidad en los dominios aparentemente separados que son el sujeto y el objeto, lo humano y lo divino, lo tangible y lo intangible, lo finito y lo infinito. La consciencia local puede llevarnos desde un estado del ser a otro. No tenemos que alternar entre la identificación con el ego y la consciencia extensa, entre «alcanzarla» y «perderla»; podemos experimentar los niveles de realidad relativos y fundamentales simultáneamente.

Habitualmente, la consciencia local está identificada con la mente pensante y la función del ego (o pegada a ellas, u oculta en ellas). Pero no podemos conocer la consciencia despierta por medio del pensamiento; nuestro sentido aislado y contraído del yo evita que la reconozcamos. Podemos empezar con unas cuantas prácticas preliminares como la lectura, el canto de mantras, la meditación o el yoga. Podemos emprender el viaje desde nuestro nivel mental actual por medio de comprender las instrucciones y empezar a dirigirnos hacia el puente. Estas prácticas iniciales se llevan a cabo desde la identificación con el ego con el objetivo de mitigar dicha identificación. Sin embargo, para poder cruzar el puente es imperativo abandonar cualquier técnica, nivel mental y hacedor iniciales. Algunas personas llaman a este movimiento «dejar caer», «soltar», «rendirse», «abandonar» o «darse la vuelta»; yo lo llamo «desengancharse».

No tenemos que empezar por cambiar nuestras mentes para desenganchar la consciencia local del pensamiento. Desenganchamos la consciencia local con el fin de cambiar nuestro nivel mental. Desengancharse es la capacidad que tiene la consciencia local de desapegarse de cualquier estado mental; de desconectarse o desidentificarse de él, de abandonarlo. No es un mero cambio de actitud; es un movimiento experiencial que hace que dejemos de estar inmersos en los contenidos de la mente ordinaria. Cuando la consciencia local deja de estar identificada, ya no estamos atrapados en la identificación con el ego.

De modo que la pregunta fundamental que tenemos que responder es esta: *¿cómo me desengancho?* Pero «tú» no te desenganchas. Es la consciencia local la que se desengancha del «tú» que planea desengancharse. Una de las razones por las que no hemos sido capaces de desengancharnos fácilmente es que el «yo» no puede hacerlo. Sin embargo, la consciencia local ya está por naturaleza dentro de nosotros como una expresión de la consciencia despierta. Tú tienes la capacidad de desplazar la consciencia local intencionadamente, aunque no lo sepas. Una vez que le encuentres el tranquillo, serás capaz de desplazar la consciencia local desde el pensamiento hasta la consciencia extensa. Es algo así como desplazar la consciencia de la vista al oído;

este aprendizaje parece más físico que mental. Como dice Dudjom Rinpoche, el momento de desengancharse y de reconocer es «como quitarse una capucha de la cabeza; ¡qué amplitud y qué alivio tan ilimitados! Esto es el ver supremo: ver lo que no ha sido visto antes».[3]

Desengancharse implica ir más allá del «hacedor» que empezó a caminar sobre el puente vivo. El reconocimiento de la consciencia local resuelve experiencialmente una antigua pregunta: *si vamos más allá del hacedor actual identificado con el ego, ¿cómo podemos «hacer» algo?* Tenemos que encontrar una respuesta experiencial a esta pregunta con el fin de vivir la vida despiertos. En definitiva, serás capaz de responder esta pregunta con tu propia experiencia directa relativa al reenfoque de la consciencia local. Cuando desenganchas la consciencia local del «yo», tiene lugar una transferencia de identidad. Podemos hacer una analogía con las carreras de relevos, en que los corredores se pasan un testigo. El testigo es la consciencia local; el «hacedor» identificado con el ego se desploma como un corredor exhausto. El testigo pasa a estar en manos de la consciencia extensa, que ahora puede concentrarse utilizando la consciencia local. Entonces, desde la consciencia despierta encarnada podemos empezar a conocer y a actuar desde nuestro Ser.

Frecuentemente, la gente siente que debe o bien meditar pasivamente para descubrir la consciencia extensa, o bien reencontrar al antiguo hacedor para poder desenvolverse en el mundo. Cuando se descubre la consciencia local, existe la nueva opción de vivir desde la unidad de dos mundos que han estado siempre juntos. Cuando la consciencia local se desengancha del pensamiento y del funcionamiento del ego, tiene una inteligencia y una intención inherentes. El pensamiento vuelve a su función natural como el sexto sentido; deja de constituir la principal forma de conocer. Esto significa que el «hacedor» vinculado con la mente ordinaria ya no es el actor que lleva a cabo las elecciones.

El desenganche puede ser el movimiento inicial que nos saque del estado de identificación con el ego, pero no por ello nos conducirá a la consciencia despierta. El solo hecho de meternos en un automóvil no nos lleva a nuestro destino.

Podemos entrar en distintos estados internos: el ensueño diurno, el sueño, el inconsciente personal, el inconsciente colectivo, el trance hipnótico o un estado relajado, meditativo. Ninguno de estos estados tiene nada de malo. Sin embargo, no nos interesan en relación con el camino que estamos tratando de emprender. Lo que nos interesa es utilizar la consciencia local de la manera más directa con el fin de encontrar el nivel más fundamental y sutil de la mente y del ámbito del Ser mientras intentamos evitar las fascinaciones y las distracciones que surjan por el camino. Podemos empezar a experimentar ciertos estados interesantes y placenteros, pero mientras no permanezcamos en el ámbito del Ser no podremos establecer la consciencia abierta de corazón encarnada, que es nuestro hogar.

La consciencia local tiene que encontrar la consciencia extensa y luego llegar a conocer la sensación de ver y la sensación de ser desde dicha consciencia. Cuando la consciencia local descubre la consciencia extensa, su trabajo todavía no ha terminado. La consciencia local asume las funciones que antes tenían la intención y la atención. La consciencia local es el medio eficaz de concentrarse desde la consciencia extensa que puede enfocarse deliberadamente mientras mantiene una perspectiva abierta de corazón.

El poeta sufí Rumi llamó a la mente «esfera de consciencia». La consciencia local es como una burbuja clara de inteligencia que puede viajar y conocer directamente tanto desde cualquier punto ubicado en el interior del cuerpo como desde el campo de la consciencia extensa. La consciencia local conoce desde dentro su nueva ubicación, en lugar de sentir la ubicación del que percibe detrás de los ojos, dentro de la cabeza. Por ejemplo, cuando la consciencia local viaja a una de tus manos, conoce directamente desde dentro de ella. Cuando se desplaza a tus sentimientos de tristeza o de alegría, conoce desde dentro de esos sentimientos. La consciencia local, a semejanza de un foco de luz, tiene la capacidad de concentrarse en una zona. La consciencia local puede hacerse pequeña o ensancharse para abarcar un área mayor. Puede desplazarse, identificarse o desidentificarse; ilumina su ubicación desde dentro. Cuando el sistema operativo principal es la consciencia despierta, podemos permanecer expandidos y abiertos mientras nos concentramos, simultáneamente, en una tarea concreta.

Ciertas personas no pueden distinguir entre la consciencia local y el campo de la consciencia extensa. En última instancia, es cierto que no están separadas. He aquí una imagen que nos ayuda a sentirnos a la vez expandidos y concentrados en una zona: imagina que la consciencia local es una ola que se levanta desde el mar de la consciencia extensa. Vemos que la ola aparece como un movimiento específico del agua. Desde cierto punto de vista, surge una ola, llega a un punto álgido y se rompe. A pesar de eso no deja nunca de ser océano; el océano es su esencia. Si nos identificamos a nosotros mismos como olas firmes y separadas, podemos sentirnos asustados ante la perspectiva de estrellarnos. Una vez que nos damos cuenta de que la ola es solamente una manifestación local y concreta del océano, dejamos de tener miedo.

La consciencia despierta no tiene forma y, a la vez, es inherente a la forma. No es una o la otra; sencillamente, exhibe apariencias diversas. La consciencia local puede pasar de un nivel mental más denso a otro más sutil. Cuando estamos ubicados en nuestra mente ordinaria y utilizamos nuestra atención para enfocarnos en las cosas, solamente podemos experimentar un nivel burdo de la realidad. Pero la consciencia local tiene la capacidad de experimentar el nivel sutil de la inteligencia dondequiera que mire. Cuando hayamos pasado a adoptar el nuevo sistema operativo de la consciencia despierta encarnada, utilizaremos la consciencia local para enfocarnos; no tendremos que volver a emplear la mente ordinaria.

Incluso si esta es la primera vez que oyes hablar de desenganchar la consciencia local, puedes hacerlo. No es algo que se logre por medio de la comprensión intelectual, o de un acto de voluntad que requiera un gran esfuerzo. De hecho, es posible que, incluso cuando hayas desenganchado la consciencia local y la hayas desplazado, no sepas cómo lo has hecho. Es como mantener el equilibrio sobre una bicicleta: uno se hace una idea al respecto, y luego practica hasta que desarrolla la confianza de que puede hacerlo de nuevo.

## Profundizar en la experiencia de la consciencia local

En el enfoque del despertar de la consciencia abierta de corazón, todo se edifica sobre el primer paso que es desenganchar la consciencia del pensamiento. El desenganche puede acontecer fácilmente o puede ser que se necesiten unos cuantos intentos. Incluso puede ser que no tengas la impresión de que te desenganchas. Puede más bien ser que experimentes una especie de disolución, o de deslizamiento, o de liberación, o de distanciamiento; es como si dejases de sintonizar una emisora y sintonizases otra. O puede ser que todo ocurra tan rápido que no percibas el proceso. La clave es que la consciencia local se desidentifique, se separe, se suelte completamente del pensamiento. Sea como sea que ocurra, estará bien. Te animo a que experimentes y encuentres la forma que te vaya mejor.

Lo más importante es esto: tú no puedes hacer estos ejercicios, solamente puede hacerlos la consciencia. Una vez que la consciencia local se desenganche del pensamiento, el sentido del «tú» que inició el proceso ya no será tu identidad actual ni el lugar desde el que conoces. Te habrás desenganchado de la identidad egoica que emprendió el viaje y ahora la consciencia local será, directamente, la «entidad» conocedora.

Lo que nos interesa ahora es experimentar directamente las distintas cualidades de la consciencia local y conocerlas mejor. La consciencia local puede hacer todo esto:

- *Desengancharse* del pensamiento y de la identificación con el ego.
- *Desplazarse deliberadamente* a distintas dimensiones de la consciencia.
- *Conocer directamente desde dentro,* sin utilizar el pensamiento conceptual.
- *Enfocarse* sin utilizar la atención.

Incluso si el trabajo con la consciencia local te parece en cierta forma semejante a otra clase de prácticas, recuerda que ahora se te está invitando a abordar los ejercicios que siguen con una mente de principiante y el corazón abierto. El experimento siguiente ofrece un atisbo de la facilidad con que la consciencia local puede desplazarse de un sentido a otro; por ejemplo, de la vista al oído.

## La consciencia local es diferente de la atención

Es muy importante reconocer que la atención no es lo mismo que la consciencia local. Según el diccionario Merriam-Webster, «la *atención*» es «el acto o el estado de aplicar la mente a algo».[4] La atención es la manera en que nos concentramos cuando estamos ubicados en nuestra mente ordinaria. Aplicar la mente es la experiencia de ser un sujeto ubicado en la cabeza que percibe un objeto (el cual puede ser una parte del propio cuerpo) ubicado en otra parte.

Según el psicólogo pionero William James, «no existe algo así como una atención voluntaria mantenida durante más de unos pocos segundos cada vez. Lo que se conoce como *atención voluntaria sostenida* es una repetición de esfuerzos sucesivos que traen de nuevo el tema a la mente».[5]

Es difícil sostener la atención de forma continuada porque la mente ordinaria no es una entidad estable. La mente ordinaria, que intenta prestar atención, está hecha de una corriente fluida de pensamientos y emociones que van y vienen. Puedes empezar con el pensamiento «presta atención a tu mano izquierda»; entonces aplicas tu mente a esa mano. En cuanto tu atención acude a tu mano izquierda, tu mente pensante empieza a divagar. La mente basada en el pensamiento que empezó la tarea ya se ha desplazado durante ese corto período. Tienes que recordártelo, tienes que recrear un yo en tu mente. Entonces, tienes que darte la instrucción otra vez: «presta atención a tu mano». Todo esto sucede muy rápidamente.

Cuando usamos la atención para enfocarnos siempre vamos un segundo por detrás de la experiencia directa. Esto significa que conocer por medio de la atención es siempre una experiencia pasada, un reflejo, una fotografía, un recuerdo o una imagen de lo que acaba de suceder. En cambio, la consciencia local conoce directamente, sin necesitar que la mente interprete, explique o categorice. Cuando no utilizamos el pensamiento como nuestra manera principal de conocer, nuestra mente ordinaria no necesita recordarnos que tenemos que concentrarnos.

Algo que experimentan ciertas personas cuando están aprendiendo a desengancharse del pensamiento es una expansión de la atención. Puedes permanecer en tu mente ordinaria y registrar sensaciones y emociones en tu cuerpo, por debajo del cuello, gracias a una concentración mental intensa, pero esto no es desengancharse realmente de la mente ordinaria.

Así como la atención es el aspecto de la mente que se concentra, la consciencia local es el aspecto de la consciencia despierta que se concentra. La consciencia local tiene en común con la atención el hecho de que es capaz de concentrarse selectivamente, pero ambas son distintas en esencia. Cuando se presta atención, la mente se aplica a un objeto, pero la consciencia local conoce directamente desde la consciencia despierta, la cual está dentro del cuerpo.

---

ATISBO 1: Experimenta la atención

Tómate un momento ahora mismo para examinar la experiencia de la atención.

1. Mira una de tus manos. Ahora desplaza esa mano fuera de tu campo visual y lleva tu atención hacia ella. Intenta seguir aplicando tu atención a la mano por un rato.
2. ¿Cómo ha ido tu experiencia con la atención?

Al principio, cuando utilizas la atención para concentrarte, puedes sentir que tu cabeza (donde están situados tu cerebro y tus ojos) es tu lugar central de percepción. Cuando llevas la atención a tu mano, ¿sientes como si «tú» estuvieras en tu cabeza mirando a tu mano?, ¿o te parece como si «tú» estuvieses iluminando tu mano con una linterna desde tu cabeza?, ¿o te sientes en conexión, como si un cable telefónico fuese desde tu cabeza hasta tu mano y enviase señales entre ellas? ¿Sientes que la atención puede distraerse? ¿Eres capaz de percibir que mantener la atención es en realidad un proceso continuo consistente en recordar y olvidar?

---

**ATISBO 2: Experimenta la consciencia local**

Ahora que ya hemos experimentado la atención, veamos en qué se diferencia de ella la consciencia local. Con el fin de experimentar la consciencia local, tienes que desengancharla del pensamiento y conocer tu mano directamente desde dentro. Prueba a hacer esto:

1. Desengancha la consciencia local del pensamiento y deja que esta empiece a desplazarse hacia abajo a través del cuello y perciba tus hombros desde dentro.

2. Desplaza lentamente la consciencia local como si fuese una invisible burbuja conocedora; hazla bajar por tu brazo hasta el codo. Siente la consciencia del espacio y la sensación directamente desde dentro.

3. Permite que la consciencia local siga bajando; recorre el antebrazo hasta llegar a la mano, la cual siente desde el interior de la misma.

4. Experimenta este nuevo tipo de conocimiento que acontece directamente, desde dentro de tu mano.

5. Date cuenta de que cuando la consciencia percibe tu mano desde dentro no se remite a una imagen mental de esta. Ella siente el espacio y la viveza de las sensaciones, de modo que no existe un límite claro entre lo interior y lo exterior.

Advierte la manera en que la consciencia despierta se percibe a sí misma y percibe tu cuerpo a través de la consciencia local. Una vez que se ha desenganchado la consciencia local, el pensamiento deja de ser la forma principal de conocer, aunque está disponible si se le necesita. Si no te remites a un recuerdo ni a una imagen de tu mano, la estás conociendo directamente. El conocimiento directo es extenso y vivo, y las sensaciones acontecen con mucha mayor fluidez que cuando aplicamos la atención.

Acabas de experimentar que la consciencia local ha pasado de pensar en la cabeza a ser capaz de percibir directamente desde dentro de tu mano. Ahora puedes empezar a saber cómo es la sensación de que la consciencia local se desenganche y se desplace a los demás sentidos. Lo importante es que sientas cómo se desplaza. La serie de ejercicios siguientes, del Atisbo 3 al 6, te guiarán paso a paso para que desenganches la consciencia local y empieces a sentir cómo se desplaza a niveles mentales diferentes.

---

**ATISBO 3: Volver a tus sentidos**

En este ejercicio percibirás cómo se desengancha la consciencia local antes de desplazarse:

1. Conforme miras esta página, percibe cómo la consciencia local deja de pensar en las palabras y pasa a verlas como trazos impresos, como objetos.

2. Seguidamente, desvincula la consciencia local de la visión y enfócala en la escucha. Date cuenta de lo espectacularmente diferentes que son las experiencias de ver y oír cuando las abordas desde la consciencia local.

3. Retira la consciencia local de la escucha y vuelve a situarla en la visión. Mientras lo haces, tómate tu tiempo para percibir cómo la consciencia local se desplaza de un sentido al otro.

4. Ahora desvincula la consciencia local de la visión y de la escucha y, sin acudir al pensamiento, siente cómo baja por tu cuello, hasta llegar a la parte superior de tu pecho.

5. Advierte que la consciencia local, ubicada dentro de tu cuerpo, no está mirando hacia abajo desde el pensamiento, ni está mirando hacia arriba en busca del pensamiento con el fin de conocer.

6. ¿Qué experimentas cuando la consciencia local siente y conoce directamente desde dentro de la parte alta de tu cuerpo tanto la consciencia como las sensaciones vivas?

7. Cuando estés listo, repite los seis pasos anteriores utilizando objetos diferentes. Antes de desplazar la consciencia, di para tus adentros: «La consciencia está a punto de pasar de pensar a ver, y luego pasará de ver a oír». Entonces procede despacio y siente el proceso del desplazamiento de la consciencia cuando pasa de ver a oír. Con el fin de percibir cómo se desplaza la consciencia local, puedes tomarte tu tiempo: detente, deja de leer y experimenta la capacidad que tienes de desplazar la consciencia local deliberadamente. Primeramente, percibe cómo la consciencia local se desvincula del sentido de la vista y pasa a vincularse con el sentido del oído. En segundo lugar, percibe cómo la consciencia local se desvincula del sentido del oído y se desplaza hacia abajo, pasando por el cuello, para percibir directamente el cuerpo desde dentro. Advierte qué experimenta la consciencia cuando regresa a los sentidos y percibe directamente, desde dentro del cuerpo, sin apoyarse en el pensamiento.

**ATISBO 4: Consciencia del espacio**

La consciencia local es maleable: puede enfocarse en uno de los sentidos y vincularse a él. En el siguiente atisbo, la consciencia local puede soltar y desplazarse para ser consciente del espacio sin objetos.

1. Desengancha la consciencia local del pensamiento y deja que esta se concentre en oír los sonidos que lleguen a uno de tus oídos.
2. No te concentres en quién está oyendo ni en lo que se oye; céntrate solamente en la sensación de oír.
3. Advierte que la consciencia es capaz de concentrarse en la vibración del sonido en esta pequeña zona.
4. Ahora desengancha la consciencia local del oído y ábrete al espacio exterior a tu cuerpo, en el que los sonidos van y vienen.
5. Advierte el movimiento de los sonidos por el espacio, pero luego interésate en el espacio sin objetos por el cual se mueven los sonidos.
6. Date cuenta de los efectos que tiene la consciencia del espacio.

---

## ATISBO 5: Consciencia de la consciencia

En el próximo atisbo, la consciencia local se desplaza al espacio y entonces descubre la consciencia extensa. Aquí vamos a dejar que la consciencia se mezcle con el espacio y se haga consciente de sí misma. Cuando la consciencia local se abre a la consciencia extensa, puedes concentrarte en esta última dentro de tu cuerpo, o ir al espacio exterior a este. Como nuestros sentidos están tan orientados al frente del cuerpo, tal vez sea más fácil descubrir la consciencia extensa en uno de los lados del cuerpo, o quizá detrás de él.

1. Desengancha la consciencia local del pensamiento y haz que se concentre en oír los sonidos que lleguen a uno de tus oídos.

2. No te concentres en quién oye ni en lo que se oye; céntrate solamente en la sensación de oír.

3. Date cuenta de que la consciencia local es capaz de concentrarse en la vibración del sonido en un oído.

4. Así como la consciencia local puede enfocarse en una zona muy pequeña, date cuenta de que ahora puede abrirse a estar interesada en el espacio en el que los sonidos van y vienen.

5. En lugar de enfocarte en el movimiento de los sonidos por el espacio, deja que la consciencia local descanse en ese espacio abierto.

6. La consciencia local se abre al espacio, hasta que descubre que el espacio abierto es consciente.

7. Siente que la consciencia local es como una burbuja que se mezcla con el aire y con el campo de la consciencia extensa, el cual ya es consciente.

8. Deja que la consciencia se conozca y se sienta tangiblemente a sí misma, sin acudir al pensamiento ni buscar sensaciones.

9. Permanece en esta consciencia carente de contenidos, intemporal e ilimitada. No te distraigas, sin que tengas que esforzarte para conseguirlo. Tómate el tiempo que necesites para tener la sensación de que la consciencia extensa es consciente de sí misma, sin tener que remitirse a ningún componente físico o mental. Esto puede parecerse a sintonizar una emisora de radio de pura consciencia. Solamente la

percepción que tiene lugar desde la consciencia despierta puede confirmar que se está allí.

10. Durante un minuto o dos, relájate sintiendo que eres este campo consciente de sí mismo en el que no hay sujeto ni objetos.

11. Descansa como consciencia: descansa en ese extenso campo no físico, libre del pensamiento, intemporal, ilimitado y carente de contenidos, aunque está totalmente alerta y es plenamente consciente.

12. Cuando la consciencia despierta predomine, añádelo todo y date cuenta de que eres consciente de los pensamientos, los sentimientos y las sensaciones desde una consciencia que es extensa como el cielo.

# 4

# UBICACIÓN, UBICACIÓN, UBICACIÓN

*Actualmente, todas las grandes tradiciones meditativas del mundo tienen mapas muy importantes de los pasos o etapas significativos de la meditación tal como esa tradición los comprende y los practica. Y lo que importantes investigaciones han demostrado es que, aunque los rasgos superficiales de cada una de esas tradiciones y sus etapas varían considerablemente de una cultura a otra, los rasgos profundos de todas ellas son significativamente similares en muchos aspectos. De hecho, prácticamente todas ellas siguen los cuatro o cinco estados naturales más importantes de la consciencia, que se dan en todas las culturas y en todo el mundo en todos los seres humanos.*

KEN WILBER[1]

En el enfoque de la consciencia abierta de corazón del despertar y el crecimiento, la manera más sencilla de responder todas las preguntas relativas a cómo aliviar la raíz del sufrimiento es la misma: el cambio. Ello incluye preguntas tipo *¿qué tendría que hacer con esta situación o problema presente en mi vida?, ¿cómo me enfrento con esta relación difícil?, ¿cómo puedo volverme más tolerante, más pacífico y amoroso?* En cualquier ocasión en que confundas quien eres con una imagen de ti mismo, o una emoción, o una creencia, tienes que efectuar un cambio y reubicar tu identidad. No es que estés huyendo del problema, sino que estás acudiendo a aquello que ve la situación de manera diferente. Una vez que efectúes este cambio, la respuesta te llegará desde tu interior.

La pregunta que más se formula en las clases de meditación es esta: *¿cómo me enfrento a mis emociones difíciles?* Hace treinta años que soy psicoterapeuta y conozco el valor de un buen consejo psicológico y basado en el sentido común. Sin embargo, tenemos que separar el despertar de la mejora psicológica para poder abordar ambos. Pensar en positivo o ser más tolerantes puede ayudarnos a lidiar temporalmente con emociones difíciles, pero seguimos trabajando en el ámbito de la identificación con el ego y de la mente ordinaria.

Todos hemos oído el dicho «ver es creer», pero nuestras creencias crean la forma en que vemos. Dicho de otra manera, nuestras perspectivas influyen en nuestras percepciones; por eso tenemos que salirnos de la ubicación limitada de nuestra mente ordinaria y de sus condicionamientos.

El psiquiatra suizo Carl Jung llamó *neurosis* a la evitación del sufrimiento legítimo. Evitamos el sufrimiento relacionado con la pérdida, con la decepción o con los dolores del crecimiento porque no tenemos la capacidad de soportarlos si operamos desde la identificación con el ego. Sencillamente, el sentido que tenemos del yo es demasiado pequeño para encarar emociones tan fuertes. ¿Cómo podemos mantenernos vulnerables, sensibles e íntimos con la vida sin que eso nos abrume? Tulku Urgyen Rinpoche dice: «A todo el mundo lo vencen las emociones perturbadoras a menos que uno se haya estabilizado en la consciencia [despierta] no dual».[2] Empezamos por pasar a situarnos inmediatamente en la consciencia despierta en lugar de trabajar primero con nuestras emociones o con las situaciones externas desde la identificación con el ego.

¿Y si resulta que tus sentimientos difíciles, tu sensible maquillaje emocional o los recuerdos de tus traumas no desaparecen nunca? Lo que quiero decir es que en lugar de centrarnos en las emociones que surjan, la pregunta real es: ¿en quién o en qué surgen estos sentimientos?, ¿desde qué nivel de la consciencia estamos viendo y sintiendo? Desde el conocimiento basado en la consciencia se puede ser sensible, vulnerable y valiente.

Por supuesto, es importante saber *qué o quién* efectúa el cambio consciencial, *cómo* cambiar y *en qué* estado de consciencia situarnos. Todos los seres humanos tenemos la misma estructura consciencial.

En este libro aprenderemos a desplazarnos entre las cinco grandes dimensiones naturales de la consciencia. Se puede observar cada nivel de la consciencia y sus contenidos. Sin embargo, cuando *percibimos desde* alguno de los cinco niveles de la consciencia en lugar de observarlos, los llamamos los *cinco niveles de la mente*. Cuando observamos desde un nivel de la mente en particular, experimentamos su especial manera de percibir y de conocer. Tendremos experiencias muy distintas de la misma situación según el nivel de la mente en el que estemos ubicados.

En todo el mundo, la mayoría de los adultos tienen una forma parecida de ubicar su identidad y su manera de conocer dentro de esos niveles de la mente. Lo más frecuente es que estemos situados en el primer nivel, llamado *mente ordinaria*, con sus pensamientos rápidos, sus instintivos impulsos físicos y sus emociones fuertes, mientras que es más difícil acceder a las dimensiones más sutiles de la consciencia. En sí mismas, ni siquiera las dimensiones más densas y veloces de la consciencia son problemáticas, pero creamos sufrimiento cuando ubicamos nuestra identidad en esas dimensiones. Es famosa la afirmación de Albert Einstein de que «no se puede resolver un problema con el mismo nivel de consciencia que lo creó». Aprenderemos a utilizar la consciencia local para pasar a ubicar nuestra identidad en los niveles más sutiles y penetrantes de la mente.

## El sabor del cambio

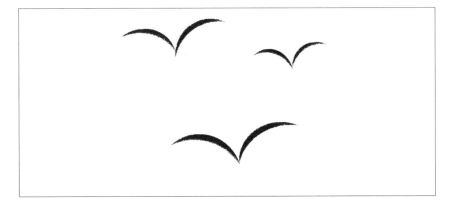

**Figura 1.** ¿Una imagen de pájaros o del cielo?

Mira la Figura 1. ¿Qué representa esta imagen?

¿Has creído que representa unos pájaros? Esto es lo que dice la mayoría; pero prueba a mirar de nuevo esta imagen, de una manera renovada, como la representación de un cielo por el que pasan pájaros. ¿Cómo es la sensación de mirar fundamentalmente el espacio en lugar de enfocarte en los objetos?

¿Qué experiencia tienes ahora? El cambio de nivel mental puede tener un sabor semejante.

Este ejercicio puede darte una idea del cambio de perspectiva que puede tener lugar en un momento. No solamente estamos cambiando nuestra forma de percibir, sino que también estamos cambiando la ubicación del que percibe.

## ¿Cuál es la causa del sufrimiento?

Según el budismo, el sufrimiento se debe a la ignorancia, el deseo y la aversión. Existen dos maneras habituales de aliviar el sufrimiento. El primer enfoque se concentra en reducir el deseo y la aversión; el objetivo del segundo es acabar con la ignorancia. El punto de partida de ambos es diferente.

El primer enfoque intenta atenuar los deseos a los que «yo» me siento apegado y reducir la aversión respecto a lo que no «me» gusta. «Yo» puedo apegarme a varios roles, lugares y cosas, como el dinero, la situación social y los objetos de deseo, e identificarme con todo ello como si fuese mío. «Yo» intento reducir o abandonar el deseo y el apego a la vez que intento incrementar mi bondad, mi aceptación y mi compasión. O bien «yo» intento transformar las perturbadoras emociones que acompañan al deseo y a la aversión. Estos tipos de prácticas pueden conducir a un alivio temporal del sufrimiento, y pueden acabar también sirviendo de apoyo a un sentido del yo menos estresado, pero todavía separado.

El segundo enfoque va directo a la raíz del sufrimiento: la creación de un sufridor. En lugar de centrarse en aquello a lo que «yo» me apego o que me inspira aversión, aborda directamente la fuente de la identificación, el origen del «yo». En última instancia, la causa del sufrimiento siempre es la ignorancia. Sin embargo, en este caso ignorancia no quiere decir falta de información o de conocimiento.

¿Qué es lo que ignoramos? En tibetano, la palabra equivalente a *ignorancia* es *ma-rigpa*, que significa no reconocer *rigpa* (la consciencia despierta). Cuando la consciencia no se reconoce a sí misma y en lugar de eso se identifica como un ente pensante, se forma el pequeño y separado «yo». El «yo» separado tiene inmediatamente deseos y aversiones insaciables y, como está hecho de pensamiento, nada puede satisfacerlo ni amenazarlo. Los deseos y las aversiones se pueden entender como síntomas que podemos solucionar solamente con que nuestra identidad pase a ubicarse en la consciencia despierta en tanto que el fundamento de nuestro Ser. En última instancia, no hay nada que rechazar ni que transformar.

En la meditación, están reconocidos cinco obstáculos a la paz interior, los cuales pueden entorpecer nuestra capacidad de ser plenamente conscientes. En este segundo enfoque, los cinco obstáculos (el deseo, la aversión, la apatía, la preocupación y la duda) no son más que señales de que estamos mirando y sintiendo desde la mente ordinaria. La duda «yo no voy a conseguir esto» es correcta, a cierto nivel, porque el «yo» de la mente ordinaria no puede conocer la consciencia despierta. Más que intentar contrarrestar estos obstáculos, reconócelos sencillamente como una señal de que estás atrapado y opta por la consciencia despierta, la cual, por naturaleza, no se identifica nunca con ellos.

## ¿De dónde salimos?

El enfoque de la consciencia abierta de corazón nos ayuda a cambiar nuestra percepción, nuestro sentido de la identidad y nuestra forma de conocer. En el ámbito de la percepción, salimos de la perspectiva dualista de la identificación con el ego, que todo lo ve o bien como una amenaza potencial, o bien como un objeto de satisfacción. En el ámbito de la identidad, salimos de la identificación con el ego; nos alejamos de la sensación de ser una entidad pequeña y separada que se apropia de nuestro programa de limitación física y se siente perpetuamente insatisfecha. En el ámbito del conocimiento, salimos del ruido que hace la parlanchina mente ordinaria. Con frecuencia utilizamos palabras relacionadas con la ubicación para describir este estado: «atascado», «enganchado», «atrapado», «aislado», «perdido», «bloqueado» o «distraído».

El tipo de pensamiento que se apropia del programa de los límites de la supervivencia se denomina *autoconsciencia*, definida por los psicólogos como «el estado psicológico en el que uno se toma a sí mismo como objeto de atención».[3] La autoconsciencia nos permite objetivarnos a nosotros mismos con el fin de hacer introspección, tener un comportamiento ético y planificar el futuro. Con el fin de hacer esto, tenemos que dividir nuestra identidad en dos partes. La autoconsciencia crea un sentido del yo separado, un mini yo, a partir del pensamiento, el cual entonces puede observarme a «mí» como un objeto, como cuando decimos «estoy muy enfadado conmigo mismo». El proceso de la autoconsciencia utiliza los programas de supervivencia del cuerpo físico para crear la sensación de que hay un mini yo dentro de nosotros que percibe erróneamente que tiene unos límites físicos. No es capaz de ser consciente de sí mismo porque «tú» estás mirando desde él. Este mini yo mira con tus ojos y tú lo sientes como si fueras tú. La autoconsciencia, en tanto que es una de las expresiones de la atención plena, puede ser consciente de los pensamientos, los sentimientos y las sensaciones, y de que tu cuerpo y tu personalidad son un objeto separado, un «yo», pero no puede verse a sí misma.

Este es el motivo por el cual la atención plena debe llegar al nivel de ser capaz de observar no solo los pensamientos, sino también la autoconsciencia. Se puede ser consciente desde la consciencia de sí, y entonces se puede ser consciente del proceso de la autoconsciencia desde la consciencia despierta. Solo si se mira desde la consciencia despierta se puede ver que lo que uno tomó por un yo firme es un aluvión de contenidos cambiantes que surgen dentro de la mente.

Lo que estamos abordando en este momento es la identificación con el ego, que es el patrón circular habitual de las funciones y el pensamiento del ego que ha creado el sentido del «yo». La identificación con el ego no es solamente una creencia, o una historia, o un pensamiento, o una actitud, sino la forma habitual que tenemos de organizar la consciencia, de la cual podemos salirnos. El motivo de que queramos abandonar la identificación con el ego es que la creación, basada en el pensamiento, de un sentido ilusorio del yo hace que nos sintamos alienados, como si algo estuviera siempre mal en relación con lo que somos o con lo que nos ocurre. El hecho de entrar en la consciencia despierta puede hacer que dejemos de ser esclavos del yo.

## ¿Dónde entramos?

En el sentido más sencillo, estamos optando por un nuevo sistema operativo basado en la consciencia. El primer paso es salir de la identificación con el ego y del nivel en que está operando actualmente nuestra mente en el día a día. Cuando salimos de ahí, hay muchas dimensiones de la consciencia a las que podemos acceder, pero no todas ellas son útiles en este enfoque. Concretamente, tenemos que aprender a entrar en la consciencia despierta, en lugar de aterrizar en otros tipos de consciencia y de inconsciencia tales como la ensoñación, los estados meditativos calmados o el inconsciente, personal o colectivo.

Cuando entramos en la consciencia despierta, nuestra percepción vuelve a su manera natural de ver a la gente y el mundo, sin proyectarse en ellos. En lugar de intentar calmar nuestra mente parlanchina, de redecorar el surco en el que estamos atrapados o de mejorar nuestra identificación con el ego, podemos aprender a utilizar la consciencia local para salir inmediatamente de este ancho de banda mental, igual que cuando cambiamos de canal.

Salimos de la mente ordinaria y la identificación con el ego y entramos en la consciencia despierta en tanto que el fundamento del Ser. Cuando la consciencia despierta es la nueva base, vamos incluyendo nuestro cuerpo y nuestros pensamientos, conforme descubrimos la consciencia abierta de corazón encarnada como nuestra manera de conocer y de relacionarnos. Podemos llegar a la consciencia abierta de corazón de una sola vez, o podemos llegar a ella por medio de una serie de cambios menores. Con cada uno de los cambios accedemos a una nueva perspectiva desde un nivel mental nuevo. Cuando cambiamos de nivel mental, necesitamos acostumbrarnos a sentirnos más cómodos cuando pasamos por los intervalos de ausencia de conocimiento. Y cuando descubrimos la consciencia despierta, tenemos que acostumbrarnos a sentirnos más amplios, fluidos y abiertos, de modo que no nos remitamos de nuevo al pensamiento para orientarnos respecto a lo que somos. Nos liberamos de la alienación, de la ansiedad, del miedo y de la vergüenza.

Al contar con la consciencia despierta como el fundamento del Ser, empezamos a tener una relación totalmente nueva con nuestros problemas, nuestras subpersonalidades, nuestros pensamientos y nuestras emociones: podemos verlos más claramente. Con el tiempo, las emociones que hayan sido reprimidas o que estén estancadas se desintoxicarán espontáneamente. Podemos reconocer las subpersonalidades a las que tomamos por nosotros —nuestras identidades erróneas— como patrones del pensamiento y de la emoción. Gracias a los repetidos atisbos de la consciencia despierta, conseguidos por medio de practicar la consciencia abierta de corazón, empezamos a reconfigurar nuestras redes neuronales para crear la nueva normalidad: el sistema operativo basado en la consciencia.

## ¿Dónde estoy?

La expresión «ubicación, ubicación, ubicación» la utilizan los agentes inmobiliarios para hacer hincapié en el hecho de que viviendas idénticas tienen valores diferentes en función de dónde están ubicadas. Si en un edificio hay dos apartamentos, uno de ellos con ventanas que dan a una pared de ladrillos y el otro, tres pisos más arriba, con vistas panorámicas, el apartamento de encima es mucho más valioso. El enfoque de la consciencia abierta de corazón te ayuda a acceder a tu mejor ubicación, que cuenta con amplias vistas desde las que puedes darte cuenta de lo valioso que ya eres.

El pequeño sentido del yo se siente separado, y esta ubicación nos hace sentir contraídos, aislados y situados en nuestras mentes. La experiencia de abrirse durante el proceso del despertar aporta primero amplitud, vacío y libertad; a estas cualidades puede seguirlas la encarnación, la unicidad, la plenitud, la unidad y el flujo. En nuestro viaje del despertar, el sentido del no yo consiste en experimentar que no estamos mirando desde ningún lugar desde un punto de vista concreto. Podemos sentirnos infinitos, en todas partes, en ningún lugar, aquí y ahora.

La ubicación importa: ¿desde *dónde* miras, desde qué nivel de la mente? Al contrario de lo que mucha gente cree, el alivio del sufrimiento no se consigue por medio de cambiar los pensamientos, las emociones y las situaciones que surgen; en lugar de ello, el alivio está relacionado directamente con el nivel de la mente desde el que se experimenta todo esto. Hazte esta pregunta en relación con cualquier pensamiento, sentimiento, creencia, juicio, preocupación y miedo que surja: «¿En quién o en qué surgen estas experiencias?».

Este enfoque en la ubicación puede parecer una manera nueva de abordar la meditación o la indagación. Pero he visto que trabajar con nuestro cambio de identidad en el contexto de la ubicación hace que el despertar sea más visceral y más fácil de aprender.

Es posible que no hayas pensado anteriormente en la meditación como en una manera de cambiar de ubicación. Nuestro sentido del yo y nuestra manera de conocer se ubican «normalmente» dentro de nuestros pensamientos. Y podemos aprender a hacer que el observador deje de identificarse con esta ubicación, es decir, con el pensamiento. Cuando nos volvemos conscientes de nuestros pensamientos —en lugar de permanecer ubicados *dentro de* ellos—, empezamos a sentirnos un poco aliviados del estrés. Las investigaciones que muestran que la meditación reduce el estrés demuestran que este no es causado por las situaciones externas a las que generalmente echamos la culpa, sino que su origen es el hecho de que nuestra identidad está ubicada en nuestros pensamientos.

Todos sabemos lo que es estar ubicado en el mal humor, en un ensueño, en el tener la razón o en una fantasía. Cuando estamos centrados en nosotros mismos, el problema es claramente nuestra ubicación; cuando nos ponemos en el pellejo de la otra persona, cambiamos de ubicación para sentir comprensión y compasión.

En el enfoque de la consciencia abierta de corazón aprendemos a utilizar la consciencia local para cambiar nuestra ubicación. Cuando cambiamos de ubicación, cambiamos la manera en que trabaja nuestro cerebro. Cuando utilizamos la consciencia local para acceder a otro nivel de la mente, nuestra manera de percibir el mundo cambia por completo. Ya no estamos confinados en un yo pequeño dentro de nuestras cabezas que mira desde detrás de nuestros ojos. Podemos aprender a desplazar la consciencia local a una nueva ubicación que genere un cambio profundo en nuestro sentido de la identidad. Este cambio nos saca de la agitación emocional que se ve perpetuada por nuestra ubicación actual. Cuando saltamos a un nuevo nivel mental, encontramos más capacidad, más espacio y la capacidad de relacionarnos sin sentir miedo ni vergüenza.

El desplazamiento de la consciencia local tiene lugar en un nivel invisible dentro de nuestro cuerpo físico. Una vez que le hayamos pillado el truco, experimentaremos el desplazamiento de la consciencia local como algo muy palpable. Cada vez que cambiemos de ubicación, nuestro punto de vista pasará a estar en un nuevo nivel de la mente. Puede ser que la forma de experimentar cada nivel de la mente sea ligeramente distinta para cada persona.

La indagación que se utiliza más habitualmente para que la identidad salga de su ubicación actual no es «¿quién soy?», ni «¿qué soy?», sino «¿dónde estoy?». El hecho de preguntarse *dónde* proporciona una orientación experiencial, casi tangible, para abandonar la sensación del yo pequeño y separado y entrar en el espacio ilimitado del ser.

Ahora, utiliza la consciencia local para observar de nuevo y preguntarte: «¿Dónde está el que oye?».

Cuando no puedas encontrar a nadie que oiga, date cuenta de cómo experimentas el hecho de tener un punto de vista más amplio.

## ¿Cuándo soy yo?

Al contrario de lo que se cree generalmente, tú no puedes estar en el momento presente. Sin embargo, estás siempre aquí y ahora. El tema es solamente si lo sabes o no. El Ahora se confunde a menudo con el conocimiento que tenemos del tiempo presente. En el budismo tibetano, el Ahora se considera el «tiempo atemporal» que incluye los tres tiempos relativos que son el pasado, el presente y el futuro. Sabemos que no debemos quedar atrapados en el pasado ni en el futuro, pero para estar en el Ahora tenemos que soltar también el presente. El Ahora no está limitado por el tiempo del reloj, que es relativo, pero tampoco es la atemporalidad pura. El Ahora es el lugar donde la consciencia extensa atemporal se encuentra con el mundo relativo y su tiempo convencional. El Ahora no va y viene, pero lo incluye todo a la vez. Cuando somos conscientes de estar en el Ahora, los momentos presentes van y vienen como si fuesen olas en el océano de la consciencia despierta.

Cuando no conocemos la alternativa a los tres tiempos relativos creamos una imitación del Ahora a la que llamamos «el momento», o «el presente». El diccionario Merriam-Webster define *momento* de esta manera:

**a**: una cantidad diminuta de tiempo o un momento: INSTANTE
**b**: un período de tiempo comparativamente breve.[4]

Está claro que no podemos vivir en el momento, porque los momentos van y vienen como el tictac de un reloj. Momento... se fue... nuevo momento... se fue... nuevo momento... se fue. No se pueden detener los momentos ni se puede ser lo bastante rápido para no estar en ningún momento del tiempo. El físico Max Planck identificó que los momentos son destellos del tiempo relativo. Dividió los momentos en medidas pequeñas, llamadas unidades de Planck (o «tiempo» de Planck), que duran $10^{-43}$ segundos. Por mucho que lo intentemos, no podremos cortar el tiempo tan fino como para entrar en el momento.

La experiencia que percibimos está hecha de momentos mentales que aparecen como continuos, como las películas cinematográficas. En las películas se proyectan veinticuatro fotogramas fijos por segundo para que el movimiento de las imágenes le parezca realista al cerebro. Un momento es como un fotograma que podemos mirar, pero en el cual no podemos quedarnos. Incluso si tomásemos un fotograma de una película, lo que veríamos sería un momento congelado, detenido, y no el Ahora dinámico y vivo.

Intentar estar en el Ahora por medio de entrar en el momento presente es también como sentarse a la orilla de un río y mirar el agua que fluye sobre una piedra. En cuanto te concentras un momento en el flujo del agua, esa parte del agua ya se ha desplazado corriente abajo. No podemos entrar en los momentos presentes porque se mueven demasiado aprisa y cambian constantemente. El maestro tibetano contemporáneo Mingyur Rinpoche dice: «Si examinas con cuidado incluso el momento presente, averiguarás que también está hecho de momentos anteriores y posteriores. Al final, si sigues examinando el momento presente, averiguarás que no existe ningún momento presente».[5]

Es interesante el hecho de que la meditación *mindfulness* empieza con la estrategia opuesta a la de intentar estar en el momento; nos pide que percibamos el cambio que tiene lugar momento a momento. Una de las grandes comprensiones que podemos obtener de la práctica de la meditación *mindfulness* es que cada momento de experiencia surge y pasa. Tener una experiencia directa de esta impermanencia, desde la consciencia que observa, nos ayuda a abandonar el intento de solidificar cualquier momento, de intentar hacer estable algo que no lo es. Cuando verdaderamente tengamos la sensación del ir y venir de los momentos, esto nos ayudará a romper la ilusión de un yo firme y separado, lo cual aliviará nuestro sufrimiento.

El tiempo presente no es el Ahora. Cuando Gampopa, un maestro budista del siglo XI, dijo: «No invites al futuro; no persigas el pasado; abandona el presente. Relájate ahora mismo»,[6] estaba señalando el hecho de que intentar situarse en cualquiera de los tres tiempos relativos, incluido el tiempo presente, puede ocasionar sufrimiento. No siempre es beneficioso esforzarse por estar en el presente. Cuando trabajaba como psicoterapeuta, vi que el rasgo distintivo de la depresión clínica es sentirse atrapado en el presente. Como dijo un paciente, «me parece como si solamente hubiera este presente, un dolor insoportable y ninguna esperanza de cambio». Estar deprimido es como estar en una cárcel en la que estamos desconectados de los recuerdos positivos del pasado y del potencial de cambio del futuro. Una parte de los tratamientos contra la depresión consiste en hacer que el paciente recuerde cómo consiguió atravesar períodos tristes en el pasado y que se dé cuenta de que existe un futuro positivo. En lo que concierne al presente, es muy útil darse cuenta de que «esto también pasará».

Es cierto que nuestra atención puede obsesionarse negativamente con el recuerdo del pasado. Sin embargo, si nos situamos en el ámbito de lo cotidiano, la mayoría de nosotros estaríamos de acuerdo con el poeta y filósofo George Santayana, quien dijo: «Aquellos que no pueden recordar el pasado están condenados a repetirlo».[7] También puede ser que nos preocupe lo que pueda pasar en el futuro. Pero la capacidad de imaginar el futuro nos ha ayudado a sobrevivir y prosperar; por ejemplo, nos ha permitido y nos permite ser capaces de prepararnos para el invierno o la primavera. Se pueden hacer planes pensando en el futuro y recordar el pasado mientras se vive en el Ahora.

Lo más importante que hay que saber es que ya estamos siempre en el Ahora; sin embargo, no siempre somos *conscientes* de estar en el Ahora. Solamente se puede conocer el Ahora desde la consciencia despierta. Muchos de nosotros hemos experimentado lo que es estar en el Ahora cuando hemos estado «en la zona», o en un estado de flujo en el que hemos tenido una visión panorámica.

Cuando aprendemos a pasar a ser directamente conscientes de estar en el Ahora, todo nuestro sentido de la realidad cambia a mejor. No podemos ser conscientes de estar en el Ahora desde nuestro estado mental ordinario identificado con el ego. Podemos entrar en la consciencia despierta por la puerta del Ahora, o bien puede ser que, cuando estemos instalados en la consciencia despierta, empecemos a sentir qué es estar en el Ahora. El propósito de clarificar y distinguir el Ahora del presente y del momento presente es que seamos capaces de pasar a estar en el Ahora y sepamos que estamos ahí.

## ¿Cuáles son los cinco niveles de la mente?

La mayoría de nosotros nos hemos pasado mucho tiempo intentando reducir el sufrimiento por medio de cambiar nuestros pensamientos, nuestras creencias, nuestras actitudes o nuestras circunstancias. Esta es la base de los enfoques conductistas, cognitivos o analíticos en cuanto a la reducción del sufrimiento. Ahora, en lugar de añadir o quitar pensamientos, emociones y conductas, aprenderemos a trasladar nuestra consciencia local a otro nivel de la mente que tiene una perspectiva completamente diferente de las mismas condiciones. Reubicaremos nuestro punto de vista: dejaremos la identificación con el ego, que es donde estábamos situados antes, y nos colocaremos en los cimientos de la consciencia despierta.

Puede observarse cada nivel de consciencia, así como pueden observarse sus contenidos y podemos observar desde cada nivel de consciencia. Cuando observamos desde un nivel de consciencia en particular, experimentamos la manera especial en que se percibe y conoce la realidad desde ese nivel en concreto. Cuando *conocemos desde* los cinco niveles de la consciencia en lugar de mirar dichos niveles, los llamamos los *cinco niveles de la mente.*

En este enfoque de la consciencia abierta de corazón reubicaremos nuestra identidad en cinco niveles de la mente diferentes y sus tipos de consciencia asociados. Podemos observar cada uno de estos niveles de la mente desde la perspectiva de los acontecimientos o desde la de la mente. Adoptamos la *perspectiva de los acontecimientos* cuando miramos *a* los contenidos y capacidades de cualquier nivel de la mente y los experimentamos. Y adoptamos la *perspectiva de la mente* cuando nos situamos en ese nivel de la mente y *observamos desde* él. Los niveles inferiores no pueden conocer los superiores, pero cada nivel de la mente puede conocer e incluir los anteriores.

1. **Mente ordinaria.** Se experimenta como percepciones de los sentidos, pensamientos y emociones. La mente ordinaria *observa desde* los pensamientos y las funciones del ego para crear la identificación con el ego y una división dualista de

sujeto-contra-objeto que mantiene ocultos los niveles sutiles de la mente. La mente ordinaria utiliza la atención y la auto-consciencia para enfocarse.

2. **Mente sutil.** Se experimenta como la capacidad de dar un paso atrás desde la mente ordinaria y ubicarse en la consciencia atenta, en el meditador o en un ego observador. La mente sutil *observa desde* un testigo consciente de los pensamientos, los sentimientos y las sensaciones conforme surge y pasa el contenido de la experiencia. La mente sutil utiliza la consciencia atenta y la consciencia sutil del cuerpo para enfocarse.

3. **Mente despierta y consciente.** Se conoce a sí misma como una consciencia extensa atemporal, carente de forma, inmutable y carente de contenidos. La mente despierta y consciente *observa desde* el testigo de la consciencia extensa, que es amplio como el cielo, para contemplar la mente sutil y la mente ordinaria, así como el mundo. La mente despierta y consciente ya está aquí y es consciente por sí misma, de manera que cuando observamos desde ella estamos utilizando el *mindfulness* sin esfuerzo.

4. **Mente simultánea.** Experimenta las realidades definitiva y relativa al mismo tiempo. El océano de la consciencia despierta experimenta toda forma y energía como sus propias olas. Sentimos una libertad ilimitada, amplia y penetrante, y la consciencia despierta está encarnada como una presencia interconectada mientras es capaz de percibir cada uno de los niveles conscienciales previos. La mente simultánea *observa desde* la consciencia de la unidad, en que la consciencia no dual conoce sin identificarse con el ego.

5. **Mente-corazón.** Está libre de la ubicación de cualquier yo concreto como testigo. En este nivel de la mente nos sentimos conectados y protegidos, vulnerables y valientes, motivados para crear y relacionarnos. El *mindfulness* del corazón *observa desde* nuestro ámbito del Ser, que ahora opera desde la consciencia abierta de corazón, que es una inteligencia amorosa

basada en la sabiduría que se siente como algo ilimitado, interconectado y completamente humano.

El *mindfulness* es la conexión entre el nivel de la mente desde el que percibimos y aquello que se percibe. El que percibe es diferente de cualquier nivel de la mente; de modo que el *mindfulness* es la conexión que establecemos y la relación que tenemos, desde el nivel de la mente en el que estemos, con los objetos y tareas del nivel relativo.

Cuando estás ubicado en la mente ordinaria puedes utilizar la concentración para aplicar el *mindfulness* a tus pensamientos y a las tareas que realizas. En cambio, si estás ubicado en la mente sutil puedes observar desde el que medita; puedes ser consciente de los contenidos de tu mente y darte cuenta de que tú no eres tus pensamientos. Entonces, cuando la consciencia sea consciente de sí misma como consciencia despierta extensa, podrás estar sin ego. La consciencia local se retira y descubre la consciencia que ha estado siempre allí, incluyente y acogedora. El *mindfulness* sin esfuerzo empieza cuando nos hemos ubicado en la consciencia extensa. Entonces, la consciencia está encarnada como presencia y percibe desde el *mindfulness* simultáneo innato. Luego, la mente-corazón utiliza el *mindfulness* del corazón para sentir interconexión, creatividad y compasión.

## ¿Qué son los tres cambios de identidad?

Empezamos nuestro trayecto hacia el despertar estando identificados con el ego: el sistema operativo basado en el pensamiento crea la sensación de que tenemos un «mini yo» pequeño y separado ubicado en el centro de la cabeza. Conforme vayamos cambiando la ubicación de nuestra identidad, no tendremos que librarnos de las funciones de nuestro ego (por ejemplo, continuaremos sabiendo hacer nuestras tareas en el trabajo) o de la personalidad básica de nuestro ego (por ejemplo, conservaremos nuestro sentido del humor). Lo que abandonamos es nuestra identificación con el ego. Las funciones de nuestro ego y la personalidad del ego pasan a estar menos sumidas en el estrés, menos a la defensiva y menos constreñidas; ya no experimentamos la identificación con el ego como el centro de quienes somos. Atravesaremos un intervalo de carencia del ego —el desplome de la sensación ilusoria que es la identificación con el ego— antes de descubrir que la consciencia despierta es el auténtico fundamento de nuestra identidad.

Cuando despertamos, pasamos a tener una identidad basada en la consciencia conocida como el *yo testigo*, que es un observador desapegado de los contenidos de nuestra consciencia; un observador amplio como el cielo. Ya no estamos identificados con el ego, ya que desde este yo somos capaces de observar desde fuera. Este yo es un testigo que utiliza la consciencia no conceptual como forma principal de conocer. Aprenderás a observar como si lo hicieses desde el ancho cielo; tu consciencia testigo observará desde la consciencia extensa. Con este cambio, tu identidad quedará ubicada en el nivel de la mente despierta y consciente. Aquí no debemos quedarnos atascados en el «programa de protección de testigos».

El cambio siguiente es el «despertar interior», el cual tiene lugar cuando la consciencia extensa, que no tiene forma ni límites, reconoce que es forma y energía, además de espacio. Desde el yo testigo sientes como si fueses el cielo, en el que los pensamientos y los sentimientos son objetos que vienen y van. Cuando la consciencia despierta se encarna, al principio sientes como si fueses una ola del océano de la consciencia. Ahora puede darse una transición en la que cualquier sentido del yo desaparece; se tiene la experiencia de percibir sin que haya quien perciba ubicado en ningún punto de vista. La consciencia despierta no es una identidad nueva, separada e individual porque ahora nos percibimos correctamente a nosotros mismos como permanentemente interconectados. La consciencia despierta es el fundamento del Ser que todos tenemos en común. Estar en el Ser es descubrir, o redescubrir, nuestra identidad basada en que todo está bien, en la confianza básica, la bondad básica y la reunificación del nivel absoluto de la realidad con nuestra humanidad relativa. Cuando vemos desde el Ser utilizamos la mente simultánea para percibir la carencia de forma como la consciencia despierta dentro de la forma. El «despertar exterior» empieza a tener lugar cuando descubrimos la consciencia abierta de corazón, que es el tejido del amor que lo conecta todo.

En ese momento ya no estamos centrados en nuestra cabeza, sino que conocemos desde la mente-corazón. A la mayoría de nosotros no nos han enseñado a acceder a la consciencia abierta de corazón. No es que sea tan esotérica ni tan difícil de encontrar; principalmente, no accedemos a ella porque no sabemos que sea algo posible y natural. La verdad es que podemos hacerlo incluso si no hemos oído hablar nunca de cambiar de ubicación por medio de la consciencia local. Por más tiempo que haya estado a oscuras una habitación, se llenará de luz en el momento mismo en que pulsemos el interruptor.

## ¿Qué relación hay entre la mente, la identidad y el despertar?

| Niveles de la mente | Etapas del despertar | Cambios de identidad |
|---|---|---|
| Mente ordinaria | Vida ordinaria normal | Identificación con el ego |
| Mente sutil | | |
| Mente despierta y consciente | Despertar | Yo |
| Mente simultánea | Despertar interior | Ser |
| Consciencia abierta de corazón | Despertar exterior | |

## ¿Qué es un atisbo?

Los atisbos no son experiencias espirituales que le ocurran a nuestra identidad actual ni a nuestra mente conceptual. El atisbo empieza como si conociésemos la consciencia despierta como un objeto, pero nos damos cuenta de que la consciencia despierta se conoce a sí misma y luego pasamos a conocer *desde* ella. Un atisbo es pasar a ver y ser desde un nivel nuevo de la mente y de la identidad. Dicho con otras palabras, un atisbo no es siempre una experiencia cumbre vinculada con un estado de euforia, sino que consiste en ver desde la identidad ubicada en el Ser.

Se podría decir que un atisbo es una percepción. En este contexto, *percepción* significa ver desde dentro, o descubrir una nueva forma de ver y de ser. Esta percepción no es información que uno consiga desde un nivel nuevo de la mente, sino que es la manera en que ve la consciencia no conceptual. Nuestro objetivo es conseguir un atisbo completo de nuestro despertar natural y de sus cualidades positivas. Cuando la consciencia local cambia de ubicación, atisba desde una manera nueva de ser. Abandonamos cualquier esfuerzo y dejamos que todo sea tal como es. Cuando hemos tenido el atisbo, podemos seguir inmediatamente con nuestras vidas o podemos sentarnos en calma; pero en lugar de meditar podemos dejar que nuestro organismo se «macere» en la consciencia despierta. La consciencia despierta puede macerar, saturar y desintoxicar el cuerpo. Descansamos como consciencia despierta, y podemos estar activos desde ella.

## Tener pequeños atisbos muchas veces

La práctica principal consiste en tener pequeños atisbos muchas veces, pero a veces un pequeño atisbo lo cambia todo. Podemos efectuar estos cambios de ubicación de nuestra identidad en medio de la vida diaria.

El motivo de que los atisbos sean pequeños es que cuando pasamos a estar en la consciencia despierta deponemos todo esfuerzo y permitimos que la nueva forma de conocer conozca por sí misma. El esfuerzo del hacedor egoico no puede ayudarnos en modo alguno. Puede ser útil que empecemos el día con una sesión de veinte minutos de indagación consciente con el fin de sintonizar el conocimiento basado en la consciencia. Podemos terminar esta sesión inicial macerándonos una nueva forma de percepción, de conocimiento y de identidad, y familiarizándonos con esta forma de ser y de ver.

La práctica de tener pequeños atisbos muchas veces durante el día es lo que construye el nuevo hábito de conocer desde la consciencia despierta. Esto entrena a nuestro cerebro para que permanezca en ella por períodos cada vez más largos. Con el tiempo, incluso seremos capaces de tener atisbos estando de pie en la fila del supermercado.

Cuando la inercia de los viejos hábitos te haga volver a identificarte con el ego, puedes decirte a ti mismo: «No importa, solamente tengo que regresar a ese reconocimiento». Nos damos cuenta de que nuestra calidad de vida no depende de las experiencias que surjan en el mundo de nuestra mente, sino del nivel de la mente en el que surgen. Podemos sentirnos bien incluso cuando no nos sintamos bien.

## Acuérdate de recordar

> *Hagas lo que hagas, estés en la situación en la que estés*
> *– tanto si estás andando como si estás sentado, comiendo*
> *o echado– haz que tu consciencia vuelva a estar dentro*
> *de la naturaleza de la consciencia despierta. ¡Eso es todo!*
>
> TULKU URGYEN RINPOCHE,
> al preguntársele sobre su práctica diaria[8]

Con el fin de no regresar a la identificación con el ego, puedes llevar a cabo el siguiente proceso de reconocimiento de tu verdadera naturaleza:

- Reconoce que estás atrapado, apegado o identificado.
- Date cuenta de que existe otra forma de estar.
- Recuerda un método de regreso o de reconocimiento que te haya funcionado.
- Elige una práctica de atisbo que te funcione.
- ¡Hazlo! Vuelve a someter la consciencia local a la consciencia extensa. Observa desde la consciencia extensa. Deja que la consciencia se encarne.
- Siente la danza que tiene lugar entre lo que no tiene forma y la forma, sin quedarte en ninguna de ellas.
- Conoce con tu nueva forma de conocer con base en el corazón; no regreses al pensamiento en busca de una segunda opinión ni dejes que se imponga una subpersonalidad.
- Deja que las cosas sean tal como son y descansa en el ámbito del Ser. Sé esta seguridad, vive desde ella como tal. Invita a toda experiencia a este nuevo centro carente de centro.

- Vive desde la consciencia abierta de corazón. Deja que la consciencia no condicionada y el amor incondicional te brinden una forma de conocer que te conecte con todo lo exterior a ti.
- Actúa desde el Ser. Confía en tu nueva forma de conocer y empieza a reconfigurar tu cerebro y las funciones de tu ego por medio de abordar tus tareas diarias desde esta nueva perspectiva.
- Desintoxica, acoge, libera. La consciencia abierta de corazón acoge y libera los sentimientos desagradables; desintoxica y reconfigura las emociones y las subpersonalidades, y trabaja con ellas.
- Permanece atento sin esforzarte.
- Cuando vuelvas a identificarte con el ego, recuerda que no importa... Sencillamente, vuelve a reconocer la consciencia abierta de corazón.

## Realizar atisbos a lo largo de todo el camino de vuelta a casa

Estar ubicado en la mente ordinaria es como vivir en una nube de tormenta: caótica, turbulenta y llena de niebla, rayos y viento. Tal vez sientas que «lo que tú eres» está ubicado en esa nube y que todo lo de fuera es «lo otro». Cuando se está en la nube, ver con claridad supone un esfuerzo. Vayas donde vayas y hagas lo que hagas, mientras estés confinado en la nube tus sentimientos serán tormentosos y tu visión será borrosa. Cuando la consciencia local da su primer salto, sale de la nube y reconoce el amplio cielo de la consciencia despierta. Te sientes libre y experimentas amplitud. Ahora eres el testigo, consciente *del* cielo y consciente *desde* él. Ahora estás ubicado en la consciencia extensa, y tienes una nueva perspectiva de la nube de tu mente y de tu cuerpo. Entonces, como el cielo abierto, puedes incluir el tormentoso contenido de la nube mientras permaneces abierto. El ámbito del Ser es capaz de acoger y aceptar todo pensamiento y sentimiento sin reidentificarse con ellos.

Dicho de otra manera: cuando te sientes inquieto, temeroso, solitario, deprimido o enojado tu consciencia está tapada por el hábito de observar tu pequeña mente conceptual. La consciencia local deja de identificarse deliberadamente con la nube para tener una visión panorámica desde la consciencia despierta. Desde la visión, amplia como el cielo, de la consciencia despierta, todo patrón de pensamiento y toda tormenta emocional están incluidos. Al reconocer la extensa dimensión de la consciencia despierta como el origen de la mente, habrás descubierto que eres tanto el cielo de la consciencia despierta como tu cuerpo y tu mente concretos. Todo lo que ocurre en este cielo no son más que fenómenos meteorológicos.

Después de todo, ninguna tormenta ha dañado nunca el cielo, y el cielo penetra incluso las nubes más gruesas y oscuras. Si llegas hasta el extremo de esta percepción, hasta el punto en el que la consciencia despierta se reconozca a sí misma como el cielo y la nube, sentirás una respuesta compasiva y abierta de corazón a tus propios sentimientos tormentosos y a los de los demás. En última instancia, nuestro bienestar no depende de las cambiantes condiciones atmosféricas, sino del nivel de la mente desde el que somos conscientes.

## Siete pasos sencillos: desengánchate, suelta, ábrete, ve, incluye, conoce, permítete ser

Esta es una de las prácticas completas del enfoque de la consciencia abierta de corazón, que utiliza la consciencia local para desplazarse entre cada uno de los cinco niveles de la mente. En primer lugar, presentaré los pasos, y luego podrás hacer el experimento tú mismo. Una vez que conozcas estas sencillas etapas, podrás recorrerlas en cualquier parte, a cualquier hora del día.

1. **Desengánchate.** Abandonarás el hilo de los pensamientos en los que estés sumido. Una vez desenganchado, la consciencia local se convertirá en la fuente principal de la ubicación y de la inteligencia. Percibirá directamente desde dentro de tu cuerpo, en lugar de bajar la vista desde tu mente ordinaria. La clave de este paso es que desenganches la consciencia de manera que no observes desde tus pensamientos ni mires

hacia arriba en su búsqueda, y que no apliques tu mente por medio del uso de la atención. La consciencia local puede separarse, desengancharse o salirse del pensamiento completamente. Puedes descubrir la consciencia local sin saber lo que es. Basta con que lo intentes.

2. **Suelta.** Lo que se soltará no es tu mente ordinaria, ni tu ego, ni siquiera tu atención, sino la consciencia local. La consciencia local se desplazará como un globo invisible por debajo de tu cuello y percibirá la consciencia y la vitalidad directamente desde dentro de tu cuerpo. Volverás a habitar tus sentidos y percibirás directamente con una consciencia libre del pensamiento. Esta es la experiencia de la *mente sutil y el cuerpo sutil*, o presencia en el interior del cuerpo.

3. **Ábrete.** La consciencia local se abrirá al espacio y luego se mezclará con la consciencia extensa que está alrededor de tu cuerpo. Te harás consciente del espacio abierto; entonces el espacio abierto será consciente.

4. **Ve.** La consciencia local se hará consciente de la consciencia extensa, y entonces la consciencia extensa se hará consciente de sí misma en tanto que un campo ilimitado, carente de forma, atemporal, carente de contenidos, continuo y despierto. La consciencia extensa conoce y ve sin utilizar conceptos.

5. **Incluye.** Empieza por ser testigo de los contenidos de tu cuerpo y de tu mente desde la consciencia extensa. La consciencia extensa, que se conoce a sí misma como carente de forma, ahora se conocerá también a sí misma como forma. La consciencia extensa permanecerá ilimitada mientras imbuya vitalidad en tu cuerpo. Esta consciencia natural, despierta y encarnada será consciente sin tener que esforzarse e incluirá la energía, los pensamientos, los sentimientos y las sensaciones sin volverse a identificar con un punto de vista egoico. La consciencia despierta encarnada no se resiste a nada, sino que acoge todo lo que surge.

6. **Conoce.** Cuando la consciencia despierta esté encarnada, no necesitará regresar al pensamiento para conocer o para crear un ego gestor. La consciencia local buscará entre los contenidos del cuerpo y la mente un objeto llamado «yo» y, cuando no lo pueda encontrar, será libre. Surgirá una nueva forma de conocer que no tendrá pensamientos en la pantalla de la mente, sino que tendrá acceso instantáneo a toda la información según se necesite. Esta nueva forma de conocer basada en el corazón no tiene que orientarse por medio de ascender al pensamiento, ni de descender al sueño, ni de acudir a un momento futuro, ni de remitirse a un recuerdo del pasado, ni de aferrarse a la experiencia del momento presente. Notarás el cambio a medida que la consciencia no conceptual experimente el sabor de la forma de conocer basada en el corazón. Te sentirás conectado, curioso, amoroso, a salvo, creativo y responsable; y sabrás que todo está bien.

7. **Permítete ser.** En este paso, date cuenta de que la consciencia abierta de corazón ya está despierta, es consciente y no necesita pensar ni esforzarse. En este punto, puedes evitar la distracción sin tener que aplicar ningún esfuerzo. Puedes abandonar el control y dejar que las cosas sean tal como son. Descansa como un niño que estaba perdido y ha regresado a los amorosos brazos de su madre.

---

ATISBO 1: **Sintoniza la libertad**

Vamos a hacer una serie sencilla de cambios. Empiezan con desenganchar la consciencia local del pensamiento y con hacer que la consciencia local constituya la ubicación de la forma de conocer. No tienes que comprender cómo desenganchar la consciencia local del pensamiento; supón que serás capaz de hacerlo intuitivamente. Si te resulta útil, puedes dejar que la consciencia siga tus movimientos de inhalación por debajo del cuello para ser consciente desde dentro.

1. Siéntate cómodamente, con los ojos abiertos o cerrados, y sé consciente de tus sentidos. Percibe la actividad del pensamiento en tu cabeza.

2. Ahora, **desengancha** la consciencia local del pensamiento y **suéltala**; déjala que descienda a través de tu cuello, hasta la parte superior de tu cuerpo.

3. Siente cómo la consciencia local percibe las sensaciones y la consciencia directamente desde dentro de tu cuerpo. Quédate así un rato.

4. Ahora que la consciencia está percibiendo directamente la vitalidad y la consciencia que se hallan dentro de la parte superior de tu cuerpo, no vuelvas al pensamiento ni te duermas.

5. Ahora deja que la consciencia local se **abra** al espacio exterior a tu cuerpo.

6. Limítate a ser consciente del espacio.

7. Deja que la consciencia se mezcle con el espacio.

8. Sé consciente del espacio abierto y luego date cuenta de que el espacio abierto es consciente.

9. Siente que la consciencia es consciente de sí misma en tanto que un campo ilimitado, carente de contenidos e inmutable de consciencia extensa. Permanece así un rato.

10. Ahora pasa de ser consciente de la consciencia extensa a **ver** desde ella. Pregúntate: «¿Estoy percibiendo la consciencia extensa, o es ella consciente de los pensamientos, sentimientos y sensaciones que anteriormente yo confundía conmigo mismo?».

11. Date cuenta de que la consciencia extensa que hay afuera es la misma que la consciencia y la vitalidad que se encuentran en tu cuerpo. El campo de la consciencia es extenso y ubicuo.

12. Siente que la consciencia extensa y carente de forma **incluye** toda apariencia y vitalidad dentro de sí, como un océano continuo de consciencia en el que surgen las olas de la experiencia.

13. Date cuenta de que puedes ser consciente simultáneamente fuera de ti y dentro de ti.

14. Deja que la consciencia local busque un yo testigo entre los contenidos del cuerpo y de la mente. Cuando no se pueda encontrar yo

alguno, date cuenta de que la consciencia está percibiendo desde todas partes; no está en ningún lugar y, a la vez, está aquí.

15. En lugar de regresar al pensamiento en busca de palabras, espera y siente el potencial de **conocer** desde la consciencia abierta de corazón. Pregúntate: «¿Qué conoce la consciencia abierta de corazón?».

16. Percibe la sensación de conocimiento, seguridad y bienestar, que es ilimitada y está encarnada, alerta e interconectada.

17. Pregúntate: «¿Qué hay aquí ahora si no hay ningún problema por resolver?». En lugar de regresar al pensamiento para obtener la respuesta, deja que la brinde la consciencia abierta de corazón.

18. Permanece sin distraerte y sin esforzarte por ello.

19. **Permítete ser.**

La tabla siguiente muestra los niveles de la mente por los que has pasado y en los que has estado.

| CINCO NIVELES DE LA MENTE | SERIE DE ATISBOS |
|---|---|
| **Nivel 1: mente ordinaria**<br>La mente ordinaria se identifica con los contenidos de la mente al acudir al pensamiento y observar desde él. | **Empieza donde estás**<br>Empiezas por advertir la actividad de la mente ordinaria, centrada en la cabeza. |
| **Desplazarse del nivel 1 al nivel 2**<br>La consciencia local se identifica con la mente ordinaria. Es capaz de desengancharse del pensamiento y conocer directamente, por medio de desplazarse por los otros niveles de la mente. | **Desengánchate**<br>Desenganchas la consciencia local de su identificación con la mente ordinaria. Entonces, la consciencia local se suelta y se desplaza bajo el cuello para experimentar la consciencia y la vitalidad dentro del cuerpo. |
| **Nivel 2: mente sutil y cuerpo sutil**<br>La mente sutil es el testigo consciente y no crítico de los contenidos de la mente y del cuerpo. El cuerpo sutil es la consciencia local experimentando el cuerpo y la energía directamente desde dentro. | El desenganche nos conduce al nivel de la mente sutil y del cuerpo sutil que percibe la consciencia y las sensaciones directamente desde dentro. |

| CINCO NIVELES DE LA MENTE | SERIE DE ATISBOS |
|---|---|
| **Nivel 3: mente consciente y despierta**<br>La consciencia local conoce la consciencia extensa como sí misma por medio de la consciencia de la consciencia. El nivel de la mente consciente y despierta puede llamarse consciencia extensa. La experiencia carece de contenidos, y es ilimitada y atemporal. Entonces, la consciencia extensa puede observar los contenidos de la mente desde una consciencia semejante al cielo abierto por medio del *mindfulness* sin esfuerzo. | **Ábrete**<br>La consciencia local se abre a experimentar directamente la consciencia extensa, la mente muy sutil, dentro y alrededor del cuerpo.<br><br>**Ve**<br>La consciencia extensa primero se conoce y se ve a sí misma por medio de la consciencia de la consciencia. Entonces, la consciencia extensa, en tanto que el yo testigo, ve los contenidos de la mente y del cuerpo desde el campo de la consciencia extensa. |
| **Nivel 4: mente simultánea**<br>La consciencia despierta encarnada es la consciencia extensa despierta que permanece extensa y primordial, pero que también se conoce a sí misma como inherentemente interior, de modo que incluye la energía viva del cuerpo y mira desde la mente muy sutil. La mente simultánea es capaz de experimentar vacío, plenitud, ausencia de limitaciones y diferenciación. | **Incluye**<br>La consciencia extensa primero se conoce a sí misma como consciencia sin forma y luego también se conoce como forma. La consciencia despierta encarna como presencia y pasa a constituir la nueva fuente de inteligencia e identidad en tanto que mente simultánea, la cual experimenta tanto la realidad absoluta como la relativa. |
| **Nivel 5: consciencia abierta de corazón**<br>La consciencia abierta de corazón hace referencia al hecho de conocer desde el *mindfulness* del corazón. El sentimiento de no ser un yo separado conduce al bienestar y a la interconexión con todo el mundo y todas las cosas en tanto que un campo de amor y de sabiduría en el flujo de la vida diaria. | **Conoce**<br>La consciencia abierta de corazón surge como la nueva forma de conocer, de crear y de relacionarse con los demás y con el mundo desde una presencia amorosa.<br><br>**Permítete ser**<br>Experimentas la sensación de descansar en lo que realmente eres y actúas desde tu Ser. |

125

# 5

# EL ARTE Y LA CIENCIA
# DEL DESPERTAR

*Todos los problemas de la humanidad derivan de la
incapacidad que tiene el hombre de sentarse solo y
en silencio en una habitación.*

BLAISE PASCAL[1]

Las conclusiones son claras: la meditación es una de las mejores cosas que puedes hacer para ti mismo. Recientemente se han aceptado sus beneficios en el seno de la cultura dominante. En un futuro muy próximo, la meditación regular se considerará tan importante para el cerebro como se considera que lo es el ejercicio regular para el cuerpo. Tengo la esperanza de que, tras la aceptación de la meditación regular, el despertar también pase a ser considerado una fase de crecimiento habitual que puede ser abordada por medio de la intención, como lo es cursar estudios universitarios.

Durante siglos, los practicantes espirituales y los meditadores han hablado de que han experimentado cambios positivos en sus vidas como resultado de la meditación, la oración, la indagación y la práctica espiritual. Actualmente se están verificando científicamente todas estas informaciones relativas al incremento de la compasión, la tranquilidad y la capacidad de concentración. En los últimos veinte años, las investigaciones han mostrado que la meditación tiene efectos beneficiosos en el cuerpo, la mente y las emociones. Desde que se ha reconocido que la meditación reduce los síntomas relacionados con el estrés, muchos psicoterapeutas y profesionales de la salud la están recomendando. Se ha documentado que la meditación reduce la ansiedad, la depresión y los dolores crónicos; también mejora la función cognitiva, estimula el sistema inmunitario y rebaja la tensión arterial.[2] Además, las prácticas de *mindfulness* son formas eficaces de ejercitar a la gente en cualidades sociales e interpersonales como la ética, la empatía, la comunicación emocional y la compasión.

De todos modos, la mayoría de los tipos de meditación estudiados hasta la fecha son solamente las prácticas introductorias de tradiciones cuyo objetivo es el despertar. Estas prácticas preliminares —como la concentración en un punto y el *mindfulness* deliberado— alivian el estrés y mejoran la concentración. Pero ¿por qué detenernos ahí? Podemos partir de las investigaciones actuales en el campo de la neurociencia que confirman la ausencia de un yo separado y centrado en el cerebro, y explorar a continuación la presencia de la consciencia despierta y sus beneficios.

El enfoque de la consciencia abierta de corazón presenta los niveles siguientes de la práctica, que son tan fáciles de aprender como los ejercicios preliminares. Aunque las prácticas del siguiente nivel —la *consciencia de la consciencia,* el *«mindfulness» sin esfuerzo* y el *«mindfulness» del corazón*— ofrecen beneficios parecidos respecto a la concentración y al alivio del estrés, se concibieron fundamentalmente para aliviar la raíz del sufrimiento provocado por la identificación con el ego, y para ayudarnos a acceder al potencial que tenemos de experimentar, de forma natural, la alegría, el bienestar y la vida desde un estado de flujo encarnado.

Los expertos en los campos de la ciencia y de la espiritualidad, que han estado fundamentalmente en desacuerdo entre sí durante siglos, se encuentran ahora en diálogos públicos e incluso abordan proyectos conjuntamente (aunque sigue habiendo fundamentalistas en ambos lados). Algunos científicos están cambiando sus antiguas hipótesis sobre la mente humana como resultado de las investigaciones efectuadas sobre la meditación y los escáneres cerebrales de los practicantes espirituales. Al mismo tiempo, algunos practicantes espirituales están empezando a ir más allá de la estrechez de miras que tienen sus doctrinas para abrir sus mentes y sus prácticas a los estudios científicos recientes; algunos incluso participan en las investigaciones. En varias ocasiones en que se le preguntó al Dalai Lama qué haría si los estudios científicos invalidasen sus creencias, respondió que, sencillamente, cambiaría de creencias.

Las investigaciones científicas se llevan a cabo siguiendo un método que consta de tres partes. La primera de ellas es observar objetivamente las materias objeto de estudio, la segunda es plantear un tesis y extraer conclusiones basadas en los fenómenos observables, y la tercera es desarrollar una hipótesis y llevar a cabo experimentos que pongan a prueba estas conclusiones. Las investigaciones sobre la meditación aúnan la observación científica en tercera persona con las informaciones en primera persona acerca de las experiencias meditativas. La experiencia subjetiva no puede desecharse por el mero hecho de que una tercera parte no pueda observarla. Aquellos que estamos en el campo de la meditación tenemos que separar la superstición y la pseudociencia de los efectos beneficiosos y reproducibles de la meditación.

La consciencia es invisible y no puede ser vista por un observador externo, pero los efectos de la aplicación deliberada de la consciencia pueden verse en el cerebro. La tecnología moderna ha proporcionado avances asombrosos en cuanto a la capacidad que tenemos de observar las funciones cerebrales. Los instrumentos como la tomografía computarizada por emisión de fotones individuales (SPECT, por sus siglas en inglés), que mide el flujo sanguíneo en el cerebro, y la imagen por resonancia magnética funcional (IRMf), que utiliza un electroimán unas siete veces más potente que los que se usan para levantar vehículos, pueden proporcionar imágenes muy precisas de la actividad cerebral y de los cambios ocasionados por las distintas prácticas meditativas.

La neurociencia está todavía en sus etapas iniciales. No podemos hacer ninguna correlación exacta entre los actuales estudios del cerebro y lo que ocurre en nuestra consciencia. Seguimos sin saber qué es la consciencia, ni de dónde viene. Las investigaciones que nos interesan son principalmente las relativas a las aplicaciones clínicas: se trata de ver si las prácticas meditativas reducen el sufrimiento y si aumentan el bienestar. Aunque nos encontremos en una fase temprana en este campo de estudio, podemos decir que la meditación realmente alivia el sufrimiento a muchos niveles diferentes.

## Los cerebros viejos pueden aprender trucos nuevos

Recientemente, una creencia que era muy habitual ha cambiado radicalmente: la suposición de que el cerebro adulto tiene poca capacidad de desarrollo. Todos hemos oído el dicho «no puedes enseñar trucos nuevos a un perro viejo»; pero los cerebros viejos *pueden* aprender hábitos nuevos. Durante la edad adulta, el cerebro posee más plasticidad y más capacidad de cambiar y desarrollarse de lo que nadie creía.

Las actividades repetidas —mentales o físicas— pueden crear redes neuronales que se fortalecen con el uso. El doctor Donald O. Hebb, pionero de la neuropsicología, manifestó que «las neuronas que se disparan juntas permanecen conectadas».[3] Una hipótesis básica de la plasticidad neuronal es la capacidad, observable hoy en día, que tiene el cerebro de crear hábitos neuronales nuevos por medio de ejercicios basados en la intención. El hecho de que la ciencia moderna se haya interesado por los antiguos métodos de meditación ha hecho que la meditación esté al alcance de mucha gente que previamente se había mantenido al margen de ella a causa de sus connotaciones religiosas.

Nadie puede decir con seguridad si la consciencia viene del cerebro o si el cerebro viene de la consciencia; pero sabemos que la consciencia puede cambiar el cerebro. Las prácticas de la consciencia no solamente hacen descansar el cerebro, sino que también hacen que pase a funcionar de otra manera. El hecho de desplazar deliberadamente la consciencia entre los niveles de la mente potencia el cerebro. Hoy en día, las observaciones científicas han confirmado los cambios cerebrales positivos que han estado experimentando los meditadores durante siglos como resultado de la ejercitación intencionada por medio de prácticas meditativas y conscienciales.

La meditación contiene pasos progresivos en todas las tradiciones y linajes, pero los estilos de ejercitación varían. El enfoque de la consciencia abierta de corazón ofrece unas cuantas formas diferentes de empezar, cada una de ellas orientada hacia un estilo de aprendizaje diferente. Las prácticas de los atisbos pueden considerarse formas avanzadas de meditación, si bien son tan fáciles de aprender como la mayoría de las meditaciones de nivel básico.

Al utilizar el enfoque de la consciencia abierta de corazón, que contiene prácticas como el *mindfulness* sin esfuerzo, obtendrás los mismos beneficios físicos y emocionales que la gente que emplea otras técnicas de meditación y *mindfulness*. Sin embargo, al pasar a otro nivel de la mente también se pueden obtener beneficios añadidos, que provienen del alivio de un sufrimiento existencial profundo. En ciertas formas de meditación se trata de calmar la mente ordinaria, pero en este enfoque aprenderás a salir de la mente pensante y a descubrir otro nivel de la mente que ya está en calma y alerta: la consciencia despierta. A la consciencia despierta se la ha llamado la medicina definitiva, porque ayuda a aliviar el sufrimiento y nos ofrece acceso a una sensación profunda de bienestar, sea lo que sea lo que esté ocurriendo en nuestras vidas.

## La red del modo predeterminado: despertar de la ensoñación

Hemos visto que la identificación con el ego es la manera en que la mayoría de las personas organizan sus identidades y operan en la vida diaria. La creación de la identificación con el ego está tan arraigada en nuestro cerebro que incluso llega a darse inconscientemente en nuestras ensoñaciones. Un descubrimiento neurocientífico reciente tiene implicaciones importantes en cuanto a nuestra capacidad de vivir una vida despierta. En 2001, el doctor en medicina Marcus Raichle acuñó la denominación *red del modo predeterminado* después de dirigir un estudio en el ámbito de la educación el que los cerebros de los participantes se escanearon con la IRMf. Entre dos mediciones, dejó encendido el aparato de la IRMf. Encontró que ciertas áreas del cerebro de sus sujetos se activaban cuando se les decía que descansaran o que no hiciesen nada.[4] La red del modo predeterminado es un sistema de regiones cerebrales que se implica en pensamientos autorreferenciales cuando no se concentra en una tarea o en el mundo exterior. Su primer descubrimiento fue que nuestro cerebro no está nunca en silencio. Incluso cuando intentamos no hacer nada y descansar, nuestros cerebros están activos, generalmente sumidos en un tipo concreto de actividad consciente, como los pensamientos parlanchines y las listas de cosas por hacer. Cuando observamos más de cerca, encontramos que un mini yo perpetuamente insatisfecho está operando inconscientemente.

Durante las actividades orientadas a la consecución de objetivos, la red del modo predeterminado se desactiva y se activa otra, la *red de tareas positivas*. Nuestros cerebros alternan constante y rítmicamente entre el modo externo, el de las tareas positivas y orientado a objetivos, y el modo predeterminado, interno y autorreferenciado. Si alguna vez has intentado meditar concentrándote en una tarea como observar la respiración, sabrás que la mente deambula en un estado parecido a la ensoñación. La divagación mental es una clase concreta de ensoñación, cuyo sujeto es la identificación con el ego. El modo predeterminado, enfocado internamente, se experimenta fundamentalmente como pensamientos que se remiten a sí mismos y en que el mini yo es el personaje principal. Esta ensoñación nos habla de la empresa ilusoria e imposible llevada a cabo por la identificación con el ego: la búsqueda de la satisfacción en los dramas actuales o en las esperanzas de futuro, y la continua sensación de infelicidad e insatisfacción existencial a que ello da lugar.

Los psicólogos Matthew A. Killingsworth y Daniel T. Gilbert dirigieron un estudio sobre los efectos de la red del modo predeterminado en dos mil doscientos cincuenta alumnos de la Universidad de Harvard. Utilizaron una aplicación para teléfono inteligente, y los investigadores entraron en contacto con los alumnos a intervalos aleatorios para preguntarles sobre «lo felices que eran, qué hacían en ese momento y si estaban pensando en eso que estaban haciendo o bien en otra cosa de carácter agradable, neutro o desagradable».[5] De la enorme cantidad de datos que recogieron, Killingsworth y Gilbert dedujeron que el 49,6 por ciento de las horas que los alumnos estaban despiertos las habían pasado pensando en algo diferente de lo que estaban haciendo. La investigación reveló además que esta clase de pensamiento hacía infelices a los alumnos. El estudio llegaba a esta conclusión: «El cerebro humano es una mente divagadora, y una mente divagadora es una mente infeliz».[6]

Mucha gente intenta estar ocupada, e incluso llega a ser adicta al trabajo, como estrategia para mantener activa la red de las tareas positivas y evitar así la infelicidad de la divagación; pero permanecer ocupados no es una solución para el problema de la infelicidad. Las evidencias muestran que solamente el diez por ciento de nuestra felicidad se basa en el éxito externo. Según Killingsworth y Gilbert, solo un pequeño 4,6 por ciento de nuestra felicidad se deriva de la actividad concreta que estamos llevando a cabo.[7]

Incluso si estuviésemos muy atentos al ejecutar nuestras tareas diarias, seguiríamos necesitando aprender a enfrentarnos a la infelicidad provocada por la divagación característica de la red del modo predeterminado. ¿Es la actividad autorreferenciadora del modo predeterminado una condición biológica fija, o es plástica y se puede cambiar? Las investigaciones muestran que la red del modo predeterminado pasa por un proceso de desarrollo. El cerebro de los niños de corta edad muestra una actividad limitada de la red del modo predeterminado, pero en los niños de edades comprendidas entre los nueve y los doce años la actividad de esta red ya está más presente.[8]

Una posible manera de reducir la actividad de la red del modo predeterminado es por medio de la práctica de la meditación *mindfulness*. Ha habido gran cantidad de estudios que muestran que la actividad neuronal en una región clave de la red del modo predeterminado –la corteza cingulada posterior– es menor durante las prácticas de *mindfulness*.[9] Las prácticas de meditación *mindfulness* como el monitoreo abierto, la meditación del *insight* y la de la consciencia sin elección reducen la actividad de la red del modo predeterminado, pero lo hacen solamente por medio de observar los contenidos internos. Las meditaciones como andar y comer con atención plena, la concentración en un punto, *shamata* y la atención enfocada reducen también la actividad de la red del modo predeterminado, pero lo hacen por medio de un enfoque eminentemente exterior, y activan por lo tanto la red de tareas positivas. Con ello, estas prácticas de meditación *mindfulness* apaciguan con éxito la red del modo predeterminado, pero también fomentan una alternancia dualista continuada de las dos redes. Tuve la experiencia de ello en los inicios de mi práctica meditativa.

Mientras estaba realizando los estudios de posgrado viajé a Sri Lanka, la India y Nepal con una beca. Estudié en la Universidad de Kandy, en Sri Lanka, y aprendí la meditación *mindfulness* en monasterios y centros de meditación. El hecho de encontrarme en medio de una cultura diferente y estudiar meditación fue transformador para mí en muchísimos aspectos. Durante mi primer retiro, de veintiún días, sentí un estado de calma continua que no me abandonó a lo largo de la última semana. Cuando acabó el retiro, bajé de la montaña en un estado de dicha y paz en el que creí que permanecería para siempre.

Subí al autobús local al pie de la colina, que estaba lleno de gente, pues era hora punta. A medida que el autobús fue avanzando fue subiendo cada vez más gente, hasta que en cierto momento un hombre muy grueso, que parecía estar borracho, se abrió paso a empujones. Fue echando a la gente a un lado y me dio una patada en el tobillo. Cuando el dolor llegó a mi cerebro, mi calma desapareció y me llené de ira. Le dije: «¡Eh, mire lo que hace, hombre!». Él se volvió, me miró y se limitó a reírse. Parecía la risa del universo: «¡Ah, creí que habías trascendido los sentimientos perturbadores! No es tan fácil, ¿eh? ¡Ja, ja, ja!». El estado de calma que tanto tiempo me había costado conseguir se esfumó en cuestión de minutos.

No es que tengamos que apagar completamente la red del modo predeterminado, porque tiene aspectos positivos; por ejemplo, nos otorga la capacidad de imaginar, de crear asociaciones libres y de pensar creativamente. Estas capacidades cognitivas nos distinguen de las demás criaturas, ya que nos capacitan para imaginar resultados futuros y hacer planes en función de ellos, lo cual constituye una ventaja evolutiva. Si reprimiésemos completamente la red del modo predeterminado en nuestro intento de ser felices, seríamos menos creativos. ¿Es posible conservar los aspectos positivos de la red del modo predeterminado y evitar que nos arrastre a la infelicidad a lo largo del día?

Un estudio clínico en el que participé como sujeto mostró que, durante las prácticas de consciencia no dual, quienes meditaban eran capaces de ser conscientes simultáneamente de sus experiencias internas y externas, a la vez que sincronizaban sus redes intrínsecas y extrínsecas. La meditación de la consciencia no dual «activa un estado mental atípico, en el que las experiencias intrínsecas y extrínsecas establecen una sinergia cada vez mayor en lugar de competir entre sí».[10]

Las prácticas de la consciencia encarnada no dual, que aprenderás como parte del enfoque de la consciencia abierta de corazón, están concebidas para ayudarte a equilibrar la red del modo predeterminado y la de tareas positivas, y te ayudarán a desacoplarte de la mente divagadora que se remite a sí misma, lo cual disolverá tu estado de felicidad y tu sujeción inconsciente a la identificación con el ego. La consciencia no dual —llamada también *presencia, consciencia de la unidad* o *un solo sabor*— es la experiencia de la consciencia despierta encarnada, en la que eres consciente simultáneamente del interior y del exterior de tu cuerpo. Parece ser que esta experiencia sincroniza la red del modo predeterminado. Tu mundo interior y tu creatividad siguen estando disponibles para ti.

Podemos volver a ejercitar el cerebro adrede para que permanezca sincronizado, de manera que podamos estar concentrados, no distraídos, conectados y en calma, todo ello sin necesidad de esforzarnos, mientras nos desenvolvemos en el mundo. Cuando descubramos que la consciencia abierta de corazón ya está unificada de manera natural, podremos aprender a vivir desde su punto de vista compasivo. Se puede reducir el poder de la red del modo predeterminado, la cual refuerza inconscientemente la identificación con el ego. Al mismo tiempo, los aspectos positivos y creativos de la red del modo predeterminado también pueden permanecer disponibles a través de las prácticas de la consciencia abierta de corazón.

## La autoliberación revela cualidades naturales positivas

El doctor Andrew Newberg, director de investigaciones en el Centro Myrna Brind de Medicina Integrativa de la Universidad Thomas Jefferson, hace tiempo que está fascinado con la ciencia de los cambios cerebrales en relación con las prácticas espirituales. En un estudio, Newberg utilizó un escáner SPECT para observar la actividad de los cerebros de meditadores budistas tibetanos y de monjas franciscanas que se encontraban en estado de oración. Muchos estudios sobre la meditación se han enfocado en los lóbulos frontales del cerebro, que se relacionan con la atención. Newberg estaba especialmente interesado en los lóbulos parietales superiores, situados hacia la parte de atrás del cerebro. Estos lóbulos, a los que llamó área de asociación y orientación (OAA, por sus siglas en inglés), son los responsables de orientarnos en el tiempo y en el espacio, entre otras cosas. Cuando los lóbulos parietales están en su nivel normal de actividad, dan lugar a un fuerte sentido de los límites físicos y de separación respecto de los demás. Cuando la identificación con el ego se apropia del programa de límites físicos tenemos la sensación de ser un yo separado y firme. La identificación con el ego utiliza la OAA para ayudar a crear la sensación de un yo limitado en el nivel de la identidad.

Newberg llegó a esta conclusión a partir de sus investigaciones:

Si pudieras disminuir conscientemente la actividad de tus lóbulos parietales, probablemente sentirías una breve pérdida o suspensión de la autoconsciencia. También podrías experimentar una pérdida de tu sentido del tiempo y del espacio. Hemos descubierto que tanto las monjas como los budistas hicieron exactamente eso: fueron capaces de reducir deliberadamente la actividad de sus lóbulos parietales mientras meditaban o rezaban.[11]

Durante las prácticas de meditación y las de oración, el escáner SPECT mostró reducciones significativas de la actividad de la OAA de los participantes. Al mismo tiempo, los sujetos afirmaron sentirse menos centrados en el ego, a la vez que experimentaban una unidad sin límites. Los cambios que se observaron en los escáneres de sus cerebros eran parecidos, y los participantes informaron de experiencias parecidas de pérdida de la sensación de un yo separado. Junto con la ausencia del pequeño yo experimentaron un incremento de estas cualidades positivas: unidad, alerta, claridad, ilimitación, libertad, alegría, amor y conexión.

Por lo tanto, cuando utilizamos las prácticas espirituales que reducen la actividad del lóbulo parietal, nuestro sentido de la identidad se desvincula del programa de límites físicos y empieza a experimentar la ausencia de límites característica de nuestra verdadera naturaleza. Es importante aprender meditaciones y prácticas de consciencia que reduzcan ligeramente la actividad de esta área cerebral, con el fin de facilitar la desvinculación del sentido físico normal que tenemos de nuestros cuerpos respecto del campo ilimitado de nuestro Ser.

Nuestro cerebro está programado para enfocarse en el contenido concreto de lo que esté pasando, y no en el contexto. Al abrirnos y observar desde la consciencia extensa, ejercitamos nuestro cerebro para que se abra más allá de la vigilancia constante de los peligros potenciales; es decir, para que deje de enfocarse en todos los movimientos concretos que tienen lugar dentro y fuera del cuerpo. Cuando estamos descansando como consciencia extensa, una indicación famosa es: «No especifiques».

De hecho, podemos experimentar esta sensación de carencia de ego y de interconexión ilimitada como un *estado de flujo* altamente funcional; es como si estuviésemos «en la zona». De esta manera, pasamos de sentir que nuestra identidad está ubicada en la cabeza, detrás de los ojos, a una experiencia más amplia, aunque encarnada e interconectada. Conforme vayamos adiestrándonos en la consciencia abierta de corazón, podremos aprender a sentir la ilimitación y la interconexión como nuestra identidad, y aun sí permanecer encarnados y receptivos a nuestro entorno físico. Con el enfoque de la consciencia abierta de corazón, esta actividad ligeramente reducida del lóbulo parietal no conduce a la desconexión; en lugar de ello, nos sentimos incluso más seguros y más relajados, más sensibles, abiertos y receptivos, como un maestro de taichí.

## ¿Cuál es la experiencia común?

Es importante resaltar que en el estudio sobre la meditación de Newberg hubo tres aspectos de la experiencia que fueron los mismos en el caso de las monjas y de los budistas participantes, mientras que mostraron diferencias en un área. Los tres aspectos comunes a ambos grupos fueron: 1) las imágenes del escáner SPECT durante la meditación; 2) cambios subjetivos inmediatos en la percepción y un incremento de las cualidades positivas; 3) la declarada capacidad de acceder deliberadamente a estos cambios en la vida diaria.

Entre los participantes, la mayor diferencia de todas fue la interpretación que dieron de la causa principal de sus experiencias. Aunque ambos grupos mostraron cualidades semejantes, cada uno de ellos utilizó el lenguaje de su propia tradición para comunicar sus experiencias e interpretarlas. Por ejemplo, los meditadores budistas dijeron: «Es como si yo fuese parte de todos y de todo lo que hay en la existencia».[12] Por el contrario, una de las monjas católicas describió que tuvo «un sentimiento tangible de cercanía a Dios y de relacionarme con Él».[13] Cada persona contempló y describió su experiencia a través de la lente del sistema de creencias de su tradición religiosa.

Es interesante el hecho de que, después de que el doctor Newberg publicara los resultados de su estudio, recibió cartas de científicos que afirmaban que su investigación demostraba su creencia en el materialismo y que confirmaba que toda experiencia espiritual podía reducirse a la actividad cerebral. Pero recibió también numerosas cartas de religiosos practicantes que afirmaban que ese estudio era la prueba de que los seres humanos están configurados biológicamente para «conectar con Dios».

En este libro, en lugar de meternos en disertaciones sobre las diferencias existentes entre distintas vías meditativas o distintas interpretaciones filosóficas, vamos a concentrarnos en ciertas prácticas eficaces que aportan beneficios en todos los casos. Se ha dicho que cuando Buda tuvo su despertar inicial estuvo desesperado por poner su conocimiento en palabras y compartirlo con los demás. Cuando se decidió a intentar comunicar lo que había comprendido, utilizó el modelo médico de su época, en lugar del lenguaje religioso. Habló sobre la manera de aliviar el sufrimiento por medio de estas preguntas: 1) ¿Qué es la enfermedad?; el diagnóstico nombraba la enfermedad y su naturaleza. 2) ¿Cuál es su causa?; la etiología identificaba las causas de la enfermedad. 3) ¿Cuál es la cura?; el pronóstico encontraba una cura para la enfermedad. 4) ¿Cuál es el tratamiento?; la prescripción ofrecía un tratamiento para la enfermedad que pudiera producir la curación.

La parábola budista que mejor ilustra este enfoque práctico propone que una persona ha sido atravesada por una flecha envenenada. Esta persona puede enfocarse en quién hizo la flecha, en cuáles fueron los orígenes de esta e incluso en quién la disparó; o primero podría conseguir tratamiento para su herida. Si insiste en preguntar sobre el origen de la flecha antes de conseguir el tratamiento, podría morir antes de recibir respuesta alguna. De hecho, se ha dicho que Buda no entraba nunca en debates teológicos; en lugar de ello, decía: «Yo enseño una cosa, y solamente una: el sufrimiento y el fin del sufrimiento». Las prácticas de consciencia más avanzadas parece que funcionan independientemente de las creencias que se alberguen en cuanto a las causas últimas. Si podemos aprender la complejidad de nuestra consciencia humana de la misma manera que hemos aprendido biología humana, podremos reducir el sufrimiento y aumentar el bienestar personal y social.

## Despertar en los tiempos contemporáneos

La mayoría de los primeros exploradores del despertar estaban vinculados con alguna tradición religiosa en particular. Después del despertar, estos astronautas del mundo interior describieron sus experiencias en sus propios lenguajes culturales y religiosos. Ya que se hicieron descubrimientos semejantes en muchas culturas y religiones, parece claro que se han explorado universalmente los mismos aspectos de la consciencia humana. Las diferencias que vemos a la hora de expresarlo son el resultado de los distintos lenguajes, culturas, estirpes y visiones del mundo a través de los cuales filtramos nuestra experiencia. El despertar no forma parte de ninguna tradición y no revela ninguna doctrina religiosa específica. El despertar y la consciencia despierta forman parte del linaje humano que todos compartimos. Todo el mundo puede experimentar el despertar y la consciencia despierta mientras mantiene sus creencias, su filosofía y su teología; no hay que afiliarse a religión alguna, ni abandonar la que se tenga, con el fin de despertar.

El despertar es en parte arte, en parte ciencia, y también, en gran medida, un misterio. Una vez que aprendamos los principios que nos permiten mejorar nuestra consciencia humana habitual, veremos que el despertar tiene unos principios y patrones observables, y que es algo que se puede enseñar y aprender. La consciencia despierta puede parecer algo nuevo, pero los maestros de meditación hace milenios que la están reconociendo, y se le han dado nombres como *espíritu*, *gracia*, *naturaleza verdadera, fuente* y *el fundamento del Ser*. En el siglo XXI puede haber oportunidades para describir esta dimensión de la realidad en un lenguaje nuevo y común.

Ha sido tremendamente difícil describir con el lenguaje la naturaleza de la consciencia despierta. Esto no significa que sea menos real o importante. Hay fuerzas invisibles, como la gravedad, que son difíciles de describir, y a pesar de eso tenemos que conocer la relación que tenemos con ellas. David Bohm, físico cuántico de fama mundial, indica que en lugar de descartar la palabra *espíritu* deberíamos redefinirla para los tiempos modernos por medio de remitirnos a la definición original para ver por qué es tan importante.

¿Qué es el espíritu? Esta palabra deriva de la latina que significa 'aliento' o 'viento' (como *respiración* o *inspiración*). El movimiento de los árboles a causa de la fuerza invisible del viento evoca el espíritu. Entonces, debemos pensar en él como en una fuerza invisible: una esencia dadora de vida que nos conmueve profundamente; o una fuente que mueve todo desde dentro. Por lo tanto, el espíritu no está manifestado, pero aunque permanezca invisible e inasible tiene una importancia clave.[14]

La consciencia que está a tu alcance de forma natural es dinámica, pero invisiblemente intrínseca a toda experiencia. Paradójicamente, la consciencia despierta te puede parecer mucho más grande que tú, y sin embargo no es más que tú mismo. Algunas personas han definido la experiencia directa de la consciencia despierta como algo completamente «ajeno», al proyectarla hacia fuera en la imagen de una deidad o de un líder espiritual. Algunas personas la confunden con una cualidad de su personalidad única. Algunas personas pueden no haber advertido que la consciencia despierta está disponible igualmente *para* cada uno de nosotros y *como* cada uno de nosotros. Nuestros más reverenciados maestros de sabiduría han señalado este profundo conocimiento por medio de afirmaciones como «el reino de los cielos está dentro de ti». En este caso, «dentro» no quiere decir «en el interior de tu persona»; significa «dentro de ti y de todos nosotros», de la misma manera que el espacio está dentro de todos los átomos.

Sin embargo, en la mayoría de las religiones institucionalizadas el tabú principal es experimentar que somos inseparables del espíritu, de Dios, de la naturaleza de Buda, de la consciencia de Cristo, del fundamento del Ser o de la realidad universal. Muchos maestros de meditación y místicos fueron excomulgados o quemados en la hoguera por compartir sus comprensiones acerca de cómo conectar directamente con las dimensiones espirituales que tenemos dentro de nosotros, en lugar de depender de una institución religiosa. La Reforma protestante (que condujo al concepto moderno de democracia) puso los textos sagrados al alcance de la gente común por medio de traducirlos del latín a sus lenguas nativas. Sin embargo, ocurre a menudo que las enseñanzas del innovador de una época evolucionan hacia la ortodoxia de un dogma religioso institucionalizado en la época siguiente. Me ha parecido siempre muy divertido que tantísimos reformadores que criticaron y abandonaron la tradición en la que crecieron acabaran convirtiéndose en fundamentalistas de su propio sistema de creencias en lugar de estar más abiertos a la innovación. Parece un contrasentido descubrir el amor ilimitado para todo el mundo y no desear compartirlo. ¿Por qué retener para un grupo pequeño algo tan beneficioso para el alivio del sufrimiento? No tiene sentido, sobre todo en estos tiempos en que ayudar a despertar a más personas beneficiaría tan grandemente a nuestro planeta. Ahora el reto consiste en encontrar una forma de experimentar directamente esas verdades y construir comunidad al tiempo que se respeta la diversidad.

Algunos individuos que han experimentado el despertar se concentran en enseñar a unos pocos alumnos en sus propias tradiciones. Otros han hablado a favor de hacer que el despertar esté al alcance de cualquiera, y se les ha expulsado de sus tradiciones. Otros fueron innovadores dentro o fuera de sus tradiciones originales, y crearon modelos y métodos nuevos para ayudar a los demás a despertar. La mayoría de las tradiciones religiosas han conservado para sí los niveles más altos de la consciencia; han guardado sus conocimientos esotéricos bajo llave y han desconfiado de compartirlos con personas externas a ellas. Algunas tradiciones religiosas adoptan la perspectiva de que es peligroso despertar si no se pertenece a ellas y si no se pasa por la instrucción tradicional.

Yo tuve la gran suerte de estudiar con maestros de muchos entornos diferentes que estuvieron dispuestos a ofrecer esos métodos directos abiertamente, y que me animaron a enseñarlos con un estilo moderno. Mis maestros Tulku Urgyen Rinpoche, Tsoknyi Rinpoche y Mingyur Rinpoche daban enseñanzas directas en charlas públicas y a aquellos que estuviesen sinceramente interesados. Las prácticas de la consciencia abierta de corazón no contienen una energía y unos ejercicios físicos fuertes, y no son más peligrosas que las prácticas introductorias del *mindfulness*. Otro de mis maestros, Khenchen Thrangu Rinpoche, escribió:

La práctica del *mahamudra* está libre de esos peligros y complicaciones. Se trata solamente de observar la mente, de reconocer su naturaleza y de conservar ese reconocimiento. El adiestramiento *mahamudra* penetra directamente en la esencia de las enseñanzas, y no existe riesgo para el cuerpo ni para la mente si se sigue.[15]

El adiestramiento de la consciencia despierta te presenta el apoyo que necesitas para enfrentarte a los cambios de tu consciencia, y hoy hay mucha gente que despierta espontáneamente fuera de cualquier tradición. En esta época decisiva de la historia humana, tal vez sea más peligroso evitar dar a las personas estas indicaciones sencillas y profundas que ofrecerles las enseñanzas y correr el riesgo de que las malinterpreten o intelectualicen. Una de las razones que se dan frecuentemente para explicar el hecho de que no haya más gente que despierte es que la mayoría de las personas tienen una capacidad limitada. He visto empezar a despertar a muchos individuos pertenecientes a distintos entornos y parece que las limitaciones no están en los alumnos, sino en los métodos de enseñanza.

Últimamente, muchas charlas sobre meditación se han actualizado con metáforas y explicaciones modernas que le llegan a la gente contemporánea. Me he interesado en adaptar la meditación y las prácticas de indagación para la gente de hoy en día sin cambiar los principios básicos. Por ejemplo, una mujer fue capaz de entrar en la consciencia despierta –y empezó a vivir desde ella– tras muchos años de estudiar y practicar la meditación. Hizo este comentario: «Creía que lo había intentado todo y que yo era demasiado densa. Esta es una forma diferente de acceder, que ha estado aquí desde siempre». Es importante señalar la consciencia despierta como la naturaleza de la mente, pero existen también otros indicadores importantes en el proceso de despliegue desde el reconocimiento hasta la realización, la estabilización y la expresión.

Estas enseñanzas no son meros conceptos filosóficos interesantes, ni dichos poéticos sabios; son formas de transformar nuestra consciencia, nuestras motivaciones y nuestras interacciones con el mundo. No podemos desarrollar todo nuestro potencial humano si no despertamos, ni tampoco si no crecemos. Hoy tenemos mucha más necesidad de la claridad y del amor que se pueden alcanzar por medio de vivir desde la consciencia abierta de corazón.

Hoy día, existen muchos movimientos y diálogos entre la ciencia y la espiritualidad, incluso conferencias sobre ciencia contemplativa. Libros como *The Coming Interspiritual Age* (que se traduce como 'la era de la interespiritualidad que viene'), de Kurt Johnson y David Robert Ord, describen que los diálogos interespirituales están teniendo lugar con más frecuencia. Es posible que formes parte de una religión concreta, o que te consideres a ti mismo «espiritual, pero no religioso». Es posible que creas que el despertar es un asunto de la consciencia humana y que prefieras no utilizar la palabra *espiritual* en relación con estos asuntos. He visto que el enfoque que enseño le resulta útil a gente de todas las confesiones y a la que no tiene ninguna. La eficacia de este proceso de despertar se basa en trabajar con la consciencia humana, no con el sistema de creencias que se tenga.

El enfoque de la consciencia abierta de corazón hace que la espiritualidad y la psicología se superpongan, pero es un enfoque basado en la consciencia. No es lo mismo cambiar el cuerpo físico que cambiar los pensamientos, la vida psicológica personal interior o la propia consciencia; cada uno de estos ámbitos constituye un nivel diferente de la experiencia y necesita enfoques diferentes. El sistema que enseño es un enfoque experiencial que se concentra en examinar las dimensiones más sutiles de la consciencia utilizando herramientas conscienciales. La mayoría de los antiguos sistemas de meditación se practicaban en el seno de tradiciones religiosas, así que podemos honrarlas como ámbitos en los que floreció la exploración interior. Algunas personas se benefician de unirse a una tradición específica y permanecer en ella. La ventaja que tiene estudiar y practicar dentro de una tradición es la coherencia del lenguaje y el sistema empleados, lo cual hace que sea más fácil aclararse con las diferencias sutiles. Sin embargo, estar dentro de una tradición puede constituir una desventaja si los métodos de la práctica no encajan con el estilo de aprendizaje de la persona.

El papel principal de un maestro es señalar hacia el propio maestro interior. Fue cuando aprendí a observar dentro de mí cuando la consciencia despierta me mostró sus propias capacidades, su claridad y su amor. Es importante contar con guías y maestros que hayan llegado lejos en el camino para que nos ofrezcan orientación. Por los estudios de psicoterapia sabemos que la transferencia, la idealización y la proyección son partes normales de nuestra relación psicológica con un mentor. Sin embargo, no reconocer la transferencia o la dependencia excesiva respecto de un maestro puede mantenernos dependientes de él o ella. Quienes conocemos a personas que siguieron a un gurú hasta el punto de entrar en una secta somos conscientes de esta trampa potencial.

Aunque los maestros pueden compartir una energía que constituya un apoyo, la consciencia despierta no se puede transmitir de una persona a otra. Es invisible e igualmente intrínseca en todos nosotros. Mientras que la energía puede desplazarse de una persona a otra, la consciencia despierta ya está en todas partes, de manera que todo lo que puede hacer otra persona es señalárnosla. Somos nosotros quienes debemos descubrirla y experimentarla.

Un maestro bien preparado puede proporcionar un adiestramiento detallado e indicarnos lo que debemos tener en cuenta para evitar las trampas, y también puede ayudar por medio de ofrecernos una supervisión o un afinamiento ocasional. Podemos pasar de formas de encontrar la verdad basadas en la autoridad a observar dentro y buscar métodos de examen y apoyo mutuos. Adyashanti dice: «La llave de tu felicidad ya no está en el bolsillo de nadie de tu pasado; está en el tuyo».[16] Aunque un maestro puede darte un buen mapa y señalarte la dirección correcta, solamente tú puedes recorrer el camino por medio de dar prioridad a tu propio crecimiento a diario.

Un ejemplo de un modelo democrático moderno para el crecimiento físico, mental, emocional y espiritual son los programas de doce pasos, como el de Alcohólicos Anónimos, en que los líderes y los oradores van rotando. En los programas de doce pasos existe un conjunto de principios comunes, pero a cada persona se le permite que escoja un poder superior según su propia comprensión. Los individuos que están recuperándose de una adicción empiezan como apadrinados y luego pasan a ser padrinos como forma de asesorarse unos a otros.

No existe razón alguna por la que el despertar no pueda estudiarse, aprenderse y enseñarse como la psicología, la biología o algo tan aparentemente inefable como la música. Muchos tipos de aprendizaje son conceptuales, pero el despertar es más sutil y experiencial. Practicar estos principios es como aprender a mantener el equilibrio en una bicicleta: no es algo que se pueda explicar fácilmente, pero sin duda puede aprenderse. Históricamente, hay asuntos que fueron tildados de «esotéricos» o «inescrutables» hasta que sus principios fueron revelados. Por ejemplo, al principio la gente creía que el fuego provenía de los dioses, o que golpear dos piedras cualesquiera entre sí produciría llamas. Con el tiempo, nuestros antepasados se dieron cuenta de que dos pedernales funcionan mejor para producir fuego. Antaño se consideraba que las capacidades de volar y de llevar a cabo trasplantes de corazón estaban más allá de lo humanamente posible, pero después tuvo lugar un punto de inflexión en el que se descubrieron los principios básicos de ambas ciencias.

Una manera de combinar la práctica espiritual antigua y la ciencia moderna es considerar todo lo que escribo como una hipótesis. Empiezo por formular una tesis y describo experimentos para que pruebes con ellos, y luego te animo a descubrir la verdad por ti mismo. Puedes compartir tus propios relatos de lo que descubras, puedes leer los míos y escuchar las experiencias de los demás. Este es un relato de la doctora Jill Bolte Taylor, neuroanatomista y autora del libro *My Stroke of Insight* (*Un ataque de lucidez*), en el que describe lo que experimentó cuando una hemorragia grave que sufrió en el hemisferio izquierdo de su cerebro cambió su estado de consciencia:

> Me sentí enorme y expansiva, como un genio al que acabasen de liberar de su botella. Y mi espíritu se elevaba libre, como una gran ballena que se deslizase por el mar de la euforia silenciosa. El nirvana.

Encontré el nirvana. Recuerdo que pensé que no había manera alguna de que pudiese estrujar la enormidad de mí misma para meterme otra vez dentro de ese pequeñísimo cuerpo.

Y me di cuenta de esto: «¡Pero si aún estoy viva! Todavía estoy viva y he encontrado el nirvana. Y si he encontrado el nirvana y todavía estoy viva, entonces todo aquel que esté vivo puede encontrarlo». Me imagino un mundo lleno de personas hermosas, pacíficas, compasivas y amorosas, y sabedoras de que pueden acudir a este espacio cuando quieran. Y sabedoras de que pueden elegir a propósito pasar a la derecha de su hemisferio izquierdo y encontrar esta paz. Y luego me di cuenta del tremendo regalo que puede constituir esta experiencia, del ataque de lucidez que puede proporcionarnos a la hora de vivir la vida. Y eso me motivó para recuperarme.[17]

El cambio inicial de la doctora Bolte Taylor sucedió accidentalmente; sintió la cualidad ilimitada que describieron los sujetos del experimento del doctor Newberg. Hoy día, su esperanza y su motivación por compartir lo que le ocurrió es que la gente experimente el cambio deliberadamente. El enfoque de la consciencia abierta de corazón te ofrece herramientas para que elijas voluntariamente entrar en ese espacio amoroso y despierto en cualquier momento, pero funciona mejor si estás motivado a hacer del despertar una prioridad en tu vida.

## ATISBO 1: Meditación con los ojos abiertos

Las investigaciones modernas del cerebro nos dicen lo siguiente:

[...] la visión es el producto de un sistema complejo en el que los ojos son solamente una parte. Se ha calculado que el procesamiento de la información visual –la recepción de estímulos visuales por medio de los ojos, su interpretación por parte de varios centros cerebrales y su traducción en imágenes visuales– implica hasta un cuarenta por ciento del cerebro.[18]

Cuando nuestros ojos están mirando por todos lados o están explorando en busca de un peligro concreto, estamos en alerta. A veces, los intentos que hacemos para estar más calmados por medio de hacer que nuestros ojos se estrechen y se concentren pueden mantener a nuestro cerebro en un modo fijo, el de tareas positivas. Aprender la consciencia panorámica nos ayudará a entrar en un estado de flujo, no dual y equilibrado, en el que estemos relajados y nos sintamos seguros.

Hay una práctica en el budismo tibetano llamada «contemplar el cielo». Acudimos a un lugar que ofrezca una buena vista y observamos el espacio abierto. Al principio percibimos el espacio abierto que tenemos delante, a continuación el que tenemos en nuestro interior y finalmente el que tenemos detrás.

El objetivo de este libro es ayudar a cambiar de sistema operativo en favor del llamado consciencia abierta de corazón, en el que todos nuestros sentidos y sistemas —incluido el de la visión— funcionan en su estado natural. Para que podamos hacer esto tenemos que aprender a cambiar la ubicación de nuestra consciencia y vivir con los ojos abiertos.

Estas son algunas pistas útiles destinadas a prepararte a tener los ojos abiertos mientras desplazas la consciencia. Desde este punto hasta el final del libro, conforme vayas practicando con los distintos atisbos, estas pistas deberían facilitarte la tarea. No tienes por qué experimentar todas ellas tal como las describo; utiliza las que te sirvan.

1. Relaja los ojos y suaviza tu mirada de manera que el sentido de la vista no predomine y experimentes todos tus sentidos con el mismo grado de intensidad.

2. En lugar de observar un objeto a través de un estrecho túnel visual, o de manera detallada, ve el bosque, así como uno de los árboles. Pon tus dedos índices juntos por encima de la cabeza frente a ti, y a continuación sepáralos dibujando un gran círculo frente a tu cuerpo. Observa el contorno de este marco circular mientras miras algo que esté frente a ti. Abre la mirada para abarcar toda la circunferencia a la vez, de manera que veas de una manera más abierta y amplia.

3. En lugar de mirar un objeto, sostén una visión difuminada. Como si desenfocases la lente de una cámara, mira el conjunto de la escena

que está frente a ti. Puedes probar a mirar la parte superior de una mesa que tenga objetos en ella. En lugar de enfocarte en un objeto, ve el tablero de la mesa y todos los objetos de igual manera.

4. Extiende una mano frente a ti, con la palma hacia dentro, a la distancia a la que mirarías la cara de un amigo. Observa tu mano y el espacio que la rodea. Ahora baja la mano y observa el espacio abierto. Si tus ojos se enfocan habitualmente en el primer objeto que ves, repite los pasos anteriores hasta que tengas la sensación de que tus ojos descansan en un espacio carente de objetos.

5. Date cuenta de que tus ojos no operan como tus manos. Tus ojos no se separan de ti para ver algo como se alejan tus manos para recoger algo. Tus ojos funcionan de manera parecida a tus oídos. Así como los oídos reciben el sonido, la luz se refleja en los objetos y llega a tus ojos. Ver es recibir.

6. Descansa apoyado contra el respaldo mientras la luz llega a tus ojos y luego va a la consciencia abierta de corazón que está dentro de ti, detrás de ti y alrededor de ti; todo eso mientras tus sentidos están abiertos. Siente que eres igualmente consciente de todos tus sentidos, en lugar de concentrarte en pensar o en ver.

7. Siente como si estuvieses recibiendo luz mientras mantienes los ojos relajados a la vez que tienes una vista completamente abierta de la periferia.

## ATISBO 2: Consciencia panorámica

En este ejercicio desplazarás la consciencia alrededor de tu cuerpo en un círculo completo; empezarás frente a tu cuerpo y la desplazarás hacia los lados y luego detrás de ti, de manera que sientas y percibas desde una consciencia panorámica de trescientos sesenta grados.

1. Siéntate cómodamente, con los ojos abiertos, y mira directamente frente a ti. Deja que los ojos miren al espacio, en lugar de concentrarse en algo concreto.

2. Sin levantar la barbilla, mira ligeramente hacia arriba, como si estuvieses en la playa contemplando el cielo abierto.

3. Sin mover los ojos ni la cabeza, empieza a expandir tu visión periférica hacia los lados, despacio y con suavidad.

4. Conforme se amplía tu visión periférica, deja que la consciencia continúe abriéndose suavemente a los lados de tu cabeza.

5. Deja que la consciencia pase de ver a hacerse consciente del espacio que hay a los lados de tu cabeza por el cual van y vienen los sonidos.

6. Sigue abriendo la consciencia al espacio de detrás de ti en el cual oigas sonidos.

7. Percibe la sensación de la consciencia extensa a todo tu alrededor.

8. Experimenta el hecho de que tu vista tiene una visión panorámica.

9. Amplía tu consciencia hacia fuera, hasta que llegues al límite de la habitación. Luego regresa a la consciencia panorámica para ver tus pensamientos.

10. Indaga: «¿Soy consciente del campo de la consciencia, o es el campo consciente de mis pensamientos, sensaciones y sentimientos?».

11. Ahora percibe cómo la consciencia se mezcla con el espacio para descubrir la consciencia extensa.

12. Date cuenta de que el campo panorámico de la consciencia es extenso y lo penetra todo.

13. Siente el equilibrio de la consciencia; está fuera y dentro de tu cuerpo por igual.

14. Permanece sin distraerte, sin ir a la deriva entre los pensamientos o los ensueños.

15. Inspira y deja que una sonrisa llegue a tu cara, y luego siente la consciencia extensa y la vitalidad alrededor de ti y dentro de ti por igual.

16. Percibe cómo tus oídos reciben el sonido sin tener que realizar ningún esfuerzo.

17. Percibe cómo, igual que el sonido, la luz se refleja en las cosas y llega a tus ojos.

18. Advierte que el campo de la consciencia extensa está vivo y que es equilibrado y continuo; y que no va y viene.

19. Date cuenta de las danzantes olas de los pensamientos, las emociones y las energías dentro del océano de la consciencia despierta, conforme das la bienvenida, continuamente, a todo lo que surge.

## ATISBO 3: **Concentración sin esfuerzo**

A diferencia de la mente ordinaria, la consciencia extensa no está hecha de pensamientos cambiantes. Cuando observamos desde la consciencia extensa, podemos concentrarnos sin esfuerzo. Voy a presentar una versión de una práctica del *mahamudra* llamada «rey del *samadhi*», que utiliza la imagen de una madre pájaro que está volando en el cielo mientras permanece concentrada en el nido, que se encuentra más abajo. Esta práctica de atisbo es la que utilizo en el experimento del *mindfulness* sin esfuerzo del que hablo en el capítulo 12 (ver página 274). Observa lo fácil que es contar y mantener el enfoque sin esfuerzo desde el yo testigo. Mantener el enfoque puede convertirse en algo automático una vez que se ha adiestrado al cerebro para que permanezca en un nivel de la mente basado en la consciencia.

Esta práctica parte de la anterior, de modo que si te gustó puedes hacer primero esa y luego ir al paso 4 del ejercicio que sigue.

1. Haz que la consciencia local se desenganche del pensamiento, vaya a un rincón de la habitación y mire atrás para ser consciente de los pensamientos, sentimientos y sensaciones desde la consciencia extensa.

2. Sé consciente del cielo amplio y claro de la consciencia extensa.

3. Ahora siente lo que es ser consciente desde la consciencia extensa.

4. Sé consciente desde el cielo de la consciencia extensa que ve desde el exterior de tu cuerpo y de la sensación de la respiración moviéndose dentro de tu cuerpo.

5. Desde el cielo de la consciencia extensa, interésate en un punto de contacto dentro de tu cuerpo en el que se esté moviendo tu respiración, como el pecho o las fosas nasales.

6. Desde el cielo de la consciencia extensa, empieza a concentrarte en las sensaciones y el movimiento de tu respiración en esa pequeña zona. Cuando sientas que el aire ha empezado a entrar, cuenta «uno».

7. Luego siente una pausa natural en el punto álgido de la inspiración. Sé consciente de la consciencia extensa en la pausa previa a la espiración.

8. A continuación, siente el punto de contacto con tu piel conforme sale el aire, y cuenta «dos».

9. Siente la pausa previa a la inspiración siguiente y descansa en el cielo de la consciencia extensa.

10. Sigue concentrándote sin esfuerzo mientras sigues contando cada inhalación y exhalación, hasta llegar al número treinta.

11. Ahora pasa a observar desde la consciencia extensa los pensamientos, las sensaciones y las emociones que surgen y pasan. Limítate a dejar pasar todo ello, como si fueran pájaros o nubes. Percibe cualquier tendencia que tengas a verte arrastrado por los contenidos agradables o a contraerte contra los desagradables.

---

**ATISBO 4: Equilibrio no dual**

Al experimentar la consciencia equilibrada de lo de fuera y lo de dentro simultáneamente, podemos reducir la divagación autorreferenciada de la mente asociada con la red del modo predeterminado. Este tipo de ensoñación cesa cuando las dos redes, la concentración interior y la exterior, se sincronizan. En este ejercicio pasamos del yo testigo desapegado a la consciencia despierta encarnada. Practica este atisbo varias veces, hasta que consigas sentir el equilibrio entre la consciencia exterior y la interior como un campo continuo. Cuando uno logra sostener esta percepción durante unos tres minutos, parece que se rompe el hábito del modo predeterminado; entonces, la mayor parte de la gente experimenta un flujo estable y carente de distracciones.

1. Desengancha la consciencia local del pensamiento y haz que vaya a oír desde un oído.

2. Percibe el efecto de la consciencia concentrada en una pequeña zona, en la que no hace otra cosa que oír.

3. Ahora, así como la consciencia local puede concentrarse en una pequeña zona, experimenta cómo se abre al espacio exterior a tu cuerpo en el que los sonidos van y vienen.

4. En lugar de que se concentre en lo que se mueve por el espacio, deja que la consciencia local se interese por el espacio carente de objetos.

5. Ahora, advierte el cambio de percepción por el cual pasas de ser consciente del espacio a notar que el espacio es consciente.

6. Deja que la consciencia sea consciente de sí misma como un amplio campo de consciencia carente de forma y de contenidos y atemporal. Date cuenta de que la consciencia se conoce a sí misma sin utilizar el pensamiento. Tómate el tiempo que necesites para experimentar que la consciencia es consciente de sí misma.

7. Ahora siente el descubrimiento de que el campo de la consciencia extensa ya está dentro de tu cuerpo como un océano de consciencia, y que las olas de la vitalidad y las sensaciones forman parte de este océano.

8. Siente el campo continuo que es consciente simultáneamente de lo de fuera y lo de dentro.

9. Percibe la unidad sin fisuras de la presencia consciente, que no tiene un afuera ni un adentro. Siente que la consciencia está encarnada de tal manera que eres capaz de estar fácilmente tanto con los contenidos agradables como con los desagradables.

10. Sin caer en el pensamiento ni en la ensoñación, sigue percibiendo todo desde el campo de la consciencia extensa, la cual, de manera natural, es inclusiva y no se distrae.

La primera parte de este libro presenta investigaciones y prácticas concebidas para ayudarte a entrar en el nivel de la mente al que acceden los meditadores expertos. Podemos acceder a este nivel de la mente sin ser meditadores, y el objetivo es permanecer en él. Por medio de estos ejercicios, al final serás capaz de: 1) ser consciente y conocer sin acudir al pensamiento; 2) experimentar la vista panorámica e ilimitada que está libre de la identificación con el ego; 3) sentir que la consciencia extensa es intrínseca a tu cuerpo y es capaz de no necesitar aferrarse a los sentimientos agradables y rechazar los desagradables; 4) vivir desde la consciencia abierta de corazón con los ojos abiertos; 5) sentir que la consciencia despierta está equilibrada interna y externamente, de manera que podemos estar en el ahora sin distraernos constantemente.

# UNA NUEVA FORMA DE CONOCER Y UNA NUEVA IDENTIDAD

# 6

## EL PENSAMIENTO COMO SEXTO SENTIDO

*En teoría no hay diferencia entre la teoría y la práctica. En la práctica sí la hay.*

YOGI BERRA[1]

Uno de los acontecimientos más importantes de la evolución humana es la capacidad de pensar. Sin embargo, otro acontecimiento todavía más importante es la capacidad de ir más allá del pensamiento. Para hacerlo tenemos que descubrir la inteligencia que es intrínseca a la consciencia misma. Es importante darse cuenta de que ir más allá del pensamiento no supone sumirse en un estado regresivo, irracional o estúpido. Piensa en la inocencia de un niño que está en una fiesta de adultos y pregunta a un grupo de ellos lo que harían en esta situación: «Imaginad que estáis rodeados de tigres hambrientos y que detrás de vosotros hay un precipicio; ¿qué haríais?». Cada uno de los adultos aporta una solución creativa diferente, pero el niño se limita a negar con la cabeza. Así que se dirigen a él y le preguntan: «¿Y qué harías tú?». El niño sonríe y dice: «Dejaría de imaginar».

Cuando estamos identificados con nuestro pensamiento, esa creencia crea nuestra percepción. Recibimos información del mundo por medio de nuestros cinco sentidos. La vista, el oído, el tacto, el gusto y el olfato conectan nuestro cuerpo con el medio circundante. En la filosofía budista se considera que el pensamiento es el sexto sentido. Cada uno de los seis sentidos (incluido el pensamiento) procesa un tipo de información concreto. Por ejemplo, nuestros oídos pueden oír el sonido, pero no pueden percibir la luz. El pensamiento es un sentido complejo que desempeña varias funciones. Una de ellas es intermediar entre los otros cinco sentidos mediante la clasificación: oímos un sonido y después el pensamiento acude a la memoria, encuentra una coincidencia y etiqueta el sonido: «perro ladrando».

Hemos dedicado mucho tiempo a ejercitar nuestra mente pensante, y esto es importante para operar en el mundo, pero la mente pensante no está diseñada para ser la principal forma de conocer la realidad, y muchísimo menos para constituir el fundamento de nuestra identidad. Como la cognición tiene un papel organizador, en la cultura occidental hemos elevado el pensamiento más allá del ámbito de los sentidos y hemos sobreestimado su papel. Ninguno de nosotros consideraríamos que *somos* nuestro oído, y tampoco *lo que* oímos en un momento determinado. Sin embargo, tenemos por costumbre tomarnos a nosotros mismos por los pensamientos y las emociones que vienen y van, como los sonidos. Sobrevaloramos este proceso mental cuando situamos el pensamiento en el centro de nuestra identidad.

Podemos empezar a despertar de la identificación con el pensamiento por medio de experimentar directamente otra forma de conocer. Si el pensamiento es realmente uno de los sentidos, *¿en quién o en qué aparece este sentido?* Acabaremos por darnos cuenta de que la información procedente de los sentidos aparece en la sabiduría ubicua y siempre presente de la consciencia despierta.

¡Es imposible que podamos conocer la consciencia despierta con nuestra mente conceptual, nuestros sentidos o nuestra atención!, pero una vez que descubrimos la consciencia despierta, esta puede *utilizar* el pensamiento según se necesite. Al hacer estas importantes distinciones acerca de las formas de conocer de las que disponemos hacemos que el pensamiento vuelva a ocupar su lugar natural. A continuación podemos ir más allá del pensamiento para encontrarnos con la sabiduría de la forma de conocer no conceptual.

## No somos quienes creemos que somos

El pensamiento conceptual consiste en crear una imagen o un símbolo que represente nuestra experiencia. Al pensamiento conceptual se lo llama también *pensamiento reflexivo*, porque el pensamiento se mira a sí mismo con el fin de saber. Al observar el pensamiento estamos reflejándolo, lo cual quiere decir que estamos creando una imagen conceptual en el cerebro con el objetivo de saber lo que está ocurriendo. Y he aquí el factor clave: *el pensamiento reflexivo está siempre un segundo por detrás de la experiencia directa*. Si nos perdemos demasiado en los pensamientos acabamos viviendo en una realidad virtual dentro de nuestra cabeza. Y entonces nos perdemos la experiencia directa, que no necesita del pensamiento más allá de su función etiquetadora. Esta clase de autorreflejo nos distancia demasiado a menudo de la experiencia directa de ver y de sentir.

Podemos acabar viviendo en un mundo poblado por imágenes, viejas historias y componentes imaginativos. También podemos proyectar nuestra historia sobre los demás y sobre el mundo, hasta que somos incapaces de ver las cosas como realmente son. La dependencia respecto del pensamiento conceptual puede hacernos sufrir mucho, porque el pensamiento se mira solamente a sí mismo para encontrar respuestas. El bucle perpetuo del pensamiento que se remite a sí mismo es su propia cárcel. *Pensamos* en una sensación de separación que no existe realmente. El pensador está buscando siempre una respuesta correcta; genera presión para decidir si tenemos razón o estamos equivocados, lo cual nos conduce a sentirnos como buenas o malas personas.

Cuando consideramos que el pensamiento está por encima de los sentidos, puede ser que este cree una identidad errónea, la identificación con el ego. En uno de los mapas tibetanos de la consciencia, cada uno de los seis sentidos es considerado un sentido de la consciencia: tenemos la vista-consciencia, el oído-consciencia, etc. A la séptima consciencia se la llama *consciencia aflictiva* o *consciencia engañada*, y es la identificación con el ego. En este mapa, la octava consciencia es un almacén de recuerdos y acciones pasadas. La consciencia aflictiva crea un pensador a partir del pensamiento y la función del ego, y este sentido del yo basado en el pensamiento constituye el núcleo de la identidad errónea. Nuestra identidad errónea, que no es otra cosa que un bucle autorreferencial consistente en pensar sobre el pensamiento, es en realidad una proliferación conceptual continua, que crea cosas sólidas con las imágenes y un yo firme con el pensamiento.

El error más fundamental que cometemos es acudir al pensamiento para saber quiénes somos. Desgraciadamente, la famosa frase del filósofo francés René Descartes «pienso, luego existo» se malinterpreta frecuentemente como «yo soy mi pensamiento», o «yo soy un pensador». Cuando nos identificamos a nosotros mismos *como* nuestros pensamientos, pasamos a estar ansiosos, aislados y atrapados obsesivamente en nuestros complejos de inferioridad y en nuestras historias. Para ir más allá de la consciencia aflictiva tenemos que experimentar la consciencia despierta, tenemos que llegar a conocer la sensación de un «soy» que no esté basada en el pensamiento. Comprender intelectualmente esta experiencia puede ser un primer paso útil, pero ya que el conocimiento intelectual sigue constituyendo la principal herramienta de conocimiento, este paso solamente sería el primero hacia una forma de conocer mucho más grande y abarcante. Cuando «el pensador» observa a través de nuestros ojos, llevamos puestas las lentes bifocales del dualismo. La manera de saber del pensador se une al programa de supervivencia que está destinado a proteger nuestro cuerpo físico con el fin de crear la consciencia aflictiva de la identificación con el ego.

Sigmund Freud describió cómo los niños pasan del *pensamiento de proceso primario* al *pensamiento de proceso secundario*. Definió el pensamiento de proceso primario como la forma preverbal en que el niño percibe y conoce el mundo; y consideró que el pensamiento de proceso secundario era el desarrollo del pensamiento conceptual y el mayor nivel de desarrollo mental que un ser humano puede alcanzar. Quizá la consciencia despierta y el pensamiento no conceptual puedan considerarse como la *forma de conocer de proceso terciario*.

El pensamiento es un gran servidor, pero un amo horrible. El pensamiento no es el centro de quien eres, y no es la forma de descubrir quién eres. En cuanto optamos por la forma de conocer basada en la consciencia, el pensamiento conceptual se retira del asiento del conductor, pero sigue constituyendo una función importante de nuestro sistema operativo. Cuando logremos ver el pensamiento como una función de la forma de conocer basada en la consciencia, podremos llegar a utilizar nuestro pensamiento de un modo más eficaz cuando lo necesitemos. Cuando dejamos de identificarnos como el pensador, obtenemos la capacidad de experimentar el pensamiento en el contexto de la consciencia despierta y de reconocerlo como movimiento y sensaciones, sin necesidad de tener que regresar al viejo sistema operativo.

En la Figura 2, la ilustración de la forma de conocer basada en el pensamiento muestra las experiencias del mundo que llegan a nuestras cinco consciencias, luego a la sexta (el pensamiento) y después entran en el bucle de la séptima consciencia (la aflictiva). Este bucle de pensamiento autorreferencial da lugar a la identificación con el ego y eclipsa a la consciencia despierta.

Como muestra la ilustración de la forma de conocer basada en la consciencia despierta, cuando le damos la vuelta a la consciencia con el fin de observar a través del bucle de la consciencia aflictiva descubrimos la consciencia despierta, la cual incluye todos nuestros pensamientos, sentimientos, funciones del ego y el almacén inconsciente. Hemos cambiado la ubicación de la consciencia local.

## El pensamiento como escucha interior

Le he preguntado a mucha gente cómo experimenta el pensamiento. La mayoría responde: «¿Qué quieres decir? Es como... pensar, ya lo sabes... solamente pensar».

Se ríen o se encogen de hombros porque no han examinado nunca cómo experimentan los pensamientos. Algunas personas conciben

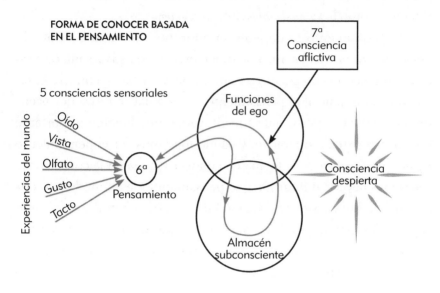

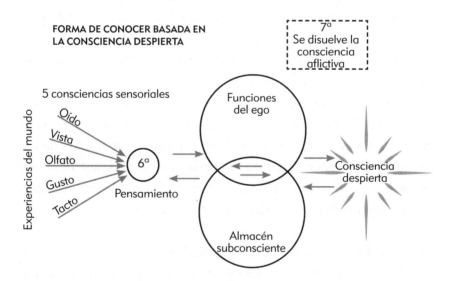

**FIGURA 2.** La transición desde la forma de conocer basada en el pensamiento a la forma de conocer basada en la consciencia.

el pensamiento como una especie de cinta de teletipo; creen que es como si fuesen leyendo las palabras que desfilan por sus mentes. Pero el pensamiento no es lenguaje escrito como el de las noticias que aparecen desfilando en la parte baja de la pantalla. No lo leemos.

El pensamiento es una forma de utilizar activamente todas las partes sensoriales del cerebro; es tacto interior, vista interior y oído interior. El pensamiento puede experimentarse como una película interior muy vívida. La experiencia sensorial completa del pensar tiene lugar cuando utilizamos la imaginación. Por ejemplo, puedes pensar en una playa, sentir la arena bajo los pies, ver el cielo sobre tu cabeza, oler el océano salado, sentir la suave brisa sobre la piel e incluso oír chillar a las gaviotas; todo esto dentro de tu cabeza. Como muestran los estudios realizados al respecto, se activan las mismas áreas del cerebro exactamente de la misma manera tanto si estás imaginando una playa como si estás sentado físicamente en ella.

En algunas personas predomina el componente visual, pero la mayoría de nosotros experimentamos el pensamiento principalmente como la escucha de una voz o un diálogo interior. ¡Sí, todos oímos voces! Pensar es más que nada oír hablar en la cabeza sin utilizar los oídos. Es también hablarse silenciosamente a uno mismo dentro de la cabeza sin utilizar la boca, si bien el cerebro oye las palabras como si se dijeran al oído de la persona.

Prueba esto ahora mismo: *tómate un momento ahora y observa qué es para ti la experiencia de pensar. Puedes decirte a ti mismo: «Estoy pensando este pensamiento». A continuación, escucha el pensamiento con tu oído interior. Luego espera, y oirás el pensamiento siguiente hablando en tu mente. ¿Qué te ha parecido escuchar tu discurso interior?*

El pensamiento en tanto que escucha interior abarca toda clase de monólogos, comentarios y diálogos internos. El habla interior puede tomar la forma de un diálogo entre subpersonalidades que discuten, debaten y argumentan entre sí; todo ello dentro de nuestras cabezas. Cuando nos identificamos con cualquiera de esas subpersonalidades, tomamos a la voz que está hablando en ese momento como «yo». El habla interior más común es un narrador que comenta lo que pasa, como lo hace un locutor radiofónico en un partido de fútbol: «Voy a sacar la basura. De acuerdo, pero antes, ¿por qué no veo lo que hay en la televisión? No, veo demasiada televisión; pero hay un programa muy bueno los martes».

El otro hablador principal es la voz que juzga, el superego, el crítico interior, el incrédulo. Esta voz añade una segunda parte de nosotros mismos para crear un constante diálogo interior. Tenemos una experiencia inicial, y entonces la segunda voz la juzga. El diálogo entre esas dos partes produce una tensión continua; el tira y afloja de ese diálogo parece no detenerse nunca. En este contexto, las cualidades emocionales como el miedo, la ira, la desesperación, el menosprecio de sí, la depresión y la ansiedad crean la sensación de un «yo» personal con lo que no son más que un montón de opiniones, de puntos de vista y de pensamientos.

La mayoría de nosotros estamos tan identificados con el pensamiento que ni sabemos que existen alternativas. Observamos *desde* nuestros pensamientos, no los observamos *a* ellos. Uno de los motivos de que sea difícil examinar la experiencia del pensamiento es que lo utilizamos constantemente como aquello con lo que conocemos. Cuando el pensar se orienta hacia el primer pensamiento y se lo cree, y luego se dirige al siguiente, se forma un bucle autorreferencial. Este bucle conceptual da origen a la ilusión de una identidad separada, basada en el pensamiento. Darse cuenta de que el pensamiento constituye un diálogo y una escucha internos es un paso hacia liberarse del repetitivo bucle de la charla sin sentido. Es importante aprender la habilidad de apartarse del pensamiento y dejar que la cháchara interna pase sin más.

## El pensamiento automático se desplaza al fondo

Tendemos a concentrarnos en el *pensamiento deliberado*: el tipo de pensamiento analítico, solucionador de problemas, calculador, razonador y tomador de decisiones. El *pensamiento automático* —la ininterrumpida corriente de consciencia y pensamientos habladores— es otra clase de pensamientos que todos experimentamos. A menudo no nos damos cuenta de los pensamientos automáticos porque estamos inmersos en ellos, identificados con ellos, discutiendo con ellos o intentando ignorarlos; pero siguen presentándose, tanto si les prestamos atención como si no. Podemos experimentar los pensamientos automáticos como una especie de comentarios fortuitos, como una cinta que suene en nuestras cabezas en un bucle continuo. Cada uno de nosotros tenemos decenas de miles de pensamientos a diario, y en su mayoría son los mismos día tras día.

Tenemos el hábito de creer que si surge un pensamiento tenemos que comprobarlo. Después de todo, podría ser un importante mensaje salvavidas del tipo «¡cuidado con ese automóvil!». Pero hay pocos mensajes tan apremiantes; la mayoría ni siquiera tienen importancia. Si nos creemos siempre nuestros pensamientos, ¡no es extraño que estemos agotados, inquietos y neuróticos! La relación que tenemos con el pensamiento automático es una de las cosas más importantes que aprenderemos a cambiar, para gran alivio nuestro. La mayor parte del tiempo nos identificamos con nuestros propios pensamientos, o estamos perdidos en ellos, pero también podemos dar un paso atrás para darnos cuenta de que nuestros pensamientos constituyen contenidos de nuestra mente. Cuando vivimos con atención plena desde la mente ordinaria estamos operando desde otra parte nuestra basada en el pensamiento; ahí está presente una especie de juez, comentarista o autoconsciencia. La consciencia despierta es la capacidad de percibir los pensamientos y los estados internos desde una consciencia que no es un pensamiento.

El campo de la terapia conductista cognitiva se basa sobre todo en la observación de que identificarse con los pensamientos negativos automáticos (ANTS, por sus siglas en inglés; este acrónimo también significa 'hormigas') provoca depresión. Pero la gente deprimida no es la única que experimenta pensamientos negativos; le ocurre a todo el mundo. ¿O es que quizá todos quienes se identifican con sus pensamientos están un poco deprimidos? Un estudio reciente llevado a cabo con personas de los seis continentes mostró que el noventa y cuatro por ciento de los sujetos del estudio experimentaban pensamientos indeseados, invasivos o impulsivos. El tipo de pensamientos no deseados que mencionaron principalmente fueron las dudas.[3]

El tipo de sufrimiento del que estamos hablando en el enfoque de la consciencia abierta de corazón no está causado por la identificación con los pensamientos negativos, sino por la identificación con *cualquier* pensamiento, negativo o positivo. Tú no eres las voces de tu cabeza. Los pensamientos automáticos que oyes no los dices tú; ni siquiera eres la segunda voz que comenta los primeros pensamientos. Uno empieza por escuchar los pensamientos, después se los cree, y luego acaba por creer que los pensamientos son él mismo. Es importante que experimentes directamente que tú eres fundamentalmente la consciencia que oye todas las voces y todos los pensamientos. Con el fin de experimentar la consciencia despierta, será importante que vayas más allá de escoger los buenos pensamientos antes que los malos en el nivel de la identidad. Por supuesto, seguirás prefiriendo que los pensamientos positivos conformen tu conducta. Y también serás capaz de aceptar más fácilmente los pensamientos negativos.

Una forma fácil de salir de la identificación con el ego es elegir no escuchar el contenido del pensamiento automático ni la voz del narrador. Cuando los pensamientos automáticos se desplazan al fondo, ya no tenemos que escuchar cada uno de ellos, ni tenemos que controlarlos todos en un estado de gran alerta. No importa si los pensamientos automáticos son negativos o positivos, porque no tenemos que escucharlos. De todos modos, el pensamiento en sí mismo no es un problema, ni un enemigo. No nos interesa detener los pensamientos, sino hacer que el pensamiento recupere su función natural. Llevar nuestros pensamientos automáticos al fondo de nuestra mente permite que la consciencia despierta ocupe el primer plano. Cuando operamos desde la consciencia despierta somos más capaces de incluir y liberar nuestras subpersonalidades, así como partes internas que estaban en la sombra.

Cuando estés en la consciencia despierta, te puede ser útil considerar los pensamientos automáticos como sensaciones mentales. La mayoría de nosotros tenemos el hábito de concentrarnos en esas sensaciones mentales mientras nos pasan por la mente. Sin embargo, si podemos aprender a no implicarnos con los pensamientos automáticos conscientemente, podremos relegarlos al fondo. Cuando ya estén allí, la consciencia despierta sabrá prestar atención. La consciencia despierta hace que dejemos de tener la necesidad de acudir constantemente a los pensamientos para orientarnos.

¿Cómo es la experiencia de que los pensamientos automáticos estén en el fondo? Para averiguarlo, haz ahora un experimento rápido: *lleva tu consciencia a las sensaciones que tengas en tu pie derecho. ¿Qué notas cuando concentras tu consciencia en el pie derecho por un rato? ¿Percibes muchas sensaciones?*

La cuestión es que hace un momento no notabas esas sensaciones, aunque ya estaban teniendo lugar. Solo cuando te has concentrado en las sensaciones de tu pie éstas han pasado al primer plano de tu consciencia y han empezado a parecer muy activas y constantes.

Verás que no necesitas controlar constantemente tus pensamientos, no más de lo que necesitas controlar las sensaciones de tu pie derecho. El hecho de prestar atención a los pensamientos automáticos no es más que un hábito que podemos cambiar. Cuando sintonizas la forma de conocer basada en la consciencia, los pensamientos automáticos se desplazan al fondo, y tú experimentas la verdadera tranquilidad. Aprenderás a confiar en que la inteligencia de la consciencia despierta te diga si hay algún pensamiento automático concreto al que debas prestar atención (lo que no ocurre muy a menudo).

## Adictos al pensamiento

La neurobióloga Patricia Sharp es experta en adicciones, y afirma que «casi todos nuestros patrones repetitivos de pensamiento pueden verse como formas de adicción».[4] Los estados mentales o sensoriales agradables son las recompensas que nos condicionan a buscar otra vez las mismas experiencias. Se cree que esos estados cerebrales agradables son generados por la dopamina y los opiáceos liberados en los centros de placer del cerebro. Sin embargo, a medida que se repiten las actividades asociadas con placeres concretos, la cantidad de dopamina liberada por el cerebro se reduce. Nos quedamos con un anhelo mental del placer, pero los niveles de actividad del neurotransmisor se han visto reducidos. Debido al incremento del anhelo mental nos sentimos impulsados a entregarnos cada vez más a las actividades que nos dieron placer en el pasado; pero nos decepcionamos porque recibimos cada vez menos dopamina.[5] El hábito de acudir continuamente a los pensamientos para encontrar satisfacción genera una clase de adicción muy parecida, incluso si los pensamientos a los que acudimos son de tipo positivo.

Sharp estudió a los meditadores y averiguó que ciertas meditaciones budistas (parecidas a las que aprenderás en este libro) estimulan los centros de placer del cerebro. Sin embargo, a diferencia de las descargas de dopamina, este placer no disminuye con el tiempo. A diferencia de lo que ocurre con las adicciones, este tipo de meditaciones basadas en la consciencia no estimulan ningún anhelo. Cuando pasamos a estar en la consciencia despierta, la reducción de dopamina no tiene lugar. Esto significa que podemos establecer un éxtasis natural dentro del cuerpo como un nuevo punto de referencia para vivir.

Este éxtasis de fondo y de baja intensidad es una realidad desde mi experiencia, aunque no había pensado nunca en él como en un proceso bioquímico antes de leer el estudio de Sharp. Esta podría ser la razón de que la serie de meditaciones que estás aprendiendo sean especialmente útiles para la gente que se está recuperando de la adicción a sustancias o del dolor físico. De hecho, estas meditaciones son útiles para todo el mundo, porque todos tenemos la necesidad de recuperarnos de la adicción basada en el pensamiento. Este éxtasis natural no es un subidón; no se experimenta algo así como fuegos de artificio y una avalancha orgásmica; más bien es como si la experiencia corporal más intensamente dichosa se repartiera sutilmente por toda la piel. ¡Puedes experimentar la dopamina natural sin tener que drogarte! En el programa de recuperación que se ofrece en este libro, en lugar de aprender lo de «no bebas la primera bebida», la lección es esta: «no pienses el primer *pensamiento*».

## Atisbos de la consciencia despierta

El propósito de la siguiente serie de atisbos es que nuestra experiencia principal de la inteligencia pase de ser el pensamiento a ser la consciencia despierta. Romperemos el hábito de orientarnos con el pensamiento. En el proceso, pasaremos por un estado en el que estaremos libres de los pensamientos. Al final aprenderemos a utilizar los pensamientos como herramientas cuando los necesitemos. Nuestro objetivo es ser sensibles y vulnerables desde el punto de vista emocional pero sin pasar a sentirnos heridos ni incurrir en la hipersensibilidad.

Atisbar la consciencia despierta puede ayudarte a establecer un nuevo fundamento de paz en tu vida por medio de llevarte a conocer una presencia mental silenciosa que está alerta y es alegre. Los atisbos te ayudarán a aprender a confiar en la inteligencia que sabe qué pensamientos y qué emociones necesitan atención en contraposición con el noventa y nueve por ciento que no la necesitan. Si todo esto te parece enigmático es solo porque todavía no lo has experimentado; si te parece demasiado conceptual, recuerda que estas palabras se han concebido para prepararte para tener la experiencia directa de la consciencia despierta, no conceptual.

---

ATISBO 1: **Escucha interior**

En este atisbo vas a dejar de hablarte a ti mismo a propósito. Luego vas a dejar de interesarte por lo que digan tus pensamientos automáticos. Para conseguirlo, dejarás de intentar comprender la conversación interior por medio de dejar de interesarte por los significados, las palabras o las frases que oigas. Al hacerlo, tus pensamientos parlanchines pasarán a ser meras sensaciones mentales; una experiencia de fondo como puede serlo el rumor de conversaciones en un restaurante.

1. Empieza por advertir la sensación de escucharte y hablarte a ti mismo en tu cabeza. Dite a ti mismo, para tus adentros: «El pensamiento es habla interior y escucha interior». Entonces percibe las sensaciones

asociadas con el hecho de experimentar el pensamiento como habla y escucha interiores.

2.  Ahora date esta instrucción: «Voy a dejar de hablarme a mí mismo enseguida y solamente oiré lo que digan los pensamientos». Sé consciente del sabor de esta experiencia.

3.  Seguidamente, date esta instrucción: «Voy a oír la charla de fondo, pero me desinteresaré de lo que digan los pensamientos. En lugar de eso, me interesaré por el espacio despierto».

4.  Ahora elige no hablar contigo mismo por un rato. Limítate a escuchar el rumor de fondo, como si el idioma en el que se expresan tus pensamientos te resultase desconocido. No intentes comprender el lenguaje interior que se manifieste; en lugar de eso, interésate por la consciencia alerta y libre de pensamientos.

5.  Observa todo pensamiento y toda charla interior como el movimiento de sensaciones mentales. Concéntrate en las sensaciones de tu mano izquierda y, luego, en las sensaciones mentales que aparezcan en tu cabeza. Luego deja que todos los comentarios sobre las experiencias se transformen en sensaciones mentales. Permite que el objeto de tu interés sea la consciencia misma, la cual ya es consciente e inteligente.

6.  Percibe la claridad y la percepción que ya están aquí cuando depones el hábito de charlar contigo mismo para tus adentros.

7.  Una vez que descubras esta forma de conocer libre de pensamientos sin recurrir al pensamiento, pide que tu número de teléfono aparezca lentamente en tu consciencia despierta. Dite el número a ti mismo, óyelo y luego vuelve al silencio despierto y apacible.

La clave es salir del sistema operativo basado en el pensamiento, así que no se trata solamente de que vayas más allá de tu historia o de tu sistema de creencias. En lugar de preguntarte «¿Quién soy yo sin mi discurso interno o sin un pensamiento concreto?», se trata de que vayas más allá de buscar orientación en cualquier pensamiento. Así pues, pregúntate: «¿Quién soy yo si no acudo a los pensamientos para saber quién soy?». Entonces, desde la consciencia despierta vemos que todos los pensamientos y todas las emociones no están

separados. Los siguientes atisbos te proporcionarán algunas formas alternativas de desengancharte de los pensamientos y de centrarte en alguno de tus
otros sentidos, de manera que la consciencia sea lo primordial.

---

**ATISBO 2: La consciencia sigue a la respiración de vuelta a casa**

Haz el ejercicio siguiente, con base en la respiración, para ayudar a que la
consciencia local se desenganche de la mente, descienda y perciba directamente desde dentro.

1. Empieza por desenganchar la consciencia local del pensamiento. Luego haz que recorra una distancia corta, desde detrás de tus ojos hasta
el punto en que la respiración entra en contacto con las fosas nasales.
Al inspirar, deja que la consciencia local se concentre completamente
en esa pequeña zona. Al espirar, siente la respiración pasando por las
fosas nasales al salir. Haz esto varias respiraciones seguidas.

2. Con la inspiración siguiente, deja que la consciencia local viaje con
el aire desde las fosas nasales y a través de la garganta, hasta llegar
al pecho.

3. Ahora deja que la consciencia local se desenganche de la respiración
y permanezca con la consciencia despierta y con la vitalidad presentes
por debajo de tu cuello, incluso cuando el aire vuelva a subir y salga
de nuevo. Percibe cómo la consciencia local se abre a la vitalidad y a
la consciencia extensa que está tanto dentro como fuera de tu cuerpo; mientras tanto, evita regresar a tu cabeza y a tus pensamientos.

4. Deja que las sensaciones de tu pecho al elevarse y descender con
cada respiración sean el lugar de contacto que sostenga el interés de
tu consciencia en observar desde dentro y en abrirse, en soltar y en
estar en el aquí y ahora. Percibe cómo la respiración acontece por sí
misma; es como si tú fueses respirado.

5. Date cuenta de que la respiración tiene lugar por sí misma, de la
misma manera que la consciencia despierta está ahí y percibe por sí
misma.

## ATISBO 3: Los cuarenta y cinco centímetros de descenso desde la cabeza hasta el corazón

Ahora tómate unos momentos y echa un vistazo a la consciencia abierta de corazón por ti mismo.

1. Siéntate cómodamente, con los ojos abiertos o cerrados, y sé consciente de todos tus sentidos. Percibe la actividad del pensamiento que tiene lugar en tu cabeza.

2. Primeramente, desengancha la consciencia local de los pensamientos de tu cabeza. Seguidamente, deja que descienda por tu cuello hasta tu pecho, y entonces percibe –directamente– desde dentro de la parte superior de tu cuerpo.

3. Familiarízate con esta forma de conocer directa, que no consiste ni en mirar hacia abajo desde tu cabeza ni en regresar arriba, a tus pensamientos.

4. Siente cómo la consciencia y la vitalidad están juntas: descansa sin dormirte y permanece consciente sin acudir al pensamiento para conocer.

5. Siente que la consciencia puede percibir la consciencia y la vitalidad desde dentro de tu cuerpo.

6. Advierte la sensación de la consciencia abierta de corazón desde dentro del espacio que se encuentra en el centro de tu pecho.

7. Siente como si te hubieses trasladado desde tu cabeza a la consciencia abierta de corazón, de la que ahora eres consciente.

8. Date cuenta de que puedes invitar y dar la bienvenida a cualquier pensamiento y emoción en el espacio de tu corazón, de modo que puedes permanecer en casa en la consciencia abierta de corazón y hacer que la información te llegue por wifi desde la oficina ubicada en tu cabeza.

9. Indaga en tu interior: «¿De qué es consciente la consciencia abierta de corazón?». Espera a sentir lo que es conocer desde esta ausencia de conocimiento que conoce.

10. Permanece presente, permite que la luz llegue a tus ojos y mira hacia fuera desde los ojos de la consciencia abierta de corazón.

# 7

## LA CONSCIENCIA
## NO CONCEPTUAL

*La vigilia no conceptual supera totalmente al pensamiento conceptual. Si la vigilia no conceptual no fuese más que otro pensamiento, no podría superar a los pensamientos. En el mismo momento en que reconocemos esto, atravesamos los pensamientos y los superamos. ¿Existe algo más maravilloso que eso?*

TULKU URGYEN RINPOCHE[1]

En los últimos años, los científicos han empezado a investigar y documentar la inteligencia no basada en el pensamiento. A diario, innumerables personas experimentan la consciencia no conceptual estando sentadas e inmóviles en medio de la naturaleza o en estado de meditación. Lo asombroso de los diversos tipos de consciencia no conceptual es que también se pueden experimentar con los ojos abiertos y en mitad del ajetreo de la vida diaria.

### Tres tipos de inteligencia no conceptual

En su libro de 1983 *Frames of Mind: The Theory of Multiple Intelligences* (*Estructuras de la mente: La teoría de las inteligencias múltiples*), Howard Gardner, psicólogo de la Universidad de Harvard, amplió la definición de *inteligencia*, que anteriormente se había basado principalmente en el pensamiento conceptual, especialmente el relacionado con la memoria y el cociente intelectual. Gardner añadió siete modalidades o líneas de desarrollo diferentes en las áreas siguientes: musical, visual-espacial, verbal, lógico-matemática, cenestésica (sensación general del estado del propio cuerpo), interpersonal, intrapersonal y naturalista.[2] Todos tenemos debilidades y fortalezas diferentes en las distintas líneas de desarrollo, y desarrollamos cada línea a un ritmo diferente. Sabemos por experiencia que una persona puede haberse desarrollado muchísimo en un área, como la intelectual, y haberlo hecho menos en otra, como la emocional. La consciencia despierta no conceptual es la inteligencia fundamental en la que aparecen cada una de estas líneas de desarrollo.

Últimamente se han reconocido y estudiado tres tipos de inteligencia no conceptual: el *flujo*, la *etapa hipoegoica* y el *inconsciente adaptativo*. Conocerlas es un trampolín hacia el conocimiento de los tipos de inteligencia no conceptual fundamentales y más sutiles basados en la consciencia despierta.

## ESTAR EN UN ESTADO DE FLUJO

El flujo es una de las áreas modernas de investigación más importantes en el campo de la psicología. Muchos de nosotros conocemos el flujo como «estar en la zona»; es la forma en que me sentí jugando al *hockey* en el instituto. En 1990, el psicólogo Mihaly Csikszentmihalyi publicó su libro *Flow: The Psychology of Optimal Experience* (*Fluir [Flow]: Una psicología de la felicidad*), basado en años de investigación. Csikszentmihalyi y su equipo estudiaron las formas en que la gente entra en una experiencia de flujo óptima, la cual conduce a un disfrute profundo, a la creatividad y a una implicación total con el «ahora». Podemos entrar en este estado de flujo por medio de aportar cierto tipo de consciencia a nuestra actividad.

Estas son las siete cualidades del flujo que identificó Csikszentmihalyi en sus investigaciones:

1. Sabemos que podemos realizar esa actividad, que contamos con las capacidades adecuadas para abordar la tarea.
2. Estamos completamente implicados y concentrados en lo que estamos haciendo.

3. Experimentamos una sensación de éxtasis.
4. Tenemos una gran claridad interior: sabemos lo que hay que hacer y cómo lo estamos haciendo.
5. Experimentamos una sensación de serenidad: no nos preocupamos por nosotros mismos; tenemos la sensación de ir más allá de los límites del ego.
6. Estamos inmersos en la atemporalidad: estamos plenamente concentrados en el presente, de manera que las horas pasan en lo que nos parece que son minutos.
7. La motivación es intrínseca: aquello que produzca el flujo se convierte en su propia recompensa.[3]

Ir más allá de los límites del ego con una sensación de claridad, de éxtasis y de serenidad es fundamental para la experiencia de la consciencia no conceptual. De todos modos, la denominación *estado de flujo* se utiliza frecuentemente para describir dos experiencias muy diferentes. El primer tipo de flujo, al que llamo *flujo absorto*, es aquel en el que estamos tan concentrados e inmersos en una tarea que, cuando por fin levantamos la mirada, descubrimos que han pasado horas en lo que parecieron ser minutos. En este estado de flujo, el enfoque se estrecha y tenemos una especie de visión de túnel: no somos conscientes de lo que ocurre a nuestro alrededor. Son ejemplos de personas que se encuentran en el estado de flujo absorto el pintor que se halla profundamente sumergido en su propio mundo cuando está pintando, el estudiante que está escribiendo una redacción y el carpintero que está clavando clavos.

El segundo tipo de flujo, al que llamo *flujo panorámico*, es aquel en el que estamos realizando una tarea y somos conscientes de todos los detalles del entorno. Nuestro enfoque está abierto y tenemos una consciencia panorámica de todo lo que nos rodea. Estamos en el «ahora», lo que significa que existe una cualidad atemporal aunque seamos conscientes, simultáneamente, de los acontecimientos a medida que van surgiendo momento a momento en el tiempo relativo. A diferencia de lo que ocurre en el flujo absorto, en esta experiencia sentimos como si el tiempo pasara más despacio. Piensa en el jugador de baloncesto que ve toda la cancha y los movimientos de todos los jugadores; ve el tiempo que marca el reloj y es consciente de los vítores del público mientras dribla por la pista, y lanza sin mirar un pase a su compañero de equipo que culmina en la canasta ganadora. En la película *The Legend of Bagger Vance* (*La leyenda de Bagger Vance*), el personaje principal, Junuh, se mete en el flujo jugando al golf y Bagger dice que aprendió «a parar el pensamiento sin quedarme dormido».

## MÁS ALLÁ DEL EGO

Las famosas palabras del *Tao Te King* «cuando no se hace nada, nada queda por hacer» se malinterpretan a veces como «no hagas nada».[4] Mark R. Leary, psicólogo de la Universidad Duke, ha investigado lo que él llama «autorregulación hipoegoica», un estado en el que la gente lleva a cabo sus tareas más fácilmente por medio de renunciar al control consciente. Algunos de los sujetos de sus investigaciones, que habían estado luchando para recuperarse de alguna adicción, informaron de que sus fuertes y obstinados egos –los cuales utilizaban para intentar detener su hábito adictivo– en realidad les impedían recuperarse. El estudio de Leary llegó a esta conclusión: «El objetivo autorregulatorio definitivo es reducir el autocontrol intencionado y funcionar hipoegoicamente». Someter y abandonar la identificación con el ego no tiene por qué conducir a una regresión, ni a una conducta infantil, sino que en lugar de eso puede abrirnos a recursos más grandes y a un nuevo fundamento de la identidad. Leary argumenta que abandonar el esfuerzo puede ayudar a que la gente consiga objetivos difíciles con más facilidad.[5]

## EL INCONSCIENTE ADAPTATIVO

Algunos psicólogos llaman inconsciente adaptativo a la capacidad natural que tiene la mente humana de conocer sin tener que remitirse al pensamiento. En su libro, publicado en 2005, *Blink: The Power of Thinking Without Thinking* (*Inteligencia intuitiva*), Malcom Gladwell compara el inconsciente adaptativo con una «especie de ordenador gigante que procesa silenciosa y rápidamente muchísimos de los datos que necesitamos con el fin de seguir desenvolviéndonos como seres humanos».[6] Gladwell da el ejemplo de un marchante de arte que sabe inmediata y acertadamente que una determinada escultura es una falsificación, aunque no pueda explicar cómo lo sabe. El inconsciente adaptativo del marchante procesa una multitud de detalles acerca de la estatua y los compara con los detalles que ha ido recogiendo en sus años de experiencia en el mundo del arte. Todo este procesamiento tiene lugar tan rápidamente que el marchante de arte ni siquiera es consciente del mismo.

Todo el mundo ha tenido experiencias con el inconsciente adaptativo, que es una forma intuitiva de actuar sin pensar demasiado. Probablemente conozcas a una gran cocinera que no pesa los alimentos ni utiliza recetas, sino que mezcla los ingredientes y añade especias basándose en el inconsciente adaptativo –un modo de funcionamiento semejante al piloto automático de un avión.

A esta capacidad intuitiva podríamos llamarla *consciencia adaptativa* antes que inconsciente adaptativo, porque entrar en la inconsciencia no es la única alternativa al pensar consciente. Uno puede darse cuenta de que está haciendo bien algo sin pensar conscientemente en lo que esté haciendo. Cuando uno opera desde la consciencia no conceptual no es estúpido, ni ignorante, ni está «colgado» ni actúa a ciegas; uno está relajado y alerta y es capaz de obtener la información que necesite en el momento. Por lo tanto, el (así llamado) inconsciente adaptativo es un modo de funcionamiento más elevado en el que utilizamos la consciencia no conceptual.

## ENTRAR EN LA CONSCIENCIA NO CONCEPTUAL

La denominación *no conceptual* no significa *irracional*, ni que haya que regresar a la etapa prerracional en la que se encuentran los bebés; tampoco requiere que se detengan los pensamientos. De hecho, ni siquiera es necesario estar en un estado meditativo calmado. Cuando uno de mis maestros, Tsoknyi Rinpoche, vino por primera vez a los Estados Unidos desde Nepal, se dio cuenta de que en Estados

Unidos muchos meditadores parecía que practicaban lo que él llamó «meditación tonta». Se refería a la práctica que conduce a la sensación de entumecimiento cómodo que yo llamo «estado sauna». Esta clase de meditación suprime los pensamientos parlantes, pero reduce la alerta y la capacidad de manejarse al cien por cien. Aunque esta meditación sea relajante, no se basa en la inteligencia alerta de la consciencia despierta.

Desplazarse desde el conocimiento conceptual hasta la consciencia despierta es parecido a aprender a escribir a máquina: al principio, ¿no tenías que mirar el teclado? Luego, con la práctica, tu habilidad aumentó y ya dejaste de pensar en dónde poner los dedos. Ahora, cuando escribes, no tienes que controlar tus dedos, ni debes recordar conscientemente dónde está situada cada tecla. Esta nueva forma de conocer no necesita acudir al pensamiento para controlar tu mecanografía. Cuando estamos en la consciencia no conceptual, no necesitamos estar mirando la pantalla de la mente pendientes de todo lo que aparezca en ella. En lugar de eso, el pensamiento se vuelve útil como instrumento de la consciencia despierta.

La capacidad que tenemos para procesar rápidamente toda la información que nos llega a través de los sentidos es imprescindible para la supervivencia. Sin embargo, es bien sabido que lo que parece ser la multitarea no consiste en realidad en hacer varias tareas simultáneamente, sino que lo que ocurre en realidad es que la atención alterna muy rápidamente entre varias tareas. Esto muestra los límites que presenta la atención como facultad mental. Sin embargo, en el estado de flujo uno está coordinando múltiples aspectos de una actividad sin estar atento conscientemente. Utilizamos esta capacidad cuando conducimos un automóvil en medio de un tráfico que se mueve a gran velocidad. Aunque no lo hayas notado, es probable que ya hayas aplicado tu capacidad de tomar rápidamente decisiones sin efectuar comprobaciones conscientes con el pensamiento a cada momento.

*Intuición, instinto puro* y *corazonada* son algunas de las formas de denominar esos momentos breves de conocimiento no conceptual. En nuestra cultura occidental no nos educan para confiar en los innumerables tipos de inteligencia intuitiva y no conceptual. La consciencia despierta es como una intuición continua.

Solemos asociar la cabeza con los pensamientos y el corazón con las emociones. Cuando la consciencia no conceptual llega a estar completamente desarrollada y encarnada, operamos desde la consciencia abierta de corazón, que es una forma más sutil de conocer que incluye el pensamiento y el sentimiento, la cabeza y el corazón, el ser y el hacer, y va más allá de ellos. La consciencia abierta de corazón conoce de una manera completamente diferente que el pensamiento dualista. Una de las razones por las que la gente tiene dificultades para hacer la transición a la consciencia despierta es que se trata de una inteligencia que utiliza la paradoja. Nuestras mentes conceptuales ordinarias no pueden comprender que lo que parecen ser dos opuestos sean verdaderos a la vez; nuestras mentes conceptuales están diseñadas para utilizar el pensamiento dualista necesario para juzgar si un semáforo está en verde o en rojo.

Esta forma de conocer puede parecer paradójica o lenta, comparada con la rápida mente dualista. En mis clases, pregunto a los asistentes: «¿Qué experimenta la consciencia abierta de corazón?». Una persona dice «el vacío», otra dice «plenitud», y una tercera exclama: «Estoy de acuerdo con ambas cosas: experimenta vacío y plenitud». Entonces, los dos primeros individuos dicen a la vez: «¡Sí, eso es!, vacío y plenitud; eso es lo que quería decir». La lógica lineal de nuestra forma de conocer entrenada en el dualismo diría: «¡Esto es ilógico!; o bien experimenta el vacío, o bien experimenta plenitud. ¡Ambas cosas a la vez, es imposible!». Sin embargo, ocurre así, y el corazón despierto percibe y acoge lo que a la mente lineal le parece una paradoja.

La consciencia abierta de corazón no se remite conscientemente a los pensamientos, sino que descansa profundamente dentro de una inteligencia que está conectada intuitivamente con todo lo que conocemos. Cuando nos tomamos a nosotros mismos por la identificación con el ego que observa a través de nuestros ojos, lo primero que vemos es separación, diferencias y juicios. La consciencia abierta de corazón empieza por sentir nuestra unidad, nuestra armonía y nuestra conexión, y luego reconoce y valora también el hecho de que somos únicos. La consciencia abierta de corazón puede efectuar distinciones sin tener que dividirse a sí misma en sujeto y objeto.

Para la mayoría de nosotros, la consciencia despierta está actualmente oculta en el fondo, pero podemos aprender a hacer de ella nuestra forma principal de conocer y nuestro nuevo sistema operativo. Cuando lo hagamos, el pensamiento volverá a ejercer su rol natural y nosotros no regresaremos al sistema operativo basado en el pensamiento, que es nuestra forma habitual de conocer. No es necesario comprender intelectualmente el funcionamiento de la consciencia despierta más de lo que es necesario comprender cómo se equilibra el cuerpo cuando se monta en bicicleta. Solamente hace falta saber cómo efectuar el cambio a conocer desde la consciencia despierta. Cuando logramos esto, pasamos a vivir desde esta consciencia.

A menudo es más fácil entrar en el flujo cuando hemos dominado las habilidades básicas de una actividad hasta el punto en que nos desenvolvemos en ella como pez en el agua. Mi hipótesis es que andar, hablar, relacionarnos y todas las cuestiones básicas que aprendemos en la escuela y al crecer en nuestra cultura ya están programadas en nuestro cerebro. Una vez que esas habilidades funcionales acuden de forma natural, podemos salirnos del pensamiento conceptual y de la consciencia centrada en el yo, y podemos pasar a basarnos en la consciencia despierta. Con la práctica seremos capaces de entrar en el flujo y empezar a funcionar desde esta consciencia. Las personas que están en estado de flujo no están operando necesariamente desde la consciencia despierta; sin embargo, las personas que están operando desde la consciencia despierta están en un estado de flujo panorámico.

## La forma de conocer encarnada

El enfoque de la consciencia abierta de corazón de regresar a los sentidos es una forma de retirar la consciencia local de su implicación excesiva con uno de los sentidos (el pensamiento) y situarla en la consciencia despierta, que los incluye a todos ellos. Esto da como resultado unos cuantos cambios importantes. El primero es que la consciencia se ve liberada de su identificación con el pensamiento, la cual es el origen del falso sentido del yo, de un gran estrés y de la insatisfacción. El segundo es que somos capaces de experimentar la sensación real de estar en nuestro cuerpo. La encarnación no tiene que ver con estirarse, ni con fortalecerse, ni con prestar atención a las sensaciones corporales. La consciencia despierta encarnada –también llamada *presencia*– consiste en sentir nuestro cuerpo directamente desde dentro utilizando la consciencia, en lugar de mirar imágenes mentales de nuestro cuerpo, o de mirar nuestro cuerpo desde la cabeza utilizando la atención. Cuando sentimos nuestro cuerpo desde dentro, descubrimos que este se siente sobre todo como espacio, consciencia y una vitalidad cambiante, con algo de presión donde entra en contacto con el suelo o con el asiento. Cuando nos sentimos encarnados, nuestro cuerpo se siente ligero y vivo como un gato ágil, pero también nos sentimos ilimitados en el nivel de la identidad e interconectados con todo en el nivel de la consciencia. La encarnación no significa que la consciencia esté *en* el cuerpo, sino que experimentamos que este surge de la consciencia y se ve sostenido por ella.

La presencia encarnada cambiará la forma en que percibes tu cuerpo. Al pasar a sentir el cuerpo directamente desde el interior, sin acudir a conceptos, imágenes o recuerdos, no lo experimentamos como sólido, que es la manera en que aparece ante nuestros ojos. Empezamos a sentir una conexión con la totalidad de la vida; una sutil sensación de dicha y un apoyo por parte de la consciencia despierta que nos libera del miedo y la vergüenza. Sentimos el cuerpo como presencia, como energía viva, como sensaciones que se contraen y se expanden, como consciencia y como unidad con el conjunto de la vida.

## Devolver las emociones a su estado natural

La inteligencia emocional requiere que seamos capaces de sentir nuestras emociones, que tengamos la capacidad de expresarlas y que sepamos distinguir entre las emociones relacionadas con el presente y las relacionadas con el pasado, así como que sepamos identificar aquellas que tienen su origen en los anhelos y los miedos de la identificación con el ego. Este nivel de consciencia requiere que sepamos discernir las necesidades auténticas que necesitan satisfacerse, y además que seamos conscientes de los deseos basados en los anhelos del ego que no pueden satisfacerse.

Despertamos de la mente por medio de desidentificarnos de nuestros pensamientos, nuestras historias y nuestras creencias. En cambio, para estar libre de las garras de la identificación emocional, la consciencia despierta tiene que despertar y acoger las emociones. Como ocurre con los pensamientos y las sensaciones físicas, las emociones forman parte de la consciencia sutil del cuerpo. Las emociones nos ayudan a recabar la información que necesitamos para sobrevivir, relacionarnos y empatizar. Cuando la identidad errónea no exagera las emociones ni genera confusión en relación con ellas, estas vuelven a su condición natural, y entonces somos capaces de ser sensibles y abrir el corazón. Las emociones son como la piel: así como esta es sensible al contacto físico, nuestras emociones son sensibles al contacto con los demás. Desde la consciencia abierta de corazón no transcendemos las emociones, sino que permanecemos sensibles, sin cerrarnos ni perdernos en el círculo vicioso de los pensamientos y las emociones que genera la identificación con el ego.

El cerebro puede verse marcado por las emociones traumáticas que experimente en relación con la pérdida de un ser querido, el abuso, el miedo, la violencia y la tragedia. Las señales emocionales como el miedo y la pena tienen que ser fuertes, como las señales del dolor físico, para que podamos evitar el peligro. Sin embargo, la identificación con el ego genera el círculo vicioso de un sufrimiento derivado. Sentirse herido y airado como resultado de un incidente puede convertirse en un trauma o un resentimiento que permanezca durante años. Como nota al margen, existen dos técnicas no conceptuales que ayudan a sanar el trauma: la desensibilización y reprogramación por medio de movimientos oculares (EMDR, por sus siglas en inglés) y la Experiencia Somática (SE).

No se puede despertar del trauma emocional desde el punto de vista de la identificación con el ego. Por lo tanto, la técnica psicológica de comprender intelectualmente lo sucedido y las causas de los problemas emocionales no conduce por sí misma a su total resolución. Tampoco podemos limitarnos a observar nuestras emociones desde una distancia mental o meditativa, porque esto evitaría que pudiésemos experimentar la vida a fondo. Observar con atención plena y comprender intelectualmente los incidentes traumáticos que dejaron mella en nuestros sentimientos y en nuestras subpersonalidades es útil, pero tenemos que seguir adelante. Debemos encontrar una manera de volver a vivir a fondo.

Una de mis alumnas más antiguas perdió a su marido en los ataques al World Trade Center del 11 de septiembre, y pasó por una etapa de conmoción, tristeza y rabia por su pérdida. Con el apoyo de la consciencia abierta de corazón, dejó que surgieran todos sus sentimientos y se permitió sentirlos, hasta que se abrió a lo que ella misma llamó «la gracia viva que todo lo relaciona y que todo lo ama». Esta experiencia sacó a relucir emociones que había tenido dentro de sí toda su vida. Apoyada en el fundamento del Ser, permitió que se rompiera la cáscara que cubría su corazón. Posteriormente llegó a ser una persona creativa, amorosa y tolerante que ayudó a sus amigos y parientes a pasar por sus procesos de duelo.

Otro caso que sirve de ejemplo es el de un catedrático que había vivido en la torre de su cabeza toda su vida. Deliberadamente, pero con reticencias, tomó la decisión de sintonizar la consciencia abierta de corazón, y descubrió lo que él mismo describió como «una sabiduría y un amor que no habría imaginado que fuesen posibles con todos mis estudios». El catedrático no pudo evitar reírse cuando recordó una cita de *Hamlet,* de Shakespeare: «Hay más cosas en el cielo y en la tierra, Horacio, que las que conoce tu filosofía».[7]

Para estas personas, lo más importante no fue que tuvieran una experiencia positiva, que experimentasen un cambio de actitud o incluso que encontraran sanación, sino el hecho de que descubrieron una manera de conocer y de ser independiente de las experiencias pasadas o de los logros futuros. La experiencia de reconocer quiénes éramos originalmente es una sensación de Ser profunda y auténtica de la que surge un bienestar en que nos encontramos libres del miedo, de la vergüenza y de la insatisfacción.

Cuando empezamos a despertar descubrimos que las emociones como la tristeza, la felicidad, la ira y el miedo no son más que señales que forman parte de nuestro sistema nervioso. Ahora que ya se han desvinculado de los relatos de la identificación con el ego, constituyen partes importantes y vitales de la totalidad de nuestra experiencia humana. Todas las emociones básicas siguen apareciendo en nuestro Ser, pero ninguna de ellas se transforma en un círculo vicioso de preocupación, ansiedad o rencor, ni en la base de una insatisfacción continua. Los seres humanos ya estamos biológicamente programados para experimentar lo que nos comunican nuestros sentimientos sin engancharnos a estos. La neurocientífica Jill Bolte Taylor describe la bioquímica de la emoción de esta manera:

> Mi respuesta de enojo es una respuesta programada que puede dispararse automáticamente. [...] Unos noventa segundos después del desencadenante inicial, el componente químico de mi enfado ha desaparecido completamente de mi sangre y mi respuesta automática termina. Sin embargo, si sigo estando enfadada una vez que han transcurrido esos noventa segundos, será porque he elegido permitir que ese circuito siga en marcha.[8]

Cuando trasladan la fuente de su conocimiento de la cabeza al corazón no conceptual, muchas personas describen un nuevo sentimiento, de «dulce tristeza» o de intimidad cariñosa y compasiva. Otras describen que pasan por un período en el que sienten como si su corazón fuera a romperse. Sin embargo, ¡cuando miran de cerca descubren que su corazón no se está rompiendo! En lugar de eso, lo que ocurre es que las capas protectoras que rodean el corazón se están partiendo para revelar un corazón más tierno debajo. Con toda seguridad se experimenta un dolor real, pero es como el dolor que sentimos cuando las manos se nos están deshelando después de haber estado fuera en el frío glacial. Con el apoyo de la consciencia abierta de corazón podemos sentir el dolor de esta transición y permanecer con el corazón abierto.

Existe también un sentimiento más profundo de bienestar esencial, de asombro, de maravilla, de unidad, de libertad, de valor y de amor incondicional que es una emoción esencial, no basada en el pensamiento. Cuando vivimos desde la consciencia abierta de corazón existe una estructura interna de cualidades esenciales constituida por sentimientos más profundos y primordiales. Esas cualidades esenciales son el fundamento de una nueva vida emocional, que conduce a un compromiso y una intimidad mayores.

---

### ATISBO 1: Sabiduría emocional

Cuando empieces este ejercicio se te invitará a que lleves tu consciencia adentro de tu cuerpo y a que encuentres cualquier emoción que haya allí en ese momento. Puedes hacer este ejercicio con una emoción tanto agradable como desagradable, pero la primera vez utiliza una agradable. Si no dispones de una emoción agradable, elige tu «plato del día» emocional o la emoción desagradable con la que te enfrentes más a menudo. Si es necesario, puedes acudir a un recuerdo o a una situación reciente de tu vida para evocar una emoción desagradable. Aprenderás que puedes sentirte triste sin estarlo.

1. Encuentra una emoción –miedo, ira, celos, etc.– y empieza a sentirla completamente (utilizaré la tristeza como ejemplo en los pasos siguientes; pero puedes cambiarla por cualquier otra emoción que quieras).

2. Dite a ti mismo en silencio: «Estoy triste». Experimenta enteramente los efectos de esta afirmación. Quédate con esta experiencia hasta que la sientas completamente.

3. Ahora, en lugar de decir «*estoy* triste», date un respiro y di: «*Siento* tristeza». Percibe qué es lo que cambia cuando pasas de *estoy* a *siento*. Experimenta este cambio y cómo te sientes en el nivel del ser. Desde ahí siente tu relación con la emoción de tristeza.

4. Ahora, efectúa otro cambio. Dite a ti mismo: «Soy *consciente* de sentir la tristeza». Experimenta completamente la *consciencia* de sentir la

tristeza. Se trata de observar la emoción desde la consciencia. Percibe la distinta cualidad emocional que resulta de ello.

5. Ahora di: «La tristeza es bienvenida». Experimenta la sensación de darle la bienvenida a la emoción desde la consciencia. Siente que la consciencia encarna y acoge la emoción. Percibe la cualidad emocional diferente que resulta de dar la bienvenida sin reidentificarse. Siente el apoyo que brinda esa bienvenida.

6. Por último, di: «La consciencia y la tristeza no están separadas». Siente la consciencia despierta alrededor y dentro de ti, impregnando totalmente la emoción, pero sin identificarse con ella ni rechazarla. Siente la consciencia presente con la emoción, totalmente desde dentro. Siente la consciencia, la vitalidad energética, la profunda quietud de la presencia. Percibe las sensaciones que experimentas al mirar a los demás y al mundo desde esta consciencia encarnada, conectada y abierta de corazón.

---

ATISBO 2: «*Om*, dulce hogar» en tu corazón

En esta práctica de atisbo empezarás emitiendo un sonido y, luego, sintiendo su vibración en el centro del pecho. Esta puede ser una manera útil de invitar a la consciencia a que se desenganche del pensamiento y de conocer la vitalidad y la consciencia directamente, por medio de utilizar el sonido y la vibración como apoyo.

1. Pon tu mano en el centro de tu pecho. Siente que tu pecho se ensancha bajo la mano cuando entra la respiración, y que se relaja cuando sale. Canta, entona o salmodia el sonido «Om», «amén», «hogar», «*shalom*» o «uuummmmmm». Concéntrate en la sensación de la vibración en el centro de tu pecho. Sigue produciendo este sonido suavemente.

2. Ahora desengancha la consciencia local de los pensamientos y deja que descienda hasta la vibración y la consciencia presentes en el centro de tu pecho. Siente como si el espacio de tu corazón fuese el nuevo hogar en el que reside la facultad de conocer de la consciencia despierta.

3. Ahora, sin utilizar el pensamiento, sé consciente de la quietud de la vibración y de la consciencia que es ubicua dentro de ti; luego abre tu consciencia más allá de los límites del cuerpo y deja que se mezcle con la consciencia extensa que está por todo alrededor.

4. Deja que la consciencia del espacio de tu corazón se conozca a sí misma, y que luego se abra para conectarse también con todo lo demás.

5. Quédate y macérate en este campo continuo de presencia consciente y amorosa.

6. Ahora relájate en el silencio que incluye todo sonido. Conoce desde esta consciencia abierta de corazón sin regresar a tu cabeza para conocer.

---

ATISBO 3: **Presencia encarnada**

En el atisbo «Experimenta la atención», del capítulo 3, desplazaste la consciencia local para que experimentase una de tus manos directamente desde dentro. En este atisbo vas a desplazar la consciencia local para experimentar todo el cuerpo a la vez, directamente desde dentro. Si alguna vez has hecho una meditación de escaneo corporal, esto es parecido, pero no irás pasando por todo tu cuerpo desde la mente ordinaria utilizando la atención. En esta ocasión se trata de un escaneo corporal de «nivel definitivo», en que se empieza por desenganchar la consciencia local del pensamiento y por conocer la totalidad del cuerpo directamente desde dentro.

1. Desengancha la consciencia local del pensamiento.

2. Deja que la consciencia local descienda; siente cómo lo hace a través de tu cara y de tu cuello.

3. Sé consciente de que no estás mirando hacia abajo, desde la cabeza hacia tu cuerpo. Advierte las sensaciones asociadas con el hecho de que la consciencia local sienta y perciba la consciencia y las sensaciones directamente desde dentro del cuerpo.

4. Ahora deja que la consciencia local permanezca consciente desde dentro de la parte superior de tu cuerpo y siga llenando por entero tu cuerpo, desde la cabeza hasta los pies.

5. Siente cómo la consciencia local repasa el cuerpo desde dentro de tu cuello; desde ahí abarca tus hombros, tus brazos y tus manos, y luego se extiende más allá para ser consciente dentro de tu pecho, la parte superior de la espalda, el vientre y la parte baja de la espalda.

6. Deja que la consciencia local siga desplazándose hacia abajo y abarque y perciba tus caderas, tu cintura, tus nalgas y tus muslos desde dentro.

7. Conforme se mueve hacia abajo tu consciencia a lo largo de tu cuerpo, percibe la liberación respecto del agarre y una relajación profunda. Sé consciente del espacio, de la consciencia y de la vitalidad dentro de tus rodillas, tus pantorrillas, tus espinillas, tus tobillos, tus pies, y los dedos y las plantas de tus pies.

8. Experimenta cómo la consciencia local percibe y siente todo tu cuerpo desde dentro, desde las plantas de tus pies hasta lo alto de tu cabeza. Experimenta tanto suavidad y ausencia de límites como el arraigo de la consciencia en el cuerpo.

9. Siente que tu respiración acontece por sí misma, como las olas del mar.

10. Disfruta de la sensación de la libertad natural e ilimitada y de la consciencia encarnada.

11. Descansa en la vacuidad y la plenitud de la presencia encarnada.

Este es un buen ejercicio que te ayudará a despertarte de tu mente. Esta práctica también puede ayudarte a conciliar el sueño por la noche.

# 8

## UN CASO SENCILLO DE CONFUSIÓN DE IDENTIDAD

*Estudiar el Camino es estudiar el yo. Estudiar el yo es olvidar el yo. Olvidar el yo es estar iluminado por todas las cosas. Estar iluminado por todas las cosas es eliminar las barreras entre el yo de uno y los demás.*

Dogen[1]

¿Quién soy yo? Esta es una de las preguntas más importantes que la gente se ha planteado a lo largo de las épocas. Aprender a indagar «¿quién soy?» puede hacer desaparecer muchísimo sufrimiento de forma inmediata. Para descubrir quiénes somos, es importante tener claro lo que no somos. En este capítulo veremos que la confusión de identidad que tenemos actualmente se construye y se mantiene en nuestra mente; y entenderemos qué se interpone en el camino hacia el descubrimiento de nuestra verdadera naturaleza.

El problema de la identidad se puede describir con palabras, pero la solución solamente puede hallarse por medio de la experiencia directa. Debatir el asunto de la identidad puede ser complicado, sobre todo porque se nos han dado consejos contradictorios. El oráculo griego de Delfos dijo: «Conócete a ti mismo». Jesucristo dijo que quien quisiera seguirlo tenía que «negarse a sí mismo».[2] Los *upanisads* de la India dicen que tenemos que desplazarnos desde un yo pequeño hasta un Yo verdadero. En el budismo, uno de los fundamentos clave para el despertar es darse cuenta del «no yo». En la psicología moderna, algunos modelos de crecimiento estimulan la construcción de un ego fuerte, aunque otros modelos insisten en que el ego es el problema y que tenemos que negarlo, matarlo, transcenderlo o librarnos de él. El problema de la identidad es aún más confuso a causa de las definiciones diferentes que ofrecen la psicología y las tradiciones de sabiduría de conceptos como los de *falso yo*, *Yo verdadero*, *ausencia de egoísmo*, *no yo*, *fortaleza del ego* y *sin ego*. ¿Qué «yo» soy yo, y qué «yo» es el problema? ¿Qué es el ego? ¿Existen un ego bueno y un ego malo? ¿Cuál de los egos es el problema y cuál constituye una parte normal de nuestra humanidad? Puesto que nos interesa tanto despertar como crecer, vamos a empezar por definir el ego de una manera nueva.

## Tú vas, nosotros luego, y todos al ego

La palabra *ego* viene del pronombre personal latino *ego* ('yo'). Vamos a examinar cinco aspectos del ego: el ego corporal, las funciones del ego, la personalidad egoica, el ego observador y la identificación con el ego. Conforme vayamos clarificando nuestro conocimiento de cada uno de los aspectos, descubriremos que podemos, simultáneamente, disfrutar de nuestro cuerpo, mejorar las funciones de nuestro ego, valorar nuestras personalidades egoicas y aprender a ir más allá de la identificación con el ego.

**Ego corporal:** es el reconocimiento de que, en el nivel relativo, cada persona es un individuo separado, porque cada una tiene un cuerpo distinto.

**Funciones del ego:** empiezan con el sistema biológico, innato e instintivo que capacita a los seres humanos para sobrevivir y prosperar. Las funciones del ego son la forma en que se organizan y actúan las criaturas vivas a partir de la información relacionada con sus cuerpos físicos concretos con el fin de responder con eficacia a sus entornos. Las funciones normales del ego son la percepción, el pensamiento, la atención, la memoria, los instintos, la coordinación motriz y la socialización. Las funciones del ego implican movimientos de acercamiento a las cosas o de alejamiento respecto de las mismas. Los impulsos de deseo («quiero») o de resistencia y rechazo («no quiero») son sensaciones normales relacionadas con la supervivencia y no están en la raíz del sufrimiento. Los deseos y las aversiones naturales surgen constantemente, basados en el agrado o en el desagrado como forma de discernimiento útil para prosperar y sobrevivir. Los mecanismos de defensa del ego son también funciones que nos ayudan a controlar nuestros instintos y distintas partes de nuestras personalidades con el fin de evitar el conflicto y disminuir la ansiedad. Las funciones del ego incluyen también la voluntad o albedrío: la capacidad de elegir y actuar en el ámbito físico. Lo que elegimos se ve influido por la ubicación de nuestra identidad, pero la capacidad de elegir, reaccionar, responder e iniciar acciones es una función del ego. Las funciones del ego saludables nos ayudan a aprender a adaptarnos y a socializar en comunidades, así como a prosperar en nuestro entorno.

**Personalidad egoica**: es la combinación de nuestra genética particular, nuestras experiencias personales y el condicionamiento social. La personalidad egoica es tanto innata como adquirida e incluye nuestra vida emocional. Lo que nos gusta y lo que no nos gusta, nuestro temperamento y nuestra forma de relacionarnos con los demás forma parte, todo ello, de la personalidad egoica. Cabe incluir aquí nuestro ego autobiográfico: nuestra historia personal y los relatos que nos contamos sobre nosotros mismos. Nuestra personalidad egoica normal incluye los papeles que interpretamos en la vida diaria, las máscaras que a veces mostramos al mundo (Jung las llamó *personas*) y la multitud de aspectos internos que albergamos, los cuales podemos entender como subpersonalidades. La identificación con cualquier *persona* (por ejemplo, con nuestro rol profesional) o subpersonalidad (como el niño herido, o el crítico interno) pertenece al ámbito de la personalidad.

Tu personalidad es tan única como tus huellas dactilares. La personalidad egoica puede hacer que la vida sea interesante y diversa; puede iluminarnos desde dentro. La mayoría de las personas pasan por una etapa de madurez (o de inmadurez) en la que su personalidad es egocéntrica. En el nivel de la personalidad egoica podemos ser ego-céntricos, egoístas u orgullosos, o podemos estar obsesionados con nosotros mismos, o incluso puede ser que nos hayan diagnosticado el trastorno de personalidad narcisista; pero cuando se habla de la iden-tificación con el ego no se está haciendo referencia a estos rasgos de la personalidad.

**Ego observador:** es la capacidad de dar un paso atrás y establecer dentro de la mente un testigo de los pensamientos, las sensaciones y los sentimientos. Los doctores Rick Hanson y Rick Mendius, fun-dadores del Instituto Wellspring para la Neurociencia y la Sabiduría Contemplativa, lo explican de esta manera: «La denominación psico-lógica *ego observador* —el cual se considera que es esencial para manejar-nos de forma saludable— hace referencia a la capacidad que tenemos de separarnos del flujo de nuestros contenidos internos y observar-lo».[3] El ego observador utiliza la atención plena desde la autocons-ciencia, o mente sutil, para ser un testigo no juzgador. Es parecido a lo que Freud llamó «atención que se cierne uniformemente».

**Identificación con el ego:** es el resultado final del proceso por el cual sentimos que somos un mini yo ubicado en la cabeza que mira al exte-rior a través de los ojos corporales. La identificación con el ego no es una entidad, sino un proceso mental: un patrón de consciencia con-creto conocido como *fijación con el ego*, *asimiento del ego* o *aferramiento al ego*. Este proceso mental solo se transforma en identificación con el ego cuando se toma a sí mismo por el «yo».

Pero la identificación con el ego no es solamente el pensamiento «yo», una resistencia, la imagen que uno tiene de sí mismo, una histo-ria personal o una creencia que se pueda cambiar mediante un esfuer-zo volitivo. La identificación con el ego no eres «tú» identificándote con «tu ego». Lo que ocurre es que la autoconsciencia y las funciones del ego se aferran a sí mismas internamente, lo cual genera la iden-tificación con el ego, la cual se aferra entonces a las cosas exteriores.

El proceso de la identificación con el ego oculta nuestra natura-leza ya despierta. Los procesos mentales del pensamiento y de las fun-ciones del ego pueden identificarse entre sí y crear un bucle cerrado:

la sensación de un «yo». La identificación con el ego es un proceso de «yoización»; sin embargo, no reconocemos este proceso porque estamos totalmente inmersos en la experiencia, fusionados con las funciones de nuestro ego y mirando el mundo desde una sensación de «yo» que se ha convertido en identificación con el ego. Solamente cuando miramos desde la consciencia despierta podemos observar la identificación con el ego como un patrón mental. La identificación con el ego acontece también en el nivel inconsciente en nuestra red del modo predeterminado, donde genera infelicidad por medio del mini yo que se remite a sí mismo.

La identificación con el ego crea una identidad errónea que cree que necesita el mismo alimento y la misma protección que una entidad física. Se apodera de los mecanismos de defensa de nuestro ego, aunque no haya nada que defender. Pero la identificación con el ego no es una criatura física; por lo tanto, este patrón mental no necesita alimento, y no hay nada que amenace realmente su existencia. La ilusión del yo separado que lucha por sobrevivir conduce al hambre, al miedo, a la insatisfacción y al sufrimiento perpetuos. Sin embargo, podemos pensar en la identificación con el ego como en una identidad transitoria, un sistema operativo basado en el pensamiento desde el cual podemos pasar a ubicarnos en la consciencia despierta en tanto que nuestro ámbito del Ser.

## LA RELACIÓN ENTRE DOS CLASES DE EGO

El ego corporal, la función del ego, la personalidad egoica y el ego observador no son en sí mismos obstáculos para el despertar, ni tampoco se verán erradicados una vez que este haya acontecido. Podemos ver también que nuestra personalidad, nuestro cuerpo, las funciones del ego o el ego que observa no son tampoco el centro de nuestra identidad, sino solamente partes nuestras, como las manos o el sentido del oído. El despertar pleno incluye nuestro cuerpo, nuestras emociones y nuestras personalidades. Desde la consciencia despierta puedes ver que «quien tú eres» no es tu aspecto, ni tu trabajo, ni tu edad, ni tu raza, ni tus ganancias, ni tu pasado. El hecho de soltar la identificación no hará que te sientas vacío, ni desconectado, ni disociado, ni despersonalizado. Cuando habitamos en la consciencia despierta en tanto que el ámbito del Ser, contamos con un sentido del «yo soy» que es independiente de «yo soy esto» o «yo soy aquello».

La identificación con el ego no es un personaje único, sino un sistema egoico compuesto por muchas subpersonalidades diferentes que giran alrededor del asiento del conductor del yo. Descubrimos que estas voces (o subpersonalidades) son patrones de pensamiento y sentimiento normales que tienen la mayoría de los seres humanos.

Tenemos que liberar esos patrones o hábitos mentales; no basta con detenerlos. Cuando podemos conocer y ver desde el Ser, nuestras subpersonalidades sienten alivio por no tener que seguir ocupando el asiento del conductor. Estas partes pueden jugar o relajarse hasta que se las llame a causa de sus talentos específicos. Cuando nos manejamos desde la consciencia despierta en tanto que el ámbito del Ser, esas voces y opiniones siguen presentándose, pero no se convertirán en el conductor; en lugar de eso, todas son bienvenidas y se ven aliviadas por la amorosa presencia de la consciencia abierta de corazón.

La identificación con el ego es una organización y una orientación muy anclada en nuestras redes neuronales. Está tan profundamente incrustada en nuestro cerebro que se manifiesta como el personaje principal de nuestra red del modo predeterminado cuando estamos descansando. En tanto que patrón circular autorreferencial, la identificación con el ego también proyecta imágenes en los demás y en el mundo en un esfuerzo por sentirse a salvo. Este hábito está tan arraigado que es lo primero que se manifiesta cada mañana, en cuanto hemos salido del sueño profundo: «¡Oh, no!, la fecha límite es hoy. ¿Por qué me espero siempre hasta el último minuto? Menudo fracasado soy». La función juzgadora, necesaria para reconocer los entornos no saludables, puede verse atrapada por la identificación con el ego y volverse contra nosotros. La identidad errónea provoca vergüenza, porque no nos sentimos bien por ser quienes somos. Confundimos la sensación de no sentirnos queridos con la idea de que no somos dignos de ser amados; confundimos el hecho de cometer errores con la idea de que somos unos estúpidos o unos inútiles. Sin embargo, a pesar de la naturaleza fuerte y arraigada de la identificación con el ego, podemos saltar de este nivel de la mente. La gran comprensión —cuando vamos más allá de la identificación con el ego y descubrimos que la consciencia despierta es nuestro ámbito del Ser— es que siempre hemos estado bien.

Todos tenemos unas necesidades básicas. Es un error intentar reducir el deseo y la aversión en todos los niveles del ego, como si fuera necesario que renunciásemos a ello, o que lo reprimiésemos, o que lo transcendiésemos. Tenemos que buscar y conseguir alimentos, dinero, conexión sexual, aprobación social, alegría, trabajo y seguridad. Los problemas de desequilibrio en estas áreas tienen que ver con la función del ego, con la personalidad egoica y con nuestra maduración como personas. De modo que en realidad no despertaremos de la identificación con el ego por medio de la renuncia, la represión, la negación, la restricción voluntaria o cualesquiera otras medidas de abstinencia o de mortificación. Y tampoco despertaremos por medio de transformar nuestras emociones, nuestra personalidad o nuestro pensamiento. Optar por la atención plena y cultivar la bondad amorosa y la aceptación puede ser un trampolín hacia el despertar, y aun así estas medidas no nos ayudarán a cruzar la meta del despertar. La forma más integrada de alcanzarlo es tener claros los distintos tipos de ego y despertar en medio de la vida diaria.

## EL PUNTO DE VISTA DE LA NEUROCIENCIA

La neurociencia está de acuerdo en que no existe un yo separado ni un sujeto ubicado en ninguna parte del cerebro. En 2002, una de las personas que asistieron a la conferencia de la Academia de Ciencias de Nueva York titulada «El yo. Desde el alma al cerebro», escribió lo siguiente:

> La mayoría de nosotros compartimos la fuerte intuición de que nuestro propio yo es un todo irreducible, de que debe haber algún lugar en nuestro cerebro en el que nuestras percepciones y nuestros

pensamientos se reúnan y en el que se decidan nuestras acciones futuras. Sin embargo, actualmente se sabe que este punto de vista es incorrecto: distintos procesos mentales están vehiculados por zonas diferentes del cerebro, y no hay nada que indique la existencia de un controlador central.[4]

El cerebro es una orquesta sinfónica, pero no se puede encontrar al director. Las investigaciones llevadas a cabo con neuroimágenes han empezado a localizar zonas cerebrales clave involucradas en los procesos autorreferenciales, zonas como la red del modo predeterminado. Los estudios realizados con meditadores han revelado que los procesos autorreferenciales pueden ser dominantes, o desactivarse, o experimentarse como un proceso mental en lugar de que los identifiquemos como nuestro «yo». En palabras del neurocientífico Sam Harris:

> [...] aquí es donde la percepción meditativa toma contacto realmente con la ciencia: porque sabemos que el yo no es lo que parece ser. No hay lugar alguno en el cerebro en el que puedan estar ocultos un alma o un ego. Y es posible examinar este yo ilusorio desde tan cerca que podemos tener la sensación de que lo que llamamos «yo» desaparece. Cuando ocurre esto, experimentamos un gran alivio.[5]

Tu identificación con el ego actual no es una entidad independiente, sino un patrón consciencial que es mucho menos que óptimo para vivir. Lo interesante en relación con este sentido del yo aparentemente sólido pero erróneo, es que es una red neuronal biológica que funciona tanto cuando estamos conscientes como cuando soñamos despiertos. Funciona en piloto automático en el cerebro de cada persona, independientemente de cuál sea su pasado, su condicionamiento y su cultura. Ni las operaciones conscientes de la identidad errónea, llamada identificación con el ego, ni la inconsciente red del modo predeterminado son algo fijo a perpetuidad. Parece que constituyen una etapa del desarrollo de la que podemos salir cuando maduramos lo suficiente. Podemos transformar positivamente nuestra consciencia y entrenar el cerebro con el fin de descubrir una forma totalmente nueva de ver y de ser.

## EL PUNTO DE VISTA DE LA PSICOLOGÍA

En el psicoanálisis, el *ego* se define de esta manera: «La parte de la mente que media entre el consciente y el inconsciente, que es responsable de comprobar la realidad y de la sensación de la identidad personal».[6] El problema es que *ego* significa a la vez función del ego e identificación con el ego. No se reconoce que la función del ego es solamente una parte de nuestra identidad, no la identidad misma.

Separar la función del ego de la identificación con el ego empezará a resolver este caso de confusión de la identidad. Es importante que no deconstruyamos erróneamente las funciones del ego. También es importante que no acabemos siendo el testigo atento propio del ego observador; y es importante asimismo que no demos por concluido nuestro proceso de despertar con la deconstrucción de la identificación con el ego, sino que prosigamos con el mismo por medio de hacer la transición hacia la consciencia despierta. Llevar a cabo esta transición es una parte esencial del despertar que nos ayudará a evitar las trampas de la despersonalización, de la disociación y de vernos agobiados por los contenidos del inconsciente. Una vez que hayamos reconocido que nuestra nueva identidad pertenece al ámbito del Ser, la identificación con el ego podrá «jubilarse» a medias; podrá dejar su segundo «empleo», el consistente en intentar ponerse en el lugar de la identidad. Podemos dejar que el ego se relaje y obtenga todos los beneficios de la «jubilación», y que regrese a su papel natural, el de ser una función del ego.

## UN TERRITORIO SIN LÍMITES

La mayoría de las tradiciones contemplativas están de acuerdo en que la raíz del sufrimiento es la creencia en un yo separado dentro de nosotros. La comprensión de que no existe un yo separado, *anatta*, se utiliza en los textos budistas más antiguos como una estrategia para

SALTO A LA LIBERTAD

ver el yo como una serie de procesos condicionados en lugar de verlo
como una entidad. Cuando le preguntaron a Buda si había o no un yo,
no dio una respuesta simple. No dijo que el yo fuese una ilusión total,
pero lo tenía en la misma consideración que otros fenómenos relativos: consideraba que era insustancial y que se construía momento a
momento a partir de los contenidos de la consciencia.

Cuando vas más allá de la identificación con el yo, ¿quién eres
tú? Sigues siendo humano, pero cuando tu fundamento es la consciencia despierta no condicionada, es difícil decir si eres un verdadero yo o un no yo. Una vez que tengas la experiencia directa de estar
más allá de la identificación con el ego, las consideraciones acerca
del yo y el no yo dejarán de tener interés filosófico para ti. Nuestro
cuerpo, nuestra personalidad y las funciones de nuestro ego son herramientas útiles dentro de un campo de consciencia siempre cambiante e interconectado. Veamos si podemos hacernos una idea de
cómo tiene lugar el proceso de identificación con el ego, de cómo
se mantiene a sí mismo y de cómo puede relajarse y permitir que las
funciones del ego y la personalidad egoica vuelvan a tener el papel
que les corresponde.

## Historia de un despertar

Érase una vez que en el planeta Tierra solamente existían las
formas de vida más simples, entre ellas los organismos unicelulares.
Lo que distinguía a estos organismos concretos de las demás formas
de vida era su membrana semipermeable, una especie de «piel» que
constituía un límite que separaba la vida de dentro de la vida de fuera. Cada uno de esos microorganismos, cuyo objetivo principal era la
supervivencia, trataba a todo lo que hubiera dentro de su contorno
como «yo», y a todo lo de fuera como «ajeno». Los biólogos evolucio-
nistas nos dicen que una criatura unicelular en su forma más temprana
y primitiva solo podía responder en la parte de su límite que entrase en
contacto con otro objeto. Si una parte de la criatura se topaba con un
obstáculo, esa parte se detenía mientras que los lados fluían alrededor
del obstáculo y trataban de seguir adelante.[7]

Con el paso del tiempo tuvo lugar un importante cambio evolutivo: el organismo desarrolló un sistema de representación simple que le capacitaba para transmitir información desde la superficie de su límite a su interior. Cuando se percibía un estímulo en la superficie límite, la información viajaba a través del organismo y se registraba en una especie de centro de procesamiento, que proporcionaba al organismo entero la capacidad de almacenar representaciones de situaciones pasadas con el fin de responder más eficazmente al entorno, lo cual incrementaba sus posibilidades de supervivencia. Por ejemplo, cuando subía la temperatura, el organismo recogía la experiencia negativa de tener mucho calor, tomaba nota de la sensación de desagrado y se alejaba de allí. Cuando el organismo tenía hambre, ansiaba comida, y entonces recababa información sobre lo que era alimenticio y se acercaba a la fuente de alimento.[8]

## DE LA FUNCIÓN DEL EGO A LA IDENTIFICACIÓN CON EL EGO

Como aquellas criaturas unicelulares, cada uno de nosotros somos una forma de vida contenida dentro de unos límites y dotada con un sistema de procesamiento de la información. A medida que nuestros antepasados humanos fueron adquiriendo la capacidad del lenguaje y se fue desarrollando el tipo de cerebro que tenemos actualmente, fue teniendo lugar una evolución consciencial que nos otorgó muchas ventajas. La ciencia moderna calcula que el cuerpo humano está compuesto por unos cien billones de células individuales. La red de nervios que van desde el límite del cuerpo (la piel) hasta el cerebro, y de vuelta a la piel, tiene unos setenta y dos kilómetros de largo. Sin embargo, la evolución creó también un autobucle continuo, desde el centro de almacenamiento consistente en representaciones, que ha sobrevivido a su propia utilidad. La autoconsciencia que resultó de este desarrollo humano se apropia del programa de supervivencia basado en nuestros límites físicos y es la clave para comprender el lío de la identidad errónea que nos afecta hoy en día.

Las funciones del ego son el sistema natural con el que los seres humanos organizamos la información. Como si fuese un programa informático sencillo, algunas de las funciones del ego dicen cosas como estas: «tengo que sobrevivir», «vigila los límites», «protege el cuerpo de los peligros», «consigue nutrientes», «procrea» y «únete a mi grupo». Esta parte tan intensa de la consciencia abarca las necesidades y los instintos humanos básicos.

El centro de procesamiento se identifica erróneamente con este cuadro y genera la sensación de una entidad separada a partir de sus propios pensamientos.

El tipo de pensamiento que se apropia del programa de supervivencia basado en los límites es lo que los psicólogos llaman *consciencia de sí* o *autoconsciencia*. Consiste en el proceso de dividir nuestro pensamiento en dos partes por medio de crear un yo observador dentro de la mente. El término *yo* hace referencia a la capacidad que tenemos de convertirnos en un sujeto que observa conscientemente. Los investigadores han demostrado que no nacemos con la capacidad de la autoconsciencia, la cual empieza a manifestarse alrededor del año de edad. La capacidad de la autoconsciencia se desarrolla mucho más alrededor de los dieciocho meses de edad, que es cuando los niños pueden reconocerse a sí mismos en un espejo. A partir de entonces, los niños empiezan a utilizar los pronombres *yo*, *mí* y *mío* para referirse a sí mismos. Sin embargo, el hecho de que uno se nombre a sí mismo como una persona separada no es lo que da lugar a la identificación con el ego.

La autoconsciencia conduce a la identificación con el ego cuando dividimos nuestro pensamiento en dos partes y creamos un sujeto separado. Tu mente ordinaria es consciente de tu cuerpo y de tu entorno; la autoconsciencia es el observador de los pensamientos de tu mente ordinaria. La autoconsciencia nos da la capacidad de dar un paso atrás y pensar en lo que diremos o haremos, en lugar de reaccionar a una situación desde nuestra personalidad egoica. Pero cuando somos demasiado autoconscientes, estamos ansiosos porque sentimos que nos ven como un objeto separado que los demás pueden criticar, juzgar o incluso atacar. La autoconsciencia crea la sensación de un yo separado que puede observar como un objeto al «mí» hecho de los contenidos de la consciencia, como cuando decimos «estoy muy enfadado conmigo mismo». Es como si el «yo» (el observador) y el «mí» (la persona física) fuesen dos entidades diferentes. La autoconsciencia es uno de los mayores hitos del desarrollo humano, pero este don limita también de cierta manera nuestro crecimiento y nuestro desarrollo.

El proceso autorreferencial se ubica a sí mismo dentro de nuestro cerebro y luego empieza a dar vueltas alrededor de sí, lo cual da lugar a la sensación de que tiene su propio contorno. La misma programación mental que nos hace percibir unos límites conceptuales en relación con los límites que establece nuestra piel nos hace creer que la intangible identificación con el ego que tiene lugar en nuestra cabeza es tan sólida y separada como nuestro cuerpo. Es casi como si el centro de procesamiento, al intentar hacer su trabajo, fuese demasiado lejos y se aplicase a sí mismo las reglas de los límites. El centro de procesamiento de la información es como un guardia de seguridad que controla todo lo que entra. La autoconsciencia ha hecho de sí misma el árbitro y la referencia última de la identidad. Esta situación se perpetúa a sí misma hasta que pasamos a la etapa siguiente por medio de identificar nuestra identidad con la consciencia despierta.

De modo semejante al centro de representación del organismo unicelular, la autoconsciencia no conoce el límite de nuestro cuerpo directamente; solamente lo conoce indirectamente, por medio de representaciones como los pensamientos, las imágenes o los conceptos. La identificación con el ego personifica la autoconsciencia como si esta fuese una entidad física, un «yo» físico que vive en nuestro cerebro y necesita ser protegido. En algunos casos, hasta nuestro cuerpo físico puede ser considerado un «no yo», sino una parte del entorno con la que lidiar. Por ejemplo, en la película de ciencia ficción *2001: Una odisea del espacio*, el ordenador de la nave, Hal, empieza siendo un sistema de control, pero al final se impone como el que toma las decisiones. De todos modos, la identificación con el ego no es un amo diabólico, sino una identidad transitoria que se ha desarrollado y que ahora se protege inocentemente a sí misma porque no sabe hacer mejor las cosas. Se puede ver que la identificación con el ego es parte de la evolución humana —una etapa de desarrollo que podemos superar— más que un falso yo.

En el relato siguiente, Eckhart Tolle, autor del libro *El poder del ahora*, describe la forma en que su identificación con el ego sucumbió y reveló la «consciencia pura».

> Me desperté en mitad de la noche. El miedo, la ansiedad y la pesadumbre de la depresión se estaban volviendo tan intensos que eran casi insoportables. [...] Todo me parecía totalmente ajeno y casi hostil. [...] Y me vino un pensamiento a la cabeza: «Ya no puedo vivir más conmigo mismo». Ese pensamiento siguió repitiéndose una y otra vez.
>
> Y entonces, de repente, me encontré separado de ese pensamiento y observándolo, y observando su estructura: «Si no puedo vivir conmigo mismo, ¿quién es ese yo con el que no puedo vivir? ¿Quién soy, uno, o dos?». Y vi que era «dos». Había un «yo» y había un «conmigo mismo», el cual era sumamente infeliz y estaba profundamente abatido. Y esa carga era aquello con lo que yo no podía vivir. En ese momento tuvo lugar una desidentificación. La consciencia «yo» se alejó de su identificación con el «conmigo mismo», de esa entidad ficticia elaborada por la mente, del infeliz «pequeño yo» y de sus cosas. Y la identidad ficticia se hundió completamente en ese momento; fue como si se le hubiera quitado el tapón a una pelota hinchable. Lo que quedó fue una sencilla sensación de presencia, o «existencia», que es la consciencia pura antes de identificarse con la forma, el YO SOY eterno. En aquel momento yo no sabía todo eso, por supuesto. Simplemente, sucedió, y durante mucho tiempo no pude comprender lo que había pasado.[9]

Para Eckhart Tolle, la disolución de la identificación con el ego aconteció de forma rápida y espectacular. También podemos ver que el proceso de la autoconsciencia dividió su consciencia en dos partes, una de las cuales era el infeliz «pequeño yo». El relato de Tolle es representativo de un despertar repentino y accidental. En mi caso, y en el de muchas otras personas, este mismo proceso se desplegó de forma más progresiva, a través de una serie de cambios.

Aunque la idea del despertar súbito pueda tener un fuerte atractivo, tenemos que recordar que Eckhart dice que le costó diez años integrar su despertar. Conozco a muchas personas que han tenido experiencias de despertar parecidas, pero que no fueron capaces de integrarlas nunca. Este tipo de cambio de ubicación de la identidad no encaja en nuestro conocimiento cultural convencional acerca del crecimiento humano, de manera que esas personas que experimentaron despertares repentinos no dispusieron de un contexto en el que situarlos. Sus experiencias fueron demasiado extrañas como para que pudiesen categorizarlas y encontrarles un sentido. Muchas no disponían de recursos (libros y personas) que describiesen el proceso de este tipo de cambio consciencial. La mayoría de esas personas no supieron cómo familiarizarse con esa nueva forma de Ser y estabilizarse ahí.

## La apropiación del programa de los límites

En el ámbito físico, si nos olvidamos de comer, morimos, de manera que nuestro cuerpo registra nuestra necesidad de ingesta de alimentos como hambre. El hambre está vinculada con sensaciones desagradables de insatisfacción que nos motivan a ansiar alimentos, buscarlos, tenerlos y consumirlos. Como tales, el deseo, la búsqueda y la insatisfacción son naturales en la vida cotidiana. Cuando tenemos el vientre lleno, nuestro cuerpo produce sensaciones de placer y de satisfacción.

Nuestro sufrimiento comienza cuando la identificación con el ego se toma erróneamente a sí misma por una entidad física real y, entonces, mira hacia fuera buscando «nutrición». Como la identificación con el ego es una construcción mental y no una criatura viva, no necesita alimentos. Tampoco necesita tener miedo ni mostrarse protectora, porque es solamente un patrón de pensamiento y no puede ser dañada. Sin embargo, cuando la identificación con el ego cree que es la criatura física «yo» que tiene unos límites, utiliza los programas de supervivencia biológica de las funciones de nuestro ego y siente constantemente anhelos insatisfechos y preocupaciones a causa de peligros potenciales imaginarios.

El programa de los límites está al servicio de la supervivencia del cuerpo físico. En cuanto la autoconsciencia genera la identificación con el ego en tanto que ubicación, se sincroniza con el programa biológico de los límites para ansiar, buscar, poseer y consumir. Estos impulsos son naturales y útiles en el ámbito físico, pero crean sufrimiento en el ámbito de la identidad. Nada puede aliviar los deseos de la identidad errónea, lo cual da como resultado una continua sensación de carencia, de miedo y de insatisfacción. El intento de resolver esta insatisfacción a través de buscar desde la identificación con el ego solamente refuerza el problema. La identificación con el ego siente el impulso de buscar constantemente, lo cual hace que sintamos como si siempre nos faltara algo; es como si lo que somos y lo que sea que nos pase no fuese nunca correcto ni suficiente. Esta es la raíz del sufrimiento, que puede aliviarse por medio del despertar.

Cuando la identificación con el ego se apropia de las estrategias de supervivencia del cuerpo para defender su identidad ilusoria, construye una fortaleza alrededor de sí misma para protegerse, y luego se siente aislada. La identificación con el ego intenta resolver constantemente problemas que no son reales y entonces, al no conseguirlo, se siente más ansiosa y desarrolla aún más estrategias. Multiplica un conjunto de actitudes defensivas y de patrones de conducta para preservar su presunta existencia. Cuando la autoconsciencia se identifica con nuestro programa de los límites, contraemos nuestra naturaleza, que es natural e ilimitada, y nos sentimos como si toda nuestra energía vital se hubiera comprimido en un estrecho punto de vista. La identificación con este estrecho punto de vista nos limita mucho y nos impide conectar con las dimensiones mayores y más sutiles de la vida. Nuestro cerebro, dirigido por el mini yo, está constantemente en alerta en busca de peligros potenciales, con lo que frecuentemente acaba abrumado, inquieto o deprimido.

## Falsos miedos

El mini yo responde con estrategias de supervivencia física –como luchar, huir, quedarse inmóvil o complacer– a las situaciones imaginarias que lo asustan, o a aquellas cuya importancia exagera. Cuando luchamos con enemigos imaginarios, acabamos sintiéndonos frustrados, confundidos o inquietos. Cuando huimos de ellos, acabamos negando realidades, disociándonos o fantaseando. Si nos quedamos inmóviles, nos deprimimos o nos cerramos. Si optamos por complacer, a menudo acabamos sintiéndonos menospreciados, oprimidos o convertidos en víctimas. Cuanto más intentemos pensar en un camino que nos saque de las situaciones que atemorizan a la identificación con el ego, tanto más neuróticos y confundidos pasaremos a estar. Como no sabemos qué hacer con las percepciones erróneas de peligro que tenemos, a menudo manifestamos nuestros sentimientos en lugar de comunicarlos o examinarlos. Podemos reaccionar agresivamente, como si nos atacasen; o podemos reprimir nuestros sentimientos, lo que da como resultado una vergüenza, una desesperanza o un autoodio dolorosos, que absorben toda nuestra energía.

Cuando la identidad errónea se siente amenazada, es como si la alarma antirrobo de un automóvil se hubiera disparado accidentalmente y la mente se pusiera a buscar sospechosos inmediatamente, aunque no se haya cometido ningún delito. La identificación con el ego empieza a concebir estrategias; imagina múltiples escenarios ilusorios en que se mezclan recuerdos de amenazas físicas y emocionales reales que acontecieron en el pasado. La conclusión a la que llega la identidad errónea –«yo estoy en peligro»– envía un torrente de señales de miedo por todo nuestro inocente cuerpo y libera un diluvio de sustancias químicas, como la adrenalina y el cortisol, que incrementan la sensación muy real de que existe un peligro físico inmediato. Como el miedo es una experiencia biológica, este consolida la creencia que tiene la identidad errónea de que alguien real se está viendo amenazado. Las fuertes emociones que acompañan al miedo pueden exteriorizarse por medio del ataque, la culpa o la adicción; o pueden reprimirse, lo cual conduce a menudo a la ansiedad o a la depresión.

Desde la perspectiva de la identidad errónea, cometer un ligero error o manifestar desacuerdo pueden llegar a interpretarse como desencadenantes de un posible riesgo de muerte y, por consiguiente, como una amenaza a su sentido del «yo». Nuestra identidad errónea siente que debe conservar el control y evitar las críticas; tiene que tener razón, porque siente que si está equivocada está amenazada de muerte. Una alumna me contó que acababan de ascenderla en el trabajo, pero que cuando al día siguiente su jefe frunció el ceño pudo observar el relato de la identificación con el ego representándose en la pantalla de su mente. Pasó de la alegría a tener un miedo inmediato de que la despidieran, de perder su casa y a su compañero por ser una fracasada total, de deambular sin techo por las calles y, al final, de enfermar y morir sola. No obstante, fue capaz de darse cuenta de que no existía riesgo alguno de que la despidieran. Además, vio que la identificación con el ego se había apropiado de su programa de supervivencia física. Seguidamente fue capaz de dar un paso atrás y entrar en la consciencia despierta, y desde allí observó que se había contraído hacia la identificación con el ego. Consiguió tranquilizar a su asustada personalidad y su cuerpo, a la vez que se sentía espaciosa y conectada.

Podemos aprender a pasar de un nivel de la mente a otro y ver qué es lo cierto. Los sentimientos no son hechos. Era un hecho que ella sentía miedo, pero *no* era un hecho que su seguridad física estuviese amenazada.

En su raíz, nuestro sufrimiento y dolor crónicos provienen de una mera confusión de identidad. La identificación con el ego ocurre por sí misma, no es nada que creemos a propósito. A menudo no sabemos que está teniendo lugar o que hay una alternativa a la misma; y desde nuestro nivel mental actual no podemos ver cómo se origina. Esta falta de conocimiento se llama frecuentemente *ignorancia* o *confusión*. La mayoría de nosotros lo hacemos lo mejor que podemos con lo que sabemos desde nuestro nivel actual de identificación con el ego. Con frecuencia, solamente después de salir de la identificación con el ego y contemplarla en retrospectiva podemos reconocerla por lo que realmente es. Al experimentar directamente la vida desde el sistema operativo basado en la consciencia, podemos empezar a liberarnos del sufrimiento provocado por nuestra identidad errónea.

## El problema del apego y la adicción

La identificación con el ego puede ir a cuestas de las compulsiones biológicas o psicológicas que existan, como la adicción a los cigarrillos, al alcohol o a la comida; o puede crear sus propias adicciones con cualquier cosa. En sus intentos por encontrar satisfacción, el mini yo se aferra a distintas soluciones potenciales. Pero estos intentos nunca pueden lograr restablecer el equilibrio; en lugar de eso, desembocan en una sensación perpetua de carencia, insatisfacción y ansia tan dolorosa como el hambre física. No hay nada malo en el deseo, que es un fuerte impulso biológico innato. El problema no es el deseo; el problema se presenta cuando la consciencia se aferra a un limitado tipo de percepción, lo cual genera la sensación del «yo», el cual a su vez desea y busca alivio de la soledad y la separación que el pequeño yo acaba de crear. Cuando encontramos algo de alivio, de placer o de satisfacción, regresamos a ello como adictos, hasta que encontramos otra opción.

Existen tres clases de compulsiones: las físicas, las psicológicas y las provocadas por la identificación con el ego. El sufrimiento y la adicción pueden darse en cualquiera de esos ámbitos, y cada uno tiene sus propios métodos y tratamientos. A veces basta con trabajar en un ámbito, pero a menudo hay que trabajar en los tres para un buen tratamiento. Por ejemplo, al tratar el abuso de sustancias (alcohol, drogas, tabaco, azúcar), el programa de doce pasos contempla los tres ámbitos. En cuanto al físico, conviene abstenerse de la sustancia. En el ámbito psicológico, están el apoyo grupal, los cambios de conducta y la honradez personal. El tercer ámbito del tratamiento implica ir más allá de la dependencia respecto de la identificación con el ego por medio de encontrar un poder más grande que el yo. Cuando nos damos cuenta de que nuestra voluntad, nuestra mente ordinaria y nuestro ego son incapaces de superar la adicción –y de que en realidad se

SALTO A LA LIBERTAD

interponen en nuestro camino– podemos elegir encontrar la consciencia despierta, confiar en ella e identificarnos con ella. Sea cual sea el nombre que prefiramos darle, nos brindará un apoyo inmenso. Distinguir entre la identificación con el ego y el ego corporal, las funciones del ego y la personalidad egoica es la clave para despertar y madurar. Si no vemos la creación que es la identificación con el ego como una identidad errónea innecesaria, puede ser que pretendamos librarnos del sufrimiento que provoca por medio de intentar cambiar o controlar el cuerpo, la personalidad o las funciones del ego. Cuando hayas salido de la identificación con el ego, dejarás atrás inmediatamente las búsquedas, los anhelos y las aversiones que ocasionó en ti dicha identificación. Desde el ámbito del Ser, te sentirás realizado, interconectado y completo en cuanto a tu identidad. Por consiguiente, no hay nada que tengas que alejar de ti. Tampoco necesitas nada. Te sientes profundamente bien y completo.

---

ATISBO 1: **El ahora**

Hay un famoso conjunto de instrucciones *mahamudra* denominado los «Seis puntos de Tilopa»; también es conocido como las «Seis maneras de hacer descansar la mente en su condición natural».

| | |
|---|---|
| **No recuerdes** | Abandona el pasado |
| **No te anticipes** | Abandona lo que pueda venir en el futuro |
| **No pienses** | Abandona todo lo que pase en el presente |
| **No examines** | No particularices ni analices |
| **No controles** | No intentes hacer que ocurra algo |
| **Descansa** | Relájate de forma natural, ahora mismo |

La Figura 3 es un diagrama que tiene por objeto ayudarte a descubrir el Ahora y permanecer en él. El Ahora es el tiempo atemporal que incluye los tres tiempos: pasado, presente y futuro. El Ahora no es el momento presente, pero es consciente de que el momento presente aparece y pasa. Podemos aprender a no identificarnos con un tiempo o estado mental determinado. Instalado

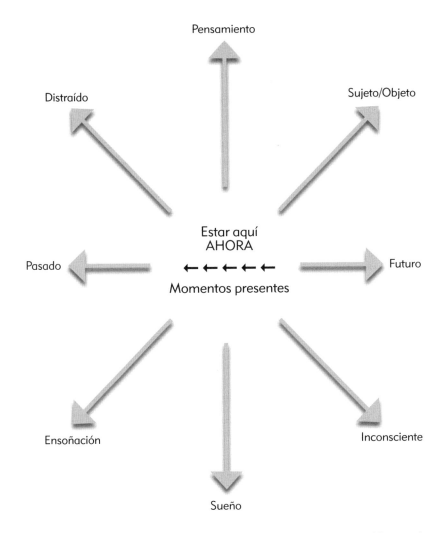

**FIGURA 3**. Aprender a estar aquí y ahora con el pasado, el presente, el futuro y los transitorios momentos presentes.

en la consciencia despierta, familiarízate con la apreciación que se tiene de la realidad desde el Ahora.

1. Encuentra un lugar cómodo donde sentarte e instálate en él. Toma unas cuantas bocanadas de aire sin forzar y deja que se dibuje una sonrisa en tu cara. Hazte consciente de tus movimientos de inhalación

y exhalación. Relájate y estate en el aquí y el ahora, sin necesidad de cambiar nada.

2. En tu próxima inhalación, deja que la consciencia local se desenganche del pensamiento y acompañe al aire que entra, cuello abajo.

3. Siente la inteligencia de la consciencia que percibe directamente tus sentidos desde dentro de tu cuerpo. Descansa en el espacio de tu corazón, que está abierto y conoce sin tener que recurrir al pensamiento.

4. Empieza a darte cuenta de cada momento que pasa y de cada pensamiento que va y viene, que aparece y desaparece.

5. Observa y siente desde la atemporal consciencia extensa. Ábrete al Ahora que incluye el pasado, el presente y el futuro, y que no se queda pegado a ningún momento presente.

6. Pregúntate, en relación con el tiempo: «¿Cómo estoy? ¿Enganchado al pasado? ¿Persiguiendo el futuro? ¿O en el Ahora que lo incluye todo?». Descansa aquí más profundamente que durante el sueño y completamente despierto, y sencillamente:

7. No subas a consultar con el pensamiento.

8. No te duermas.

9. No vayas hacia atrás a consultar con el pasado.

10. No vayas hacia delante ni siquiera un momento para prever el futuro.

11. No te aferres a los momentos presentes que van pasando.

12. No mires el mundo para crear una relación sujeto-objeto.

13. No caigas en la ensoñación.

14. Siente el tirón hacia delante del futuro, el tirón hacia atrás del pasado y el tirón de agarrarte al presente mientras permaneces en el Ahora.

15. Descansa en tu consciencia tanto dentro como fuera de tu cuerpo. Ábrete al Ahora y advierte el atemporal y continuo campo de consciencia abierta de corazón en el que aparecen y desaparecen todos los momentos presentes de la experiencia.

16. Deja que las cosas sean como son y relájate en el «todo a la vez» del Ahora.

## ATISBO 2: El no yo infinito

En este ejercicio vamos a abandonar el yo testigo y cualquier tendencia a contraernos en un solo punto de vista. La sensación de ser un yo es la de ser un observador situado en una ubicación concreta. El no yo es la comprensión de que observamos desde todas partes, desde ninguna y desde aquí. Podemos abandonar la tendencia a construir el punto de vista según el cual hay un sujeto por oposición a los objetos y mantener las cualidades positivas que surjan, como la dicha, la claridad y la ausencia de pensamiento. Ya no estaremos mirando desde una ubicación concreta del ego, del meditador o de la consciencia extensa, amplia como el cielo. Cuando dejes de estar ubicado en el yo podrás dejar que todo sea tal como es. Paradójicamente, te sentirás alguien muy corriente a la vez que no estarás identificado con un sujeto.

En este ejercicio comprobarás si queda algún remanente de ubicación de un ego o de un punto de vista egoico, de manera que la consciencia despierta pueda mostrarnos claramente que es el ámbito natural del Ser. Si quieres, haz uno de los ejercicios de atisbo anteriores como primera parte de este, hasta que sientas como si fueses un océano de consciencia donde aparecen las olas de la experiencia. Entonces, deja que la consciencia local busque cualquier sentido del yo que pueda quedar.

1. Desengancha la consciencia local y haz que busque por todo tu sistema cuerpo-mente, de la cabeza a los pies, para ver si se puede encontrar un yo como objeto o sujeto. Deja que la consciencia examine rápida y minuciosamente hasta que ya no encuentre nada.

2. Cuando ya no encuentres ningún yo ubicado en parte alguna, o que mire desde sitio alguno, date cuenta de que la consciencia despierta y la vitalidad son libres e ilimitadas, que lo penetran todo por igual.

3. Date cuenta de que el campo de la consciencia abierta y vacía es consciente de sí mismo, por sí mismo, como sí mismo. El campo de la consciencia es infinitamente consciente desde todas partes, y está interconectado con todo. El océano de la consciencia percibe todas las olas desde dentro de cada una.

4. Siente que no existen límites, ni centro, y aun así sigue observando sin que haya un observador.

5. Date cuenta de que la vitalidad surge en tu cuerpo desde la consciencia sin forma, momento a momento.

6. Percibe la cualidad del Ahora: todo está aquí a la vez.

7. Deja que todo sea tal como es, ordinario y libre.

# 9

# LA ANATOMÍA DE LA CONSCIENCIA

*La esencia de la mente es que todo está incluido en ella [...] Aunque se levanten olas, la esencia de tu mente es pura; es como agua limpia en la que surgen unas cuantas olas. En realidad, el agua siempre tiene olas. Las olas son la actividad del agua. Decir que las olas están separadas del agua o que el agua está separada de las olas es ser víctima de la ilusión. El agua y las olas son una sola realidad. La gran mente y la pequeña mente son una. Cuando conozcas tu mente de esta manera, tendrás cierta seguridad en tus sentimientos.*

SHUNRYU SUZUKI[1]

L o que experimentamos se basa en nuestra manera de percibir. Si utilizamos los ojos, vemos una cosa, pero si utilizamos un microscopio o un telescopio vemos otros ámbitos de la realidad que han estado allí siempre. He disfrutado de ver cómo miles de personas han descubierto su capacidad natural de ver de una manera nueva por primera vez. Lo han descrito como ponerse unas gafas, o como pasar de la televisión en blanco y negro a la televisión en color.

La mayor parte de la gente tiende a concentrarse en las apariencias y los objetos que existen. La palabra *existencia* viene de la palabra raíz latina *existere*, que significa 'presentarse' o 'aparecer'. En general, concebimos la existencia como «aquello que es real», pero la palabra se refiere en realidad a lo aparente, a lo que puede ser visto o sentido. La consciencia despierta es real, aunque es invisible y está vacía. Están la existencia y la consciencia de la existencia, pero también es posible que seamos conscientes de la consciencia. Existen otras dimensiones de la consciencia que podemos experimentar cuando descubrimos la forma de conocer basada en la consciencia.

Una de las razones por las que normalmente no vemos nuestra consciencia básica es que siempre estamos mirando afuera, *desde* ella. Solo podremos mirar desde la consciencia despierta cuando esta se haya reconocido a sí misma. La consciencia despierta es como una lámpara, que se ilumina a sí misma e ilumina todos los objetos que haya en la sala. Generalmente volvemos nuestro enfoque hacia fuera, y nos quedamos fascinados con los objetos y con las interpretaciones que ofrecen nuestros pensamientos. Descubrir la consciencia despierta significa aprender a mirar el origen de la luz, y después a mirar desde la claridad de la consciencia.

La consciencia despierta es algo natural en todos los seres humanos; no es exclusiva de ninguna religión, ningún credo o ninguna cultura. Todos nosotros hemos tenido atisbos de la consciencia despierta. En esos momentos nos hemos sentido como si estuviéramos descansando en nuestra verdadera naturaleza: abierta, amorosa, conectada, libre de preocupaciones y aun así capaz de responder con curiosidad y valor a las cosas tal como son. Esas experiencias de sentirnos libres y vivos son nuestros momentos más preciados.

## Consciencia despierta, percepción y pensamiento

La consciencia despierta, en tanto que consciencia extensa, no tiene forma ni contenido, aunque conoce. Es el fundamento de todas las clases de pensamiento y de conocimiento. La consciencia extensa es lo que hace que la percepción sea consciente. La consciencia extensa es independiente de las circunstancias, de las condiciones, de los pensamientos y de las emociones. La percepción consciente detecta las apariencias, las formaciones y los patrones —como un rayo de sol, o una flor, o una ola del mar—. La consciencia despierta es inherente a todos los tipos de percepción. La percepción consciente se mueve con las olas, pero no se separa jamás del océano de la consciencia despierta, que es inherente a toda percepción. La percepción es la expresión espontánea y la actividad creadora de la consciencia despierta.

La consciencia despierta siempre es el ámbito del Ser; es penetrante y conectiva, como el campo cuántico desde el que aparecen las partículas individuales o las ondas.

Existen muchas clases de percepción consciente (patrones de experiencia), como la percepción emocional y la percepción acústica. El pensamiento es una forma de percepción consciente. Cuando decimos que estamos haciendo algo a conciencia, estamos utilizando la percepción consciente del pensamiento, que utiliza el pensamiento para mirar los demás pensamientos y confirmar que sabemos lo que sabemos. La consciencia despierta es consciencia no conceptual. Tanto si hay pensamientos en la pantalla de nuestra mente como si no, la consciencia despierta es la inteligencia de fondo que podemos aprender a reconocer y en la que podemos aprender a confiar.

La consciencia despierta es inherente a la percepción consciente pensante, pero cuando la consciencia se identifica con el pensamiento crea la idea del «yo». Entonces, la consciencia testigo se pierde en el mundo de los pensamientos. Este tipo de percepción es denominada *identificación con el ego* porque consideramos que este estado de identificación es algo normal, que es «yo». El propósito de separar la consciencia de la percepción pensante es liberarnos de la ilusoria sensación del yo que está en la raíz de todo sufrimiento. Patanjali, autor de los Yoga Sutras, dijo: «En cuanto uno puede distinguir entre percepción consciente y consciencia, termina la permanente construcción del yo».[2]

Por medio de prácticas de atisbos podemos descubrir directamente que la consciencia despierta es la dimensión primordial de la percepción consciente y que el pensamiento es secundario. La consciencia extensa es como el espacio vacío; no un espacio inerte, sino un espacio que conoce. Es la inteligencia innata y sin forma que existe antes del pensamiento, aunque también existe dentro del pensamiento; es capaz de conocerlo y puede utilizarlo cuando lo necesita.

La tradición hindú identifica cuatro estados naturales de la consciencia. Ya conocemos muy bien los tres primeros: la percepción egoica, que es nuestro estado de vigilia habitual; el sueño; y el soñar o ensoñarse. El cuarto estado natural, *turiya* en sánscrito, es la consciencia extensa, inherente a los cuatro estados. La tradición hindú reconoce también un quinto «estado sin estado», o *turiyatita*, que se da cuando nos damos cuenta de que la consciencia despierta es el fundamento de nuestro Ser.

Cuando experimentamos la consciencia despierta como el origen de los otros estados conscienciales, no tenemos anhelos ni miedos, sino que estamos imbuidos de una sensación de paz, bienestar y claridad. Cuando la consciencia despierta permanece como la dimensión primordial desde la que experimentamos la vida, las otras dimensiones de la consciencia pueden moverse libremente y volver a desempeñar las funciones que les son propias.

Cuando estés en la consciencia despierta, es posible que experimentes varias cualidades esenciales cuando la consciencia sin forma entre en contacto por primera vez con aspectos diferentes de tu percepción consciente. Cuando la consciencia despierta entre en contacto con tu sentido del oído, es posible que experimentes el silencio. Cuando entre en contacto con el pensamiento, es posible que sientas tranquilidad mental o que tengas una comprensión. Cuando la consciencia extensa se encarne, tal vez la experimentarás como una presencia o una dicha interior. Cuando entre en contacto con tus emociones, tal vez sentirás alegría, bienestar o una conexión compasiva. Si establece contacto con tu centro del lenguaje, puede ser que oigas una vocecita serena. Cuando la consciencia despierta experimente tus sentidos físicos, puede ser que la sientas como una quietud presente dentro de estos. Desde el sentido visual, la experiencia puede consistir en un espacio, un vacío o una claridad ilimitados. Cada experiencia que tenga la consciencia despierta de contacto con la percepción consciente será diferente en cierto modo.

Para distinguir entre el pensamiento conceptual y la consciencia despierta debemos pasar por tres fases: la primera es que vislumbremos la consciencia despierta; la segunda es que la consciencia despierta adquiera el protagonismo y se conozca a sí misma; y la tercera es que conozcamos *desde* la consciencia despierta, dentro de nuestra percepción consciente física, emocional y pensante. Conforme vayas realizando las prácticas que hay en este libro irás viendo que puedes experimentar la consciencia extensa de una manera tan natural como experimentas los demás estados, muy conocidos. Lo importante es que reconozcas que la consciencia extensa es aquello que nos permite conocer y que empieces a ver que no depende del pensamiento.

## ¿Qué es la consciencia extensa?

La consciencia despierta es como un diamante con muchas facetas diferentes, que aparecen en momentos distintos. La consciencia extensa es la expresión de la consciencia despierta ilimitada, atemporal, carente de contenidos e invisible, pero conocedora. La consciencia extensa también es inherente a las formas físicas y los patrones energéticos. Para la consciencia extensa es importante conocerse a sí misma como la dimensión primordial –como la naturaleza de la mente y como el fundamento del Ser–. Entonces la consciencia extensa puede abarcar todas las dimensiones de la percepción consciente sin identificarse con ellas ni perderse en ellas. El viaje del despertar no se acaba con la consciencia extensa, sino que continúa con la revelación de la presencia como consciencia encarnada, sin regresar a la identificación con el ego.

Las cualidades naturales que buscamos externamente –paz, alegría y conexión– surgen desde dentro por sí mismas cuando la consciencia extensa es lo primordial. La consciencia extensa conoce, aunque esté vacía como el espacio. Acostumbrarse a la sensación de esta nueva forma de conocer no conceptual y evitar acudir al pensamiento para efectuar comprobaciones es una de las transiciones más importantes hacia ceñirnos a la consciencia abierta de corazón y vivir desde ella. Podemos empezar a conocer la sensación de la consciencia extensa que se revela a sí misma de dos maneras: por medio de la vacuidad y por medio del conocer. Entonces descubrimos la consciencia despierta encarnada y su expresión compasiva como consciencia abierta de corazón. La consciencia extensa es la posibilidad pura absoluta: la posibilidad de conocer, de manifestarse, de crear, de ser todo o de no ser nada.

## LA CONSCIENCIA EXTENSA ESTÁ VACÍA

La vacuidad, que es tan esencial en las tradiciones meditativas orientales, se confunde a menudo en Occidente con la «ausencia de cualquier cosa», como en el caso de una copa vacía o del vacío. En este contexto, la palabra *vacuo* no significa 'en blanco' o 'desocupado'. La definición del sánscrito, *sunyata*, proviene de la raíz *svi*, que significa 'lleno de posibilidades', como un útero vacío. Una definición tradicional de *vacuidad* es «la fuerza invisible que hay dentro de una semilla, que hace que sea capaz de crecer hasta convertirse en un árbol». Invisible, pero viva y real. Esta fuerza vital invisible no solamente está vacía y viva, sino que también está despierta y es consciente.

La vacuidad también hace hincapié en el hecho de que, en última instancia, no existen cosas independientes ni separadas, no ya porque todo sea irreal o ilusorio, sino porque todo está interconectado y es esencialmente interdependiente. La manzana que tienes en la mesa no existe independientemente del campo, del sol, de la lluvia, del aire, del granjero que la recolectó, del camionero que la llevó a la tienda, del tendero y de la persona que te la cobró. Ninguna de estas cosas y personas están separadas de la manzana, ni lo están entre sí. No existe ninguna manzana separada, independiente.

Otro aspecto importante que subraya el budismo es la vacuidad del yo, *anatta*. Un aspecto de *anatta* es similar a las percepciones de la neurociencia: no hay ninguna entidad ni parte del cerebro donde esté ubicado ningún yo. Por medio de la meditación *mindfulness*, vemos que la experiencia del «yo» es un proceso de percepción que cambia constantemente. Habiendo abandonado la identificación con el ego, la consciencia extensa es consciente, pero carece de un yo. Empezamos a ver también la vacuidad de las posesiones y de los logros que creímos que satisfarían a ese yo ilusorio. Desde la consciencia extensa experimentamos alivio respecto del sufrimiento creado por la sensación de que deberíamos conseguir algo o librarnos de algo.

La consciencia extensa es invisible. No es sólida ni es una cosa, algo separado de todo lo demás. Aunque la consciencia despierta no es una sustancia y está vacía de toda existencia relativa, no está vacía de sí misma; no está desprovista de una naturaleza verdadera. Aunque carece de contenidos y de forma, está llena de vida. La consciencia extensa no es una forma de energía; es consciencia pura y sin forma que antecede al surgir de patrones, como los pensamientos. Por esto se la llama *consciencia prístina*, *consciencia desnuda* o *consciencia sin contenidos*. La consciencia extensa es inmensa e infinita, y no hay unos límites que la contengan: sentimos la *consciencia ilimitada* cuando advertimos la vacuidad del yo separado.

Se ha descrito la consciencia extensa como *consciencia incondicionada* porque no depende de ninguna condición. La consciencia incondicionada no cambia cuando cambian las circunstancias o las condiciones; conoce sin utilizar la memoria condicionada.

Otros se refieren a la consciencia extensa como *consciencia inmanifiesta*. La raíz latina *mani* significa 'mano', de modo que *in*manifiesta significa que no podemos tener la consciencia extensa entre las manos. Es importante saber que no podemos experimentarla con los cinco sentidos, ni con el pensamiento.

## LA CONSCIENCIA EXTENSA CONOCE

A la consciencia extensa se la ha llamado *vigilia natural* porque no es inteligencia basada en la información que se cree o se desarrolle, sino que se descubre que ya está despierta y es consciente de manera natural. También se la llama *consciencia de la luz clara*; sin embargo no es energía ni espacio físico, ni tampoco es, literalmente, luz. Cabe entender que es luz en el sentido de que implica iluminación: piensa en la bombilla de un desván que no se utiliza. En cuanto la luz se enciende, se ve todo, sin que importe cuánto tiempo haya estado ese desván a oscuras. La luz representa la claridad de la forma de conocer nueva y no conceptual que ve las cosas tal como son.

*Consciencia no conceptual* es otra denominación que podría ser útil para hacerse una idea de cómo es esta expresión de la consciencia despierta. *No conceptual* no significa que estemos experimentando un estado prerracional infantil. La consciencia extensa es más bien un nivel de inteligencia avanzado, posconceptual, que a veces se conoce como *mente de sabiduría*, que abarca y penetra la forma de conocer no conceptual. La mente de sabiduría es la dimensión más sutil y primordial de la mente y el origen de la inteligencia, la cual es conocida también como la *naturaleza de la mente* o la *esencia de la mente*.

El pensamiento o la creencia no pueden experimentar la consciencia extensa, a la que se ha llamado *vigilia libre de pensamientos* porque no utiliza el pensamiento para conocer. Sin embargo, cuando la consciencia extensa es la principal forma de conocer, los pensamientos y las experiencias continúan surgiendo y se incluyen dentro de ella. Aunque la consciencia extensa está libre del pensamiento y de los conceptos es, no obstante, inherente a toda actividad humana y es capaz de utilizar el pensamiento.

Cuando la consciencia local –que es la segunda expresión de la consciencia despierta– se desplaza a la consciencia extensa, entonces esta última es consciente de sí misma, sin que haya un sujeto ni un objeto. Por consiguiente, se la ha llamado *la que ve sin ser vista*. La consciencia extensa no puede ser conocida como un objeto; solamente puede conocerse a sí misma.

En tanto que percepción pura, la consciencia extensa puede verlo todo directamente de la manera que realmente es, sin efectuar proyecciones. La percepción pura ve a través de la ilusión para percibir la naturaleza despierta y vacía de todos y de todas las cosas. Como escribió el poeta William Blake: «Si las puertas de la percepción se limpiasen, todo le aparecería al hombre tal cual es: infinito».[3]

Cuando estamos operando desde la forma de conocer basada en el pensamiento, acudimos al pensamiento para conocer; pensamos, cavilamos, nos obsesionamos y nos orientamos con el pensamiento. Cuando damos el salto a la consciencia extensa en tanto que el ámbito del Ser, el pensamiento se va al trasfondo y ya no vemos contenidos que aparezcan de repente, ni múltiples programas funcionando en la pantalla de nuestra mente. Entonces, nuestra mente conceptual está en silencio; pero así como podemos utilizar las manos en cualquier momento, podemos utilizar el pensamiento cuando es necesario. La consciencia despierta en su totalidad está vacía, conoce, ama y está encarnada.

# ¿Qué es la no dualidad?

*El arte y la belleza de la práctica del* dharma *se van haciendo cada vez más sutiles y profundos conforme aprendemos la danza de las verdades absolutas y relativas [...] Al principio de empezar la práctica, estamos normalmente en el nivel convencional o relativo, el cual, cuando se practica bien, puede acabar por conducir a la comprensión del absoluto. Sin embargo, la etapa final, que es de lo que estamos hablando aquí, es la comprensión de la inseparabilidad de ambos niveles.*

TSOKNYI RINPOCHE[4]

Dar el salto a la libertad no consiste en transcender la condición humana; es una expresión de la no dualidad, de la consciencia despierta sin forma que vive aquello que la expresa como formas diferentes de la consciencia humana. El objetivo del despertar es realizar nuestro pleno potencial como seres humanos. Conocer la experiencia de la no dualidad es esencial para vivir desde la consciencia abierta de corazón. Existen varias definiciones de la no dualidad. Tal como yo la entiendo, abarca dos niveles simultáneos de la realidad: el relativo y el absoluto. La realidad relativa es el modo en que aparecen las cosas ante nosotros en la vida diaria, la experiencia de patrones de energía diferentes y de formas que podemos observar con nuestros sentidos.

La realidad absoluta es consciencia extensa vacía. La consciencia extensa, en tanto que nivel absoluto de la realidad, es el fundamento subyacente de la realidad relativa. Desde la realidad absoluta no existen cosas aisladas o separadas. En el nivel relativo, un árbol es un objeto separado; ¡no intentes atravesarlo con un automóvil! Sin embargo, en el nivel absoluto un árbol no es una entidad separada. El árbol está hecho de células, de sustancias químicas, de átomos y de cuarks que son espacio vacío, más que otra cosa.

Algunas personas definen la no dualidad como la realidad absoluta exclusivamente, y consideran que la realidad relativa es una ilusión. Algunos utilizan la expresión *no dualidad* para referirse solamente a la vacuidad, mientras que otros la usan para referirse solamente a la consciencia despierta «pura». Estas dos definiciones ponen el acento en percibir desde más allá de la mente dualista. Sin embargo, si no se contempla incluir el pensamiento dualista, se habrá creado una nueva dualidad. Mi comprensión de la no dualidad es más próxima a lo que se describe en el Sutra del Corazón: «La forma es vacuidad y la vacuidad es forma».

Cuando damos el salto a la consciencia extensa, atemporal y carente de contenidos, estamos experimentando lo que podría llamarse *no dualidad*, porque no estamos operando desde la mente dualista. Sin embargo, esto no es la no dualidad, porque no incluye la realidad relativa. Algunas personas utilizan la expresión *no dualidad* para referirse a la *unicidad*, pero en sánscrito existen muchas palabras para designar la unicidad. La palabra *advaita* significa 'no dos' y se refiere a la paradoja de que los dos niveles de la realidad no están separados. Que los dos niveles de la realidad sean inseparables no quiere decir que se hayan reducido a uno solo; en lugar de eso, y paradójicamente, se experimentan como dos, como uno, como muchos, como vacío y como todo eso a la vez.

En el budismo, la no dualidad empieza con la distinción de que hay dos verdades, antes de ver que son simultáneas. Aquellos que adoptan solamente el punto de vista de la verdad relativa caen en las trampas del materialismo, el intelectualismo y el egocentrismo; aquellos que solo adoptan el punto de vista de la verdad absoluta caen en las trampas del nihilismo, el escapismo y el relativismo ético, el cual niega el mundo.

La no dualidad incluye simultáneamente la unicidad y la diversidad, la consciencia vacía y todas las apariencias. En lugar de ser lo opuesto a la dualidad, la no dualidad la incluye; de hecho, lo incluye todo. La no dualidad reconoce que no es posible describir conceptualmente la realidad. Intenta evitar los extremos del nihilismo (que dice que todo está vacío en realidad), del materialismo (que dice que la realidad relativa es el fundamento de la realidad) y del externalismo (que dice que la esencia o la unidad no experimentan cambios).

Nuestra mente pensante ordinaria, nuestros sentidos y nuestra identificación con el ego no pueden percibir la realidad absoluta; solamente pueden ver el mundo desde la realidad relativa. No podemos vivir en el mundo solamente desde la realidad absoluta. El despertar no cambia la realidad; lo que hace es cambiar nuestro punto de vista de manera que podamos percibir desde la realidad absoluta, la cual ya es inherente a la realidad relativa. Por eso, cuanto uno se basa en la consciencia despierta puede conducir un automóvil sin estrellarse contra el árbol del que hablé antes.

## La sabiduría no dual

Tener un alto cociente intelectual, ser el primero de la clase en la universidad o ganar al Trivial no tiene nada que ver con la sabiduría no dual. La sabiduría empieza cuando la consciencia despierta es el sistema operativo principal que organiza la información, la memoria, las relaciones, la comunicación y el sentido de la identidad. En el budismo tibetano existen dos clases de ignorancia que crean sufrimiento. Pasar al sistema operativo basado en la consciencia despeja la primera clase, llamada *ignorancia conceptual*, que se da cuando el pensamiento conceptual crea una sensación ilusoria del yo. La segunda clase, la ignorancia coemergente, tiene lugar cuando no se reconoce que las apariencias y las formas son manifestaciones espontáneas de la consciencia despierta y se las toma o bien por ilusiones o bien por cosas reales e independientes.

La sabiduría no dual empieza con la consciencia encarnada, que abarca las funciones de discriminación de la mente —tan necesarias—, pero deja atrás el crítico interno, con sus miedos, su sensación de separación y su agresividad reprimida. El autojuicio y la inseguridad están ausentes. En lugar de ellos, nuestras funciones de enjuiciamiento normales se transforman en la sabiduría discriminadora de la consciencia abierta de corazón. Conforme vayamos optando por la consciencia encarnada no dual, nos sentiremos menos críticos y más compasivos. Seguidamente desarrollaremos una consciencia más madura, junto con un humilde sentido de la integridad y la compasión.

La sabiduría y el conocimiento experimentados desde la consciencia despierta pueden sentirse al principio como algo muy lento en comparación con los rápidos pensamientos de la mente ordinaria. La consciencia despierta no consulta conscientemente con los pensamientos; en lugar de eso, descansa dentro de una sabiduría que está conectada por la intuición con todo lo que sabemos. Cuando la mente ordinaria observa a través de nuestros ojos, lo primero de lo que nos damos cuenta es de la separación, de las diferencias y de los juicios. Por el contrario, lo primero que reconoce la consciencia despierta encarnada es aquello que es igual en todos nosotros, y luego observa y valora nuestra individualidad. Desde esta manera de conocer, todo lo que hay en el mundo se percibe interconectado, como opuestos que bailan o un campo unificado.

La siguiente práctica de atisbo te permitirá experimentar las expresiones de la consciencia despierta como los cuatro campos de tu ámbito del Ser.

---

### ATISBO 1: Los cuatro campos del ámbito del Ser

El físico Stephen Hawking dice que para crear un universo «solo se necesitan tres ingredientes: materia, energía y espacio».[5] Estos son tres de los campos que vamos a experimentar. Sin embargo, añadiremos un cuarto campo, la consciencia, la cual nos permite ser conscientes de los cuatro campos. El primer campo del ámbito del Ser es un espacio carente de objetos, libre del pensamiento e ilimitado, en el que están ocurriendo cosas y en el que surgen las apariencias.

El segundo campo del ámbito del Ser es la energía, la vitalidad presente dentro de los límites del cuerpo. A este segundo campo podríamos llamarlo *cuerpo y mente sutil*. Se piensa frecuentemente que el cuerpo, en su nivel más físico y denso, es lo que parece ser: piel, huesos y músculos. Pero el cuerpo sutil es lo que nuestros cuerpos sienten como vitalidad en muchos patrones de la percepción consciente. Con el fin de sentir este segundo campo no nos concentramos en ningún pensamiento, emoción o discurso interior, sino que sentimos directamente la vitalidad, la energía y las sensaciones. Este segundo campo es donde puede formarse la identificación con el ego, pero, en este nivel de la experiencia del cuerpo sutil, los patrones de pensamiento no formarán una identidad egoica. El tercer campo del ámbito del Ser es la materia, lo que vemos frente a nosotros en el mundo físico. Incluye también la interacción con la gente, con la naturaleza, con las situaciones y con las actividades. El cuarto campo es la consciencia despierta no dual que se halla dentro de los otros tres campos y percibe la unidad sin tener un punto de vista autorreferencial.

Puedes empezar este atisbo con cualquiera de las tres maneras principales de desenganchar la consciencia: desengancharla y dejar que descienda por el cuerpo, la consciencia panorámica, o por medio de pasar del oído a la consciencia extensa. Elige la manera de empezar que te vaya mejor (física, visual o auditiva). O empieza con el primer paso que se presenta a continuación, si te sirve.

1. Haz que la consciencia local se desenganche del pensamiento y que se desplace deliberadamente al espacio que hay detrás de tu espalda.

2. Deja que la consciencia local se entregue y se mezcle con el espacio desprovisto de forma y contenidos, hasta que la consciencia extensa descubra que ya es consciente por sí misma.

3. Tómate tu tiempo hasta que la consciencia se haya despegado totalmente de tus pensamientos y de tus sensaciones.

4. Sé consciente de descubrir el campo ya despierto de la consciencia extensa y de instalarte en él. Espera hasta que la consciencia sea consciente de sí misma.

5. Ahora, conforme vuelves a entregarte, siente el campo de la consciencia extensa que ya está a la espera y mezclándose con la vitalidad y la energía de tu cuerpo.

6. Observa qué experimentas cuando la consciencia es la manera principal de conocer tu cuerpo desde dentro. Siente cómo las olas de la vitalidad bailan en el océano de la consciencia.

7. Macérate en esta consciencia encarnada.

8. Ahora date cuenta de que la consciencia ya está unificada con todos tus sentidos, pensamientos y sentimientos, de los pies a la cabeza y sin que se necesite esfuerzo alguno.

9. Ahora percibe cómo la consciencia sale de la mitad de tu pecho a conectarse con todos y con todo frente a tu cuerpo.

10. Tal vez sientas una conexión con todo, o como si todo estuviese vivo o animado desde dentro.

11. Acaso lo veas todo como conectado simultáneamente, vacío y concreto, o sencillamente que Es tal como es, sin que se proyecte ningún pensamiento en ello.

12. Ahora siente la consciencia extensa, en la misma medida, detrás, dentro, delante y alrededor de tu cuerpo.

13. Ahora tal vez sientas los tres campos que son la materia, la energía y el espacio como un campo continuo y autosostenido de presencia consciente.

14. Empieza a sentir cómo la consciencia extensa se desplaza de delante de tu cuerpo a su interior y cómo luego regresa al soporte de consciencia extensa que está detrás de tu espalda.

15. Date cuenta de que, con toda naturalidad, cualquier información que llega a través de los sentidos sigue atravesando el campo del cuerpo sutil y acaba siendo recibida por la consciencia extensa.

16. Percibe lo que sientes cuando tu identidad no está centrada en el campo de la identificación con el ego. Pregúntate: «¿Dónde está el "yo"?». Examina el campo medio para ver si se puede encontrar, como objeto o como sujeto, un yo separado. Después de no haber encontrado ningún punto de vista, percibe el campo continuo de la presencia consciente, que se manifiesta de dos maneras en este caso: por una parte, como consciencia sin forma mezclada con la vitalidad presente en tu interior; por otra parte, como los objetos que están delante de ti, los cuales, si bien no están separados en el nivel esencial, son manifestaciones únicas de energía y de forma física.

17. Haz surf por el océano de la consciencia. Tu respiración es una ola que se mueve de dentro afuera, y de fuera adentro; la consciencia local es la tabla de surf. Dirige tu respiración de nuevo a la consciencia extensa; después dirígela hacia delante, a través del campo del interior del cuerpo, para conectar con lo que está delante de ti; a continuación dirígela de nuevo, a través del campo del interior del cuerpo, a la consciencia extensa que está detrás de ti, sin crear una identidad en el campo medio de tu cuerpo-mente.

18. Ahora siente los cuatro campos a la vez. Siéntete consciente, infinito, finito, en ninguna parte, en todas partes, aquí y ahora.

19. Conforme te desplazas desde el soporte de la consciencia extensa que está detrás de ti, siente la encarnación del amor. Sal con la consciencia abierta de corazón a conectarte con todos los seres.

# 10

## LA CONSCIENCIA ABIERTA DE CORAZÓN

*Cuando miro adentro y veo que no soy nada, eso es*
*sabiduría. Cuando miro afuera y veo que lo soy todo,*
*eso es amor. Y mi vida gira entre esos dos.*

SRI NISARGADATTA MAHARAJ[1]

En un nítido día de otoño en Nueva York, me dirigía al centro de
la ciudad para asistir a una reunión. Al llegar a la entrada de la
parada de metro de mi barrio, en el cruce entre la calle 116 y Broad-
way, oí que abajo llegaba el tren. Saqué mi tarjeta de viaje, pasé por el
torniquete y corrí escaleras abajo. Llegué al andén justo a tiempo de
ver cerrarse las puertas y salir el tren.

Allí me quedé, mirando el reloj y sintiéndome frustrado porque
probablemente llegaría tarde a mi reunión. La estación del metro estaba completamente vacía. Mientras andaba hacia la parte trasera del
andén, sentí que la decepción surgía como una contracción física de
mi estómago. Entonces me di cuenta de que había empezado a preo-
cuparme, y de que esos pensamientos me enviaban a mi cabeza, donde
empezaba a imaginar toda clase de posibilidades terribles. Entonces se
me ocurrió: «¡Ah!, estoy atrapado en mis pensamientos, pero existe
otra manera de estar». Me di cuenta de que esa situación me ofrecía
la oportunidad de dar el salto a la consciencia despierta encarnada.

Cuando abandoné la identificación con el ego y sintonicé la consciencia despierta encarnada, empecé a sentirme seguro, conectado a tierra, abierto y alegremente vivo. Mis emociones y mis pensamientos acerca de haber perdido el tren y de llegar tarde fueron incluidos de manera natural en el exquisito sentimiento unificado y en la claridad de ver desde la consciencia despierta. Tenía claro que la consciencia despierta no era algo que yo hubiera creado, sino una dimensión existente de la realidad que siempre ha estado aquí. Con un pequeño cambio, la consciencia despierta había pasado a estar disponible para mí de forma espontánea e inmediata, y mis emociones en relación conmigo mismo y con el conjunto de la situación cambiaron para mejor.

El hecho de esperar en una estación de metro, una actividad que creía aburrida, se había transformado en un minirretiro, en la oportunidad más valiosa del día. Tras unos pocos minutos, estaba tan relajado y abierto que pensé: «Esto es estupendo; ¿qué podría ser mejor que esto?». Así que no me esperaba lo que ocurrió a continuación.

El tren llegó, las puertas se abrieron y entré. Miré a mi derecha en busca de un asiento libre y me quedé estupefacto cuando mis ojos se encontraron con los de algunas personas que levantaron la mirada. Pareció como si se hubiese descorrido un velo entre nosotros; nuestras máscaras se habían caído. Me sentí vulnerable, pero seguro, y conectado con todos y con todo. Era como si hubiera comprendido verdaderamente –por primera vez– el dicho «los ojos son las ventanas del alma». Era como si los otros pasajeros del metro y yo nos mirásemos de corazón a corazón. Esta nueva clase de conocimiento es lo que ahora llamo consciencia abierta de corazón. Parecía que no hubiera separación entre los otros viajeros y yo. Tuve una sensación profunda tanto del estado de despertar como de las imperfecciones que nos caracterizan a todos nosotros. Sorprendido, suspiré asombrado ante esta manera nueva de ver y de ser. Entonces empecé a reír porque, de alguna manera, este modo de ver desde la consciencia abierta de corazón me pareció algo muy sencillo y normal, y me proporcionó un gran alivio.

## Una forma nueva de ser, de conocer y de relacionarse

Dijo el filósofo Jiddu Krishnamurti: «No hay inteligencia sin compasión».[2] La consciencia abierta de corazón es esa inteligencia compasiva que tanto necesita nuestro mundo en la actualidad. Sin embargo, la consciencia abierta de corazón no es un ideal lejano. Es una capacidad natural que está dentro de cada uno de nosotros, y todos somos capaces de descubrir por nosotros mismos la consciencia abierta de corazón y de familiarizarnos con ella, hasta que constituya la nueva normalidad en nuestras vidas. La consciencia abierta de corazón es el encuentro de la mente con el corazón, de la sabiduría con el amor, de la contemplación con la acción. Es pasar de la cabeza al corazón, del pensamiento conceptual a una nueva manera de conocer desde el corazón-mente no conceptual. Es una forma diferente de ver el mundo y a los demás y de relacionarnos con ambos. Cuando operamos desde la consciencia abierta de corazón tenemos la capacidad de ver que todos somos lo mismo y de actuar con valor.

Pasamos de la forma de conocer basada en el pensamiento a la consciencia despierta. Como dice Anam Thubten, «El corazón abierto solamente puede experimentarse cuando vamos más allá del ámbito de la mente intelectual».[3] Nuestra primera experiencia de la consciencia despierta puede ser como consciencia extensa, la cual está libre del pensamiento, y también es un testigo desapegado de las emociones y las sensaciones. A continuación puede ser que sintamos que pasamos a la presencia encarnada, la cual conoce nuestra experiencia desde dentro, más que desde fuera. La consciencia abierta de corazón es consciencia despierta que se ha encarnado y que también se siente conectada con todo y con todos. No es posible experimentar la consciencia abierta de corazón desde un sentido del yo identificado con el ego. No podemos *hacer* la consciencia abierta de corazón desde donde empezamos. No es una actitud, ni un sentimiento, ni un pensamiento positivo; es una capacidad natural que está dentro de cada uno de nosotros que requiere que entremos en otro nivel de la mente.

## La consciencia abierta de corazón en la historia

La realidad de la consciencia abierta de corazón ha sido reconocida y valorada desde tiempos antiguos. Desde entonces ha recibido muchos nombres, entre ellos *sabiduría del corazón*, *corazón sagrado* y *corazón-mente*. San Agustín, uno de los primeros teólogos católicos, utilizaba la denominación *oculus cordis*, 'ojo del corazón', y recomendaba buscarlo por medio de «regresar adentro de uno mismo». Como dijo el escritor G. K. Chesterton, «Existe un camino desde el ojo hasta el corazón que no pasa por el intelecto».[4] En tiempos modernos, el monje Wayne Teasdale llamó a esta forma de conocimiento «el corazón místico», y el maestro espiritual Adyashanti lo llama «el corazón espiritual».

En el *dzogchen* de la tradición *bön*, la consciencia abierta de corazón es conocida como «la esfera del conocimiento». En la tradición sufí, es «el corazón de corazones». El maestro budista tibetano Tsoknyi Rinpoche lo llama «amor esencial». Varias tradiciones espirituales han llamado a esta forma de conocimiento «el corazón de diamante», para destacar su valía, su claridad y su naturaleza indestructible. En el budismo tibetano, la palabra que corresponde a la consciencia abierta de corazón es *bodhicitta*. En sánscrito, *bodhi* significa 'despierto', y *citta* podría traducirse literalmente como 'consciencia', de manera que el término hace referencia a la consciencia cuando está despierta. Sin embargo, y curiosamente, la traducción de *bodhicitta* no es 'consciencia despierta' sino 'corazón-mente', 'corazón despierto' o 'la sabiduría que conduce a actividades compasivas'.

Existe una *bodhicitta* «relativa», que consiste en tener intenciones positivas, como cuando se hace la meditación de la bondad amorosa por el bien de todas las criaturas vivas. Y hay también la *bodhicitta* «definitiva»: la consciencia abierta de corazón que vive desde el corazón naturalmente despierto. A aquellos que viven desde la apertura de corazón se les llama a veces *bodhisattvas*, porque dedican sus vidas a aumentar el despertar, el amor y el bienestar de todos aquellos con quienes se encuentran.

La consciencia abierta de corazón no es el corazón físico, ni tampoco el chakra del corazón, ni el corazón emocional. Es más como una puerta abierta de amor y de sabiduría ubicada en el centro del pecho, que sale a contactar con los demás y a recibir apoyo desde el amoroso ámbito del Ser. Esta nueva forma de consciencia requiere que acudamos a un tipo diferente de percepción consciente que, afortunadamente, siempre está disponible una vez que sabemos dónde y cómo buscar. La consciencia abierta de corazón es una forma moderna de nombrar una realidad que ya reconocieron las antiguas tradiciones de sabiduría del mundo.

## Encarnar el corazón-mente

Cuando cambiamos nuestra percepción consciente, descubrimos que nuestra biología es capaz de adaptarse a la nueva manera de ver y de ser. En 2014, en una charla que impartió en el simposio Educación del Corazón celebrado en Holanda, el doctor Daniel J. Siegel describió el potencial de la mente como «completamente encarnado y relacional».[5] Habló de que la mente no está encerrada en un cráneo, sino que está presente en todo el sistema nervioso del cuerpo, y que nos vincula con los demás y con el entorno por medio de las relaciones. Describió nuestras redes neurales como configuraciones en forma de malla que se encuentran alrededor del corazón y del estómago, y explicó que se implican –junto con el cerebro– en lo que la neurociencia llama *procesamiento distribuido en paralelo*. Entre otras cosas, este procesamiento hace que la inteligencia humana sea más eficaz que los ordenadores de ciertas maneras significativas.

Siegel informó de que los últimos estudios realizados en el campo de la neurociencia parecen indicar que el conocimiento viaja de esta manera por la red cuerpo-mente: sale de las células cardíacas e intestinales y viaja a través de la médula espinal hasta el cerebro. Estas estructuras neurales utilizan neuronas «espejo» para percibir las comunicaciones sutiles de los demás, tanto si somos conscientes de ello como si no. Estas neuronas reflejan literalmente la conducta de los demás, lo que provoca una resonancia emocional en el observador, quien se contagia de algún modo de la experiencia que el otro ha sentido. Por ejemplo, cuando ves sonreír a alguien, se disparan tus neuronas espejo de la sonrisa, lo que hace que tu cerebro experimente las sensaciones asociadas con el hecho de sonreír.

Aunque el cerebro está situado en la cabeza, estudios científicos recientes demuestran que «la mente» está en todo el cuerpo y es relacional, lo cual requiere que formulemos una definición más holística de la misma, semejante a la descripción de la consciencia abierta de corazón que damos aquí. Un hombre me dijo hace poco que cuando se situaba en la consciencia abierta de corazón sentía como si su cabeza descendiese hasta su corazón y este bajase hasta su vientre. Una mujer me contó que su corazón se había abierto y que podía sentir una conexión «de corazón a corazón» con los demás. Otra persona comentó: «Mi consciencia, que siempre me había parecido que estaba situada detrás de mis ojos, está distribuida ahora por todo mi cuerpo por igual, como si cada célula del mismo estuviese encendida». Esta descripción recuerda la imagen del *bodhisattva* de la gran compasión, que se representa con ojos en todas las partes del cuerpo.

## La inteligencia emocional

La mayoría de nosotros recordamos momentos en que hemos ido más allá de nuestro miedo egocéntrico habitual para ayudar a alguien que lo necesitaba. Cuando después pensamos en ello, es posible que nos digamos: «Me parece increíble que yo haya hecho eso, pero me alegro de haberlo hecho». En esos momentos en los que transcendemos el miedo personal, estamos actuando espontáneamente desde la consciencia abierta de corazón, aunque no la reconozcamos como tal. Desde la consciencia abierta de corazón podemos ver cuándo los demás actúan a partir del miedo o del instinto de conservación, y podemos responder ante ellos de forma empática y compasiva en lugar de ponernos a la defensiva. La consciencia abierta de corazón posee cualidades naturales como la fortaleza, la seguridad y el valor, que surgen cuando aprendemos a sintonizarla.

Cuando todavía no hemos aprendido a vivir desde la consciencia abierta de corazón, parece que los seres humanos sufrimos de dos maneras. Una de ellas es ser excesivamente mentales: intentamos evitar los sentimientos por medio de ser «racionales» y «objetivos», y de permanecer enfocados en los logros mundanos. En este caso, el sufrimiento surge del desapego, de la disociación y del vivir atrapados en la cabeza. Ser excesivamente emocionales es la segunda postura que nos conduce al sufrimiento: nos lo tomamos todo «de forma personal» y nos sentimos abrumados, ansiosos, temerosos y/o deprimidos. Esto ocurre cuando somos sensibles y vulnerables pero carecemos del apoyo de la consciencia despierta, ya que nuestro sistema identificado con el ego es demasiado pequeño para manejar toda nuestra vida emocional.

Tener el corazón cerrado es tan doloroso como vivir el día a día con un corazón emocional abrumado. Como el personaje Scrooge de la *Canción de Navidad*, de Dickens, podemos vivir gran parte de nuestra vida con un corazón cerrado e incluso tener éxito en el mundo sin saber que existe una alternativa. Sin embargo, la oportunidad de transformarnos y pasar a vivir desde la consciencia abierta de corazón está al alcance de todos y cada uno de nosotros, independientemente de dónde nos encontremos en el trayecto de nuestras vidas.

Cuando no damos el salto a la consciencia abierta de corazón, nuestro corazón puede estar dolorosamente cerrado; o puede estar demasiado abierto, en cuyo caso nos sentimos abrumados muy a menudo. Entonces acabamos por recurrir al pensamiento para que cree la sensación de que tenemos un yo. El resultado es un sentido del yo pequeño y mental que nos vuelve temerosos e indignos. Tristemente, una identidad basada en el pensamiento nos desconecta de los grandes recursos de conexión, bondad amorosa y bienestar de los que disponemos. Mientras nos identifiquemos únicamente con un yo mental, tal vez no seamos capaces de oír la llamada de la consciencia abierta de corazón. No es extraño que nos confundamos en relación con los deseos del corazón y acabemos buscando el amor en todos los sitios equivocados.

Algunas personas están atrapadas en su corazón emocional: lo sienten todo, se preocupan por todo y la mayor parte del tiempo se sienten heridas y no respaldadas. Dar el salto a la consciencia abierta de corazón ha transformado a muchas personas que decían que recogían cada sentimiento y eran demasiado sensibles ante las emociones de los demás. Estas personas no tienen por qué cerrarse; pueden seguir sintiendo las emociones de los demás, pero, en lugar de atrapar esas emociones en su cuerpo, pueden dejar que sigan su camino a través de la puerta del corazón abierto hacia el soporte del campo de la consciencia despierta que se encuentra detrás de ellas.

La consciencia abierta de corazón se edifica sobre la inteligencia emocional, que es la capacidad de reconocer, distinguir y expresar nuestras emociones. Es también la capacidad de comprender y valorar las emociones de los demás y la forma en que se comunican con nosotros. La consciencia abierta de corazón no tiene que defenderse de las emociones. Desde la consciencia abierta de corazón somos capaces de «estar con» emociones que anteriormente habrían sido avasalladoras; desde la consciencia abierta de corazón no tenemos que considerarnos inmaduros o débiles si pasamos por lo que santa Teresa de Jesús llamó «el don de las lágrimas».

Incluso cuando hayamos despertado de la identificación con el ego seguiremos necesitando desaprender y volver a aprender sobre el amor. Lo que llamamos amor, o lo que creemos que es el amor, está mezclado frecuentemente con muchos condicionamientos personales antiguos, viejos sistemas de creencias y apegos emocionales. Cuando el corazón no sale *fuera* a buscar el amor, sino que en lugar de eso lo busca allí donde se origina —el ámbito del Ser—, podemos descubrir el amor incondicional y saber que siempre hemos sido eso. Entonces, esta nueva experiencia del amor puede constituir los cimientos sobre los que se edifiquen las relaciones. Una forma totalmente diferente de ser y de ver en el ámbito emocional da origen a una nueva forma de relacionarnos, muchísimo más compasiva y conectada.

La consciencia abierta de corazón, que opera desde nuestro cuerpo-mente, empieza a añadir las funciones de evaluación propias de la mente, las cuales son necesarias, pero deja fuera el miedo, la separación y la ira controladora que habían hecho de nosotros personas «críticas». La consciencia abierta de corazón transforma nuestras funciones de evaluación normales en discernimiento y sabiduría discriminadora. El juez, el crítico y el superego no son partes esenciales, ni rígidamente fijas, de la psiquis humana. En cuanto damos el salto a la consciencia abierta de corazón, surge inmediatamente un sentimiento de ausencia de crítica y de mayor compasión. Desarrollamos una consciencia más madura, un sentido de la integridad y una aceptación de lo que es, mientras tenemos la capacidad y la motivación de cambiar lo que sea necesario cambiar.

Incluso cuando no estemos tan identificados con los pensamientos o los sucesos, seguirán surgiendo estados de ánimo profundos y emociones reprimidas desde mucho tiempo atrás; pero en el contexto de la consciencia abierta de corazón, esta es la fase natural de desintoxicación de nuestras emociones reprimidas y de devolver a nuestra fuerza vital natural la energía que estas retuvieron. Descubrir la consciencia abierta de corazón es el principio de una forma totalmente nueva de ser, con emociones que solamente son posibles en este estado, el cual puede convertirse en una etapa estable de nuestro desarrollo.

La consciencia abierta de corazón empieza con el descubrimiento del apoyo que ofrece la consciencia despierta. Entonces no solo sentimos amor por los demás, sino también ternura y compasión por nosotros mismos. Podemos sentirnos vulnerables y valientes a la vez, porque nuestro fundamento es la consciencia despierta. Nuestro corazón emocional ya no tendrá que crear un caparazón protector en torno a sí. Cuando experimentemos una gran pérdida o un gran daño del tipo que «rompen el corazón», ahora nos daremos cuenta de que nuestro corazón no está roto, sino que en realidad es el caparazón protector del corazón lo que se rompe para dejarnos sentir plenamente nuestras emociones. La consciencia abierta de corazón nos da la capacidad de experimentar una vida emocional plena sin tener que cerrarnos ni vernos abrumados. Podemos sentirnos vulnerables y valientes mientras sabemos que, esencialmente, todo va bien. Cuando entramos por primera vez en la fase de presencia encarnada, es muy probable que gocemos de un período de descanso profundo en el que sencillamente estemos en compañía de un silencio interior, una quietud y un bienestar que no estén basados en el pensamiento ni en la acción. Cuando damos el salto a la consciencia abierta de corazón entramos en una aceptación generosa de los demás y de nosotros mismos que no nos vuelve pasivos, sino curiosos y creativos.

En el salto desde la presencia encarnada, nos desplazamos desde la consciencia despierta no condicionada hasta el amor incondicional de la consciencia abierta de corazón. Una persona ofreció esta descripción: «Me siento como si estuviese pasando de la consciencia consciente de la consciencia al amor que ama al amor». La cualidad que tiene la consciencia sin forma cuando se reúne con la forma física puede llegar a sentirse como un tejido de amor, una danza de opuestos o un campo unitario. En este punto la clave es que la forma de conocer basada en el corazón nos permite experienciar nuestra identidad no solo como una persona separada, limitada y física, sino también como alguien indisolublemente conectado con una comunidad mayor que el yo individual.

## La sabiduría del corazón despierta

La primera vez que la gente descubre la consciencia abierta de corazón suele comentar que ha sentido un alivio, como si se hubiera deshecho de una carga. La primera vez que tomes contacto con la consciencia abierta de corazón tal vez sientas sus expresiones físicas y energéticas: amor incondicional, dicha o quietud. Las personas afirman que cuando conocen desde la consciencia abierta de corazón en lugar de hacerlo desde sus cabezas se sienten seguras, conectadas, curiosas y bondadosas. Esta experiencia es profundamente bella para muchos, que la describen espontáneamente con expresiones poéticas como «tener un corazón tan grande como el mundo», «sentir una dulce tristeza», «saber que todo está bien» o «sentir una tierna confianza».

Cuando se pregunta a las personas que han dado el salto a la consciencia abierta de corazón qué es lo que experimentan, a menudo responden:

Amor: una sensación de unidad, de unicidad, de compasión y de relación.

Seguridad: todo es correcto, todo va bien.

El miedo, la vergüenza o la preocupación no existen en absoluto.

No falta nada. Y no hay que eliminar nada.

Lo que yo soy no puede ser amenazado.

Creí que estaba perdido, pero resulta que la consciencia abierta de corazón ha estado aquí todo el tiempo.

Cuando uno da el salto a la consciencia abierta de corazón, puede darse cuenta de que su ternura y su fortaleza vulnerable están conectadas a la inmensidad del Ser. Hay mucha gente que dice también que se ha implicado más en actividades como la justicia social, el servicio a los necesitados o la protección de los animales, o que efectúan actos caritativos y solidarios espontáneos. El día después del 11 de septiembre me sentí impulsado a acudir al Bajo Manhattan y durante unos cuantos años trabajé con familias que habían perdido a seres queridos. Conocí a muchas personas de todo el país que se sintieron llamadas a estar presentes durante la tragedia del 11 de septiembre, y cuando hablé con ellas estaba claro que muchas parecían actuar desde la consciencia abierta de corazón.

Cuando estamos en la consciencia abierta de corazón ya no escuchamos al narrador interno ni el parloteo azaroso de nuestros pensamientos automáticos. Estas voces pasan a ser poco más que ruido de fondo, como niños que juegan en el patio. La consciencia despierta se ha desplazado al primer plano de la mente, donde mora en silencio. Ya no nos agotamos a causa de los esfuerzos que hacíamos para organizar nuestros pensamientos. Nos sentimos arraigados en el cuerpo, renovados y alerta; sabemos que contamos con el potencial de saber lo que tenga que ser sabido y cuando necesitemos saberlo. Ya no recurrimos al pensamiento para saber. Conforme experimentemos y percibamos desde la consciencia abierta de corazón más permitiremos que el mundo entre en nosotros y, lo que es incluso más asombroso, también dejaremos de proyectar nuestros pensamientos y nuestras emociones sobre los demás.

Desde la consciencia abierta de corazón el mundo parece iluminado desde dentro, y lo que una vez pareció «ajeno» está verdaderamente interconectado. La consciencia abierta de corazón puede hacer que veas las cosas de otra manera. Tus ojos contactan no solamente con el cerebro, sino también con el ámbito del Ser a través de tu corazón-mente. Tu identidad basada en el ego ya no mira a través de tus ojos; en lugar de eso, mirar desde la consciencia abierta de corazón es como ver directamente a través de los ojos de tu corazón despierto, sin que los pensamientos, las creencias y las proyecciones de la mente interpreten tu experiencia. No albergas miedos ni preocupaciones en relación con lo que la otra persona puede estar pensando; confías en que sabrás cómo responder: la plenitud de tu corazón y de tu mente te brindarán, con toda naturalidad, respuestas de carácter intuitivo.

Es necesario tener confianza y paciencia durante la transición desde la consciencia ordinaria hacia la consciencia abierta de corazón. Al principio nuestro pensamiento y las funciones de nuestro ego no estarán completamente armonizados todavía. Por lo tanto, tal vez sentiremos que la transición es demasiado lenta, pero es vital no abandonar. Se pasa por una etapa en que hay que esperar las respuestas sin recurrir a la mente, incluso si nos parece que no llegará ninguna. La mente egoica dice «¡date prisa!», o «¿ves?, ya te dije que te convertirías en un indolente perezoso si renunciabas a mi liderazgo». Pero la nueva configuración mental conducirá a otra manera de hablar desde la consciencia abierta de corazón. Una persona ofreció esta descripción: «Hablar se vuelve como respirar. Es fácil y natural; fluye sin que haya que planificar lo que se va a decir».

Increíblemente, no tenemos que intentar crear la experiencia de la consciencia abierta de corazón. Solamente necesitamos aprender a salir de la mente identificada con el ego y entrar en el corazón-mente. Con el tiempo nos vamos acostumbrando cada vez más a esta forma de manejarnos. Vivir desde la consciencia abierta de corazón nos hace sentir como si hubiésemos regresado a casa, como si volviésemos a estar completos y como si no fuésemos a estar nunca solos otra vez.

La consciencia abierta de corazón

ATISBO 1: **Conexión abierta de corazón**

La práctica budista *tonglen* es muy interesante, porque es lo contrario de algunas prácticas contemporáneas, como la de inspirar energía positiva y amor, y espirar energía negativa y sufrimiento. La práctica *tonglen*, que se inscribe en el nivel relativo, es un ejercicio de dar y recibir. Consiste en llevar al corazón, por medio de la respiración, el sufrimiento de los demás, con el objetivo de eliminar su ignorancia y su dolor. A continuación se trata de espirar desde el corazón enviando buenos sentimientos, compasión y felicidad a personas o grupos de gente concretos.

El ejercicio siguiente es una versión de una práctica *tonglen* perteneciente al nivel último. Es igual que la práctica del nivel relativo, excepto por el hecho de que cuando llevas la respiración a tu corazón no te limitas a tomar el sufrimiento dentro de tu cuerpo. En lugar de eso, permites que continúe a través del espacio de tu corazón hacia el apoyo de la consciencia despierta, que está

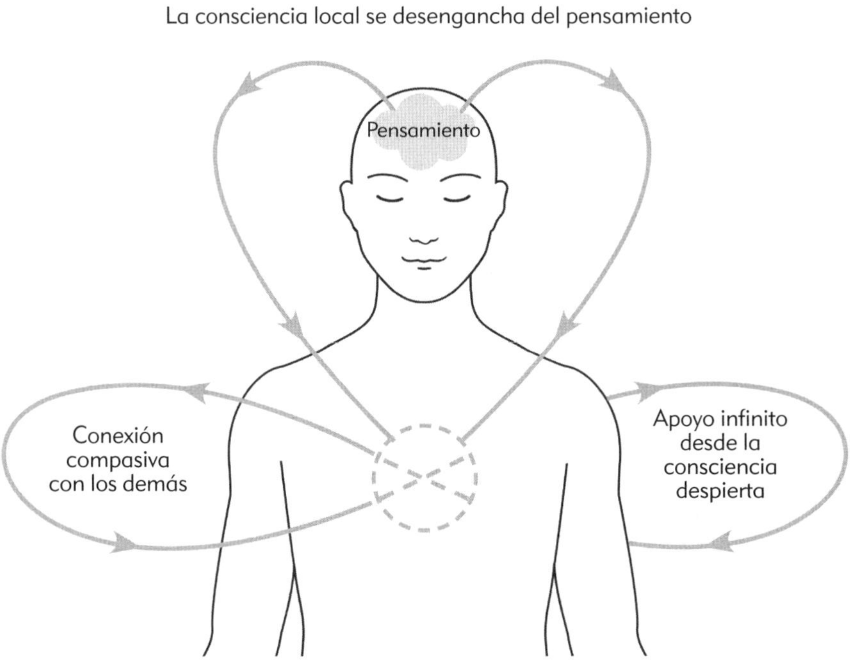

La consciencia local se desengancha del pensamiento

Figura 4. Reubicarse en la consciencia abierta de corazón.

a tu espalda, detrás de ti. Entonces sientes que el apoyo de la consciencia despierta entra en tu cuerpo. Seguidamente, sientes que la consciencia amorosa sale hacia las personas que estén frente a ti y que se conecta con la consciencia despierta que está dentro y detrás de ellas. Conforme inspiras, sientes que su ignorancia y su sufrimiento van hacia atrás y pasan por tu cuerpo, hasta llegar al apoyo de la consciencia despierta. La experiencia clave podría resumirse de esta manera: *la consciencia despierta es dueña de tu espalda*. Podemos aprender a dar y a recibir desde ahí. La Figura 4 es una representación de este ejercicio.

En esta práctica, tómate unos minutos para atisbar la consciencia abierta de corazón por ti mismo.

1.  Siéntate cómodamente, con los ojos abiertos o cerrados, y sé consciente de todos tus sentidos. Advierte la actividad del pensamiento en tu cabeza.

2.  Primeramente, desengancha la consciencia local de los pensamientos de tu cabeza. Seguidamente, deja que esta se desplace hacia abajo a través tu cuello hasta llegar a tu pecho y conoce –directamente– desde dentro de la parte alta de tu cuerpo.

3.  Acostúmbrate a esta forma de conocer directa que tiene lugar desde dentro, la cual no mira hacia abajo desde tu cabeza ni regresa a buscar tus pensamientos.

4.  Siente cómo la consciencia y la vitalidad están juntas: descansa sin dormirte y sigue consciente sin acudir al pensamiento para conocer.

5.  Siente que la consciencia puede conocer tanto la consciencia como la vitalidad desde dentro de tu cuerpo.

6.  Percibe la sensación de un espacio abierto de corazón desde dentro del centro de tu pecho.

7.  Siente como si te hubieras reubicado desde tu cabeza en este espacio abierto de corazón, desde el que ahora conoces y eres consciente.

8.  Date cuenta de que puedes invitar y dar la bienvenida a cualquier pensamiento, de manera que puedes seguir en casa en tu corazón y a pesar de eso obtener información procedente de la oficina de tu cabeza, que llega a ti por wifi.

9. Permanece aquí, permite que la luz llegue a tus ojos y mira afuera desde los ojos de la consciencia abierta de corazón.

10. Siente que la consciencia local puede atravesar el espacio de tu corazón y desplazarse detrás, para hacerse consciente de la consciencia extensa que está detrás de tu cuerpo.

11. Entrega la consciencia local hasta que se mezcle con la consciencia extensa, de manera que sea consciente de sí misma.

12. Espera hasta que conozcas desde dentro la consciencia atemporal, carente de contenidos y libre de pensamientos.

13. Date cuenta de que, conforme entregas la consciencia, el campo de la consciencia extensa que está detrás de tu corazón ya incluye todo tu cuerpo.

14. Siente que la consciencia se conoce a sí misma como consciencia pura detrás de tu cuerpo, y como la vitalidad que se halla en el interior de tu cuerpo, desde la cabeza hasta los pies. Siente la alegría y la ligereza de esta presencia que está en el interior de tu cuerpo.

15. Ahora date cuenta de que la consciencia local también se desplaza y que mira afuera, al mundo, a través del espacio de tu corazón.

16. Sé consciente desde este campo de consciencia extensa, que está detrás de ti, dentro de ti y frente a ti. Es extensa y ubicua a la vez: un campo continuo de consciencia, quietud y vitalidad.

17. Date cuenta de que no tienes que alternar entre ser consciente fuera y luego serlo dentro. La consciencia está dentro y fuera al mismo tiempo.

18. Sin acudir al pensamiento, pregunta: «¿Qué es lo que conoce la consciencia abierta de corazón?».

19. Deja que todo sea y fluya. Descansa en esta nueva forma de conocer y en este nuevo flujo; mira desde el Ser.

Date cuenta de que la consciencia amorosa está ahí sin que quepa hacer ningún esfuerzo.

LA NUEVA
NORMALIDAD

# 11

## LA SIGUIENTE ETAPA DEL
## DESARROLLO HUMANO

*No somos seres humanos que tienen una experien-*
*cia espiritual; somos seres espirituales que tienen*
*una experiencia humana.*

PIERRE TEILHARD DE CHARDIN[1]

Durante los últimos treinta años que he pasado como psicoterapeuta y profesor de meditación, he tenido el privilegio de escuchar a miles de personas que han compartido conmigo sus viajes interiores. He visto el amplio abanico de las posibilidades de desarrollo
desplegarse ante mis ojos. Personas de distintas nacionalidades, grupos socioeconómicos, razas, sexos y edades me han dado la oportunidad de trabajar con ellas. Entre mis clientes ha habido estudiantes de
posgrado, pacientes de centros de día de salud mental, catedráticos
universitarios, gerentes de empresa, gente sin techo, bomberos, mé-
dicos, alcohólicos en recuperación, padres a tiempo completo, artistas, actores, eclesiásticos, fontaneros, profesores de yoga y un capitán
de remolcadores.

Durante los seis años que trabajé en una clínica pública de salud mental en Brooklyn, descubrí que los clientes que tenían problemas con su química cerebral, o los que no habían recibido una
buena crianza, también podían tener una experiencia directa de la

consciencia despierta en tanto que el fundamento de su Ser. La experiencia de reconocer quiénes son en su raíz –una especie de bondad básica o de inocencia original– demostró ser más profunda e impactante en mis clientes que el trabajo, igualmente importante, de ayudarles a crecer en áreas en las que necesitaban madurar.

Se dieron cuenta de que su verdadera naturaleza nunca se había visto dañada y fueron capaces de ver que los traumáticos sucesos de su pasado ya no estaban aconteciendo en el aquí y el ahora. Uno de mis clientes dijo: «Ahora que ya conozco a mi yo normal, no me importa que la gente crea que no soy normal». Otro más declaró: «Me siento muy bien estos días. Intentar ser "alguien" era agotador; me estaba volviendo loco». Muchas de las personas con las que trabajé recuperaron inmediatamente su sentido del humor y la ligereza de ser. Aún tenían ciertas incapacidades, pero una vez que una persona ha vislumbrado el ámbito del Ser y ha conectado con él, puede manejar mejor los muchos problemas emocionales irresolutos que se habían acumulado a lo largo de su vida.

Muchos de los clientes que han acudido a mi consulta privada en busca de una psicoterapia basada en la consciencia tenían, aparentemente, un gran éxito en sus profesiones, en su vida familiar y en su comunidad. La mayoría estaban confundidos en cuanto a la causa de su dolor. Aunque la razón subyacente de su sufrimiento era la misma en todos ellos, cada uno presentaba síntomas diferentes: depresión, ansiedad, adicción, desesperación, alienación, miedo, sentimientos de inutilidad, odio de sí o resentimiento. Todos ellos habían madurado en la mayoría de las áreas de sus vidas. Algunos llevaban años acudiendo a psicoterapia, meditando o practicando otras técnicas de automejora, pero la mayoría habían llegado a un punto de insatisfacción insoportable. Incluso con todos sus éxitos y la fortaleza de sus egos, decían: «no soy capaz de resolverlo», «no lo soporto», «no puedo seguir así», «nada de lo que funcionaba antes funciona ahora», «estoy agobiado y no puedo con tanto dolor», o «¿es esto todo lo que hay?». Esos clientes sentían como si hubiesen chocado con una especie de muro: habían tocado fondo en el ámbito emocional o, más probablemente, habían tocado techo en su crecimiento. La mayoría de las personas descubren en la mediana edad, si no antes, que incluso la identidad egoica con más éxito y mejor cuidada acaba por sentirse insatisfecha porque no es capaz de vivir una vida humana plena.

Muchos de mis clientes habían intentado ya arreglar sus problemas por medio de modificar situaciones y conductas externas o por medio de cambiar sus pensamientos y actitudes interiores. Como habían desistido del escape, intentaban mejorar sus situaciones en la medida de lo posible por medio de decorar las paredes de la rutina en la que estaban atrapados. Estas personas en concreto habían llegado al límite del sistema operativo con el que se estaban manejando su identidad basada en el ego. Para seguir creciendo necesitaban empezar el proceso de despertar más allá de la identificación con el ego. Si no despertamos de la identificación con el ego y crecemos psicológicamente, podemos encontrarnos atrapados en una crisis de la mediana edad, o incluso de la edad juvenil. Las investigaciones actuales muestran que personas de veintitantos años están alcanzando niveles de estrés y de depresión más altos que cualquier otra generación anterior.[2] A menos que maduremos en una nueva identidad, tal vez volveremos a tener conductas adolescentes, nos asentaremos en un personaje falso, caeremos en una depresión o nos sentiremos constantemente agobiados por la ansiedad. Frente a ello, puede ser que exterioricemos nuestro problema, o que intentemos automedicarnos con una adicción.

Podemos empezar a salir deliberadamente de la identificación con el ego y aprender a morar en el ámbito del Ser *antes* de que ocurra la crisis. Entonces, si tenemos una crisis vital −una crisis que, de otro modo, podría conducirnos a una noche oscura del alma−, podemos experimentar esta como dolores de crecimiento, como una desintoxicación emocional y como una reconfiguración que nos permita vivir desde la consciencia abierta de corazón.

Empecé a darme cuenta de que muchos de mis alumnos y clientes estaban empezando a despertar más allá de los modelos de desarrollo convencionales. He visto cómo ha habido personas que han pasado a otra etapa del despertar ante mis propios ojos. En el caso de algunas, el cambio tiene lugar sin que se lo hayan propuesto y espontáneamente, a menudo como consecuencia de una crisis. Puede ser que estas personas experimenten un desmoronamiento antes de poder cambiar y abrirse camino. Unas pocas efectúan este cambio por medio de abrirse a la luz de la consciencia despierta, sin más, pero muchas ya habían pasado por su noche oscura del alma cuando las conocí. Algunas personas sencillamente se rinden, dejan de buscar y de luchar y se permiten abrirse. Otras chillan y patalean, y dejan las marcas de sus uñas en aquello a lo que tratan de agarrarse. Algunas personas necesitan sentir el fuego a sus espaldas —el aguijón del calor y el miedo a quemarse— antes de disponerse a abandonar las viejas defensas del ego y optar por una nueva forma de ser. Sin embargo, hay cada vez más personas con las que trabajo actualmente que dan un salto deliberado hacia lo desconocido, se permiten descansar allí y abandonan cualquier cosa a la que estuviesen agarradas mientras siguen afrontando sus vidas y creciendo en ellas.

Las preguntas que surgen actualmente son estas: ¿puede el individuo promedio acceder al potencial de una nueva etapa del desarrollo humano adulto, que anteriormente parecía limitada a solo unos cuantos hombres y mujeres sabios? ¿Podemos elegir hacer esto *antes* de desmoronarnos o sin tener que entrar en un monasterio? Conforme combinamos la psicología moderna con la neurociencia y la sabiduría antigua, podemos empezar a hacer el mapa de los cambios específicos que se necesitan para iniciar y apoyar la etapa de crecimiento siguiente. Para ampliar el potencial de nuestro desarrollo humano pleno tenemos que examinar y estudiar juntos esta nueva etapa de la vida.

## Los inicios del modelo del desarrollo humano

Cuando mi sobrino Justin tenía cinco años fuimos a pescar por primera vez. Ese verano, él estaba tan emocionado por ir de pesca con su tío que habló de ello durante semanas antes de que yo llegara. Cuando al fin ya estuvimos uno al lado del otro en el lago, con una sola caña, Justin no quería —y, desde el punto de vista del desarrollo, *no podía*— compartir la caña conmigo.

«Un pez más, y te la dejo». Su vocecita de cinco años expresaba una gran determinación. «Diez minutos más de mi turno, y después lo intentas tú». Pero mi sobrino no podía dejar la caña. El año siguiente, cuando Justin tenía seis, le encantaba compartir. ¡Qué gran diferencia en un solo año! Todos sabemos, por experiencia y a partir de observar a los demás, lo radicalmente que cambiamos según vamos creciendo en nuestra infancia.

A principios del siglo XX, los antropólogos y los psicólogos del desarrollo empezaron a darse cuenta de que los niños de todo el mundo, con independencia de su cultura y de su entorno, tienden a ir alcanzando hitos del desarrollo en el mismo orden. Esos científicos sociales, por medio de observaciones científicas minuciosas, fueron capaces de definir las etapas y las transiciones por las que pasan las personas en el transcurso de su crecimiento, en cualquier entorno cultural.

Las etapas y los niveles del desarrollo humano se han observado en muchas áreas. Es sabido que el psicólogo Jean Piaget trabajó con el desarrollo cognitivo. La médica Margaret Mahler investigó el desarrollo en la primera infancia. El psicoanalista Erik Erikson hizo un mapa de las etapas de la vida desde la infancia hasta la edad adulta. Lawrence Kohlberg examinó las etapas del desarrollo moral, mientras que Carol Gilligan investigó el desarrollo ético en el contexto del sexo femenino. Más recientemente, Ken Wilber amplió el concepto de estudios del desarrollo hacia áreas como la espiritualidad, la meditación y la consciencia.

Cuando nos referimos al desarrollo humano normal, hablamos del mamífero llamado *Homo sapiens*. Como los demás animales, los humanos, como especie, seguimos un proceso de desarrollo característico. Tanto lo «natural» (nuestra configuración genética y biológica) como lo «adquirido» (nuestra relación con nuestros cuidadores y nuestro entorno, y con el aprendizaje social) contribuyen al desarrollo humano normal. Lo exclusivo del desarrollo humano es el tipo de percepción consciente que nos permite observar el contenido interno de nuestra mente y los patrones externos del mundo. Sin embargo, la capacidad autorreflexiva de la consciencia humana, llamada «consciencia de sí», tal vez quedó subdesarrollada y creó un sentido limitado del yo, que es de lo que tenemos que despertar.

Las primeras descripciones psicológicas del desarrollo humano completo acabaron en la etapa de la identificación con el ego basada en el pensamiento conceptual. Los psicólogos occidentales nos dicen que los niños no vienen al mundo con un sentido del yo. Desarrollamos el sentido del yo al mismo tiempo que el pensamiento conceptual o representacional: desde los dieciocho meses de edad hasta los dos años. A esa edad desarrollamos las autorrepresentaciones, que son las imágenes mentales de uno mismo, y las representaciones objetuales, que son las imágenes internalizadas que tenemos de los demás. El pensamiento conceptual y la consciencia de sí son desarrollos importantes que nos impulsan hacia la independencia, que nos permiten funcionar y nos ayudan a relacionarnos con los demás. La consciencia de sí es también la forma en que creamos una imagen definida de nosotros mismos que es importante para las funciones del ego. Esta forma normal de distinguir entre «mí» (como cuando decimos «mi cuerpo») y lo que me rodea es importante para sobrevivir y prosperar. Todos hemos visto a niños de dos años ejercitándose en este nuevo desarrollo: «*mi* juguete», «*mi* mamá» y «¡lo hago *yo solo*!».

## Ampliar el modelo del crecimiento humano

Para crecer es necesario descubrir un nuevo fundamento para la identidad. De hecho, las últimas etapas del trabajo emocional y psicológico que conducen al bienestar esencial no pueden abordarse hasta después de que empiece el despertar. Para alcanzar esta nueva etapa tenemos que ampliar los modelos del desarrollo y concebir nuevas formas de madurar hasta esas etapas siguientes. Y así como los padres apoyan el progreso de un niño en cada uno de sus niveles, nosotros también tenemos que apoyarnos mutuamente en el despertar y el crecimiento.

Aunque el despertar se produce de manera diferente en el caso de cada uno, parece que se despliega un proceso que tiene unos principios y unas etapas comunes. Muchas tradiciones espirituales reconocen que existen etapas del desarrollo tras el cambio inicial del despertar. Por ejemplo, incluso en tradiciones como el zen, que hace hincapié en el despertar súbito inicial (*kensho* o *satori*), se reconoce la necesidad de la maduración. Tozan, maestro zen, identifica cinco etapas de desarrollo tras el reconocimiento inicial. La tradición espiritual *dzogchen* hace referencia a cuatro etapas progresivas: reconocimiento, realización, estabilización y expresión. El misticismo cristiano habla de las fases de la purgación, la iluminación y la unión. La tradición religiosa *mahamudra* describe cuatro etapas: atención enfocada en un solo punto, sabor único, no discriminación y no meditación. Adyashanti, maestro contemporáneo del despertar, describe las etapas del «despertar de la cabeza, despertar del corazón, despertar del vientre y despertar de la raíz». Aunque cada una de estas descripciones pertenece a lenguajes culturales diferentes, todas coinciden en que hay etapas de despliegue tras el despertar inicial.

Pasado cierto punto de la edad adulta, con el fin de seguir desarrollándonos tenemos que pasar nuestra identidad a la consciencia en la que aparecen todas las líneas del desarrollo. Podemos aunar el conocimiento psicológico y la sabiduría antigua sobre el despertar para alcanzar una nueva etapa del desarrollo. La mayor parte de las personas que están leyendo este libro están ya en un nivel suficientemente maduro como para empezar el entrenamiento para el despertar del que hablamos aquí.

Este modelo nuevo del desarrollo humano se ha construido sobre el anterior. Aunque no existe un modelo que pueda ser inalterable, puesto que el proceso de crecimiento de cada uno presenta sus particularidades, sí que hay unos principios generales que puede ser muy útil reconocer. Propongo un modelo consciencial que describe tres etapas tradicionales de crecimiento psicológico —la *dependencia,* la *independencia* y la *socialización*— y tres etapas paralelas de despertar —la *transcendencia,* la *encarnación* y la *interconexión*—. Denominaré *despertar* a la transcendencia, *despertar interior* a la encarnación y *despertar exterior* a la interconexión.

| ETAPAS DEL DESARROLLO DEL EGO | ETAPAS DEL DESPERTAR |
|---|---|
| Dependencia | Despertar (transcendencia) |
| Independencia | Despertar interior (encarnación) |
| Socialización | Despertar exterior (interconexión) |

De niños, cuando venimos a este mundo, somos incapaces de cuidar de nosotros mismos y *dependemos* de los adultos para sobrevivir. En la primera etapa de la vida desarrollamos vínculos estrechos con quienes nos cuidan. Según crecemos y somos capaces de arreglárnoslas por nosotros mismos, desarrollamos la *independencia*. Conforme seguimos creciendo, es importante que las funciones de nuestro ego sigan desarrollándose, que internalicemos continuamente nuevos niveles de información y que sigamos creciendo emocionalmente, de manera que al final seamos capaces de vivir por nuestra cuenta. La *socialización* requiere que los niños empiecen a compartir y a cooperar con los demás. En la primera adultez hemos aprendido ya a interactuar con los demás en el trabajo y a asumir papeles en nuestra comunidad. Con el fin de desarrollar la empatía y la compasión aprendemos a ver el punto de vista de los demás y a ponernos en su lugar.

Es posible reconocer y describir estas etapas en un lenguaje contemporáneo y accesible. El despertar empieza con el *despertar* propiamente dicho, en que transcendemos la identificación con el ego para permanecer en la consciencia despierta; continúa con el *despertar interior*, en que despertamos a nuestro cuerpo y nuestras emociones; y acaba con el *despertar exterior*, en que despertamos a las relaciones y a nuestro desempeño en el mundo. El *despertar* conoce desde la consciencia despierta, el *despertar interior* conoce desde la consciencia despierta encarnada y el *despertar exterior* conoce desde la consciencia abierta de corazón.

## EL DESPERTAR

Esta etapa contiene dos fases: la primera es despertar *de* la identificación con el ego, y la segunda es despertar *a* la consciencia despierta en tanto que nuestro nuevo sistema operativo. Cuando observamos desde la consciencia despierta, nos vemos inmediatamente liberados del sufrimiento de la avaricia y del miedo. Hemos trasladado nuestra identidad de la identificación con el ego al yo testigo, y hemos pasado a conocer desde la consciencia no conceptual.

Al despertar, lo que transcendemos no son las funciones de nuestro ego, ni nuestro cuerpo, ni nuestra personalidad, sino el proceso en curso de la identificación con el ego. Una de las razones principales por las que no entramos de manera natural en la primera etapa del despertar es que las fortalezas y las defensas de nuestro ego, que fueron tan vitales al principio de nuestro proceso de desarrollo, están evitando que sigamos creciendo. Puede ser que nos cueste soltar la identificación con el ego con la que estamos tan familiarizados, de manera semejante a cómo a los niños de preescolar les cuesta soltar la mano de sus padres el primer día de escuela. Es importante desarrollar una función del ego saludable para pasar por la escuela, formarse profesionalmente, hacer carrera y levantar una familia. Pero como hemos creado una limitada identificación con el ego a partir del pensamiento conceptual y las funciones del ego, ¡hemos levantado defensas contra nuestra nueva etapa de crecimiento! De hecho, parece que cuanto más listos somos, tanto más complejas se vuelven nuestras defensas contra el abandono de la vieja identidad. Descubriremos que se produce una reconfiguración de las funciones del ego, como la memoria y el lenguaje, cuando nos manejemos desde la consciencia despierta en tanto que el ámbito del Ser.

Despertar es un cambio importante en nuestra vida, pero es dramático. Conforme atravesamos la fase inicial del soltar, podemos tener la sensación de estar yendo hacia atrás o de caer en un vacío, lo cual puede parecernos peligroso y atemorizante. Un alumno dijo que el tránsito por el no saber «me hace tener la sensación de que abandono todo lo que sé, de que abandono el suelo sólido y entro en un espacio de ausencia de conocimiento». Si nos detenemos en la primera fase, la del despertar de la identificación con el ego, el miedo a lo desconocido puede paralizarnos. Las fuertes defensas de nuestro ego nos dicen que «evitemos el vacío». Tenemos que seguir con la segunda fase: despertar a la consciencia despierta.

Aunque pueda parecerle extraño o esotérico a la persona promedio de la calle, despertar es algo verdaderamente natural y puede convertirse en la nueva normalidad. Tanto para un bebé como para la persona que esté en los albores del despertar –un «bebé consciencial»–, es esencial sentirse arropado por una sensación de seguridad y de confianza. En el caso del bebé, encuentra la seguridad en el contacto físico y la vinculación afectiva con sus cuidadores, lo que se conoce como *apego*. La sensación firme de que su cuerpo entra en contacto con otros cuerpos, de que es sostenido y reconfortado, hará que el bebé cuente con una base psicológica firme y saludable.

En lugar de encontrar la identidad en el apego a otra persona, la identidad del bebé consciencial se asienta primero en el no apego: suelta su aferramiento al mundo físico, a su propio cuerpo, a los demás y a las imágenes mentales que tiene de sí mismo. Entonces el bebé consciencial encuentra la seguridad y la confianza en la consciencia despierta no física y en la vitalidad cambiante. La tabla siguiente ilustra qué tienen en común y qué tienen de diferente la primera etapa del crecimiento y la primera del despertar.

| PRIMERA ETAPA DEL DESARROLLO DEL NIÑO | PRIMERA ETAPA DEL DESPERTAR |
|---|---|
| **Problema:** seguridad y confianza | **Problema:** seguridad y confianza |
| **Modo:** vinculación física | **Modo:** consciencia despierta como base |
| **Conducta:** aferrarse | **Conducta:** soltar |
| **Tarea:** apego | **Tarea:** no apego |

## EL DESPERTAR INTERIOR

El despertar interior empieza a tener lugar cuando experimentamos que la consciencia despierta, sin forma, no está separada de la energía ni de las formas. El despertar interior junta la consciencia despierta carente de formas con nuestro cuerpo humano. Nuestra identidad se desplaza del yo testigo al Ser. Las primeras etapas del desarrollo de un niño se despliegan por sí mismas, pero las etapas posteriores requieren de una instrucción, un apoyo y un refuerzo para que pueda proseguirse hacia etapas aún más avanzadas. Por ejemplo, la etapa llamada *desarrollo en la edad escolar* no acontece por sí misma. A esa edad, los niños tienen la capacidad natural de leer y de escribir, pero no avanzarán hasta la etapa siguiente a menos que se ejerciten en estas capacidades. El despertar interior funciona de forma parecida: tenemos la capacidad de despertar interiormente y vivir desde una forma de conocer y una identidad basadas en la consciencia y, a la vez, arraigadas en el cuerpo. Conforme crecemos y despertamos tenemos que estar implicados activamente en el proceso que se despliega y aprender a participar deliberadamente en él.

Después del despertar inicial, estamos liberados de gran parte del sufrimiento interno que nos ocasionaban distintos factores egoicos, como el deseo, la aversión, la preocupación y la depresión. Sin embargo, puede ser que desconectemos y permanezcamos desapegados de la capacidad que tenemos de vivir como humanos, plenamente presentes en nuestros cuerpos. Mientras no prosigas con el despertar interior y el exterior, es posible que te dejes llevar por el relativismo ético y que estés emocionalmente desapegado.

En el despertar interior, el despertar se une al crecimiento. Con el fin de despertar interiormente, debemos aprender a permanecer arraigados en la consciencia inherente a la forma física. Cuando la consciencia despierta se encarna, descubrimos las cualidades naturales del valor, la compasión y la aceptación, las cuales nos ayudan a madurar en los ámbitos ético, emocional y el de las relaciones.

La consciencia despierta es el ámbito del Ser que todos compartimos. Cuando despertamos interiormente, descubrimos que el ser humano individual que creíamos ser es un «Ser» inocente y sabio. A partir de aquí, nuestras creencias negativas fundamentales y nuestros viejos sentimientos de vergüenza —«no soy lo suficientemente bueno», «algo está mal en mí», «soy despreciable»— ya no nos convencen.

En el nivel último, el despliegue acontece por sí mismo. El aprendizaje que se necesita para encarnar el Ser no lo lleva a cabo la mente del pensamiento conceptual, sino que lo adquiere la nueva forma que tenemos de conocer. La consciencia despierta se despliega por sí misma, y la consciencia local está activa y manifiesta curiosidad, intencionalidad y creatividad.

## EL DESPERTAR EXTERIOR

El despertar interior nos conduce, de manera natural, a darnos cuenta de que estamos unidos con todo el mundo y con toda la creación, de manera que sentimos una motivación espontánea y compasiva y empezamos a despertar exteriormente. El gran cambio atañe a la experiencia de nuestra identidad. Cuando despertamos exteriormente, ya no tenemos la limitación de sentirnos solamente como una persona física, individual y separada; en lugar de eso, también estamos interconectados con el conjunto de la vida, de la misma manera que las olas son inseparables del océano. Desde la consciencia abierta de corazón experimentamos amor y sensibilidad hacia los demás y hacia nosotros mismos, aunque no nos sentimos agobiados por nuestra vulnerabilidad, porque también sentimos un apoyo que nos hace sentir valientes. Cuando empezamos a despertar exteriormente descubrimos el *mindfulness* del corazón, que es la capacidad que tenemos de conectar con los demás y de reprogramarnos a nosotros mismos, con lo que podemos vivir desde un estado de flujo — hasta que aprendamos a hacerlo desde el Ser.

## ¿Cómo se relacionan el despertar y el crecimiento?

Es importante desarrollarse psicológicamente y avanzar a través de los niveles de la consciencia. Ken Wilber dice: «Las etapas son cómo crecemos, los estados son cómo despertamos».[3] Wilber llama «etapas de los estados» a la forma en que progresamos a través de los niveles de la consciencia; y «etapas de las estructuras» a la forma en que avanzamos a través de las etapas de nuestro desarrollo. Sabemos la enorme diferencia que hay cuando pasamos de una etapa a la siguiente, como le ocurrió a mi sobrino cuando maduró lo suficiente como para compartir su caña de pescar. Podemos ver también las espectaculares diferencias existentes entre el estado de la mente ordinaria y el estado en el que miramos desde la consciencia despierta.

Se puede estar más maduro en el ámbito psicológico de las etapas de las estructuras, o se puede estarlo en el ámbito consciencial de las etapas de los estados, y mucha gente se concentra en la meditación o en la psicología, como si una incluyese la otra de manera natural. Pero no podemos ver las estructuras de nuestro desarrollo psicológico por medio de enfocarnos en estados meditativos internos. La experiencia meditativa será interpretada a través de la lente de la estructura del nivel de desarrollo que haya alcanzado la persona. Por otra parte, si no nos ejercitamos en la meditación y en la percepción no desarrollaremos, de forma natural, los niveles sutiles de la consciencia.

Durante el desarrollo de las etapas de los estados, por medio de la indagación y la meditación no solo obtendremos estados meditativos apacibles, sino que también estaremos cambiando la estructura de nuestro cerebro y la ubicación de nuestra identidad. Gracias a estudios recientes en los que se ha usado la IRMf, actualmente sabemos que la meditación cambia nuestro cerebro, no solamente a corto plazo, sino también a largo plazo. El uso de la meditación para cambiar la manera en que el cerebro procesa las emociones, la información y la identidad es uno de los descubrimientos más importantes de los tiempos modernos. Cuando utilizamos la meditación para reubicar nuestra identidad, podemos seguir creciendo de formas nuevas.

La identidad se desplaza del ego al yo, y del yo al ser. Este proceso hacia la identidad despierta solamente es posible cuando el crecimiento y el despertar se unen. El estado de desarrollo de la identidad despierta nos permite vaciar los almacenes de las emociones reprimidas y reconfigurar el cerebro de manera que podamos responder a la vida en lugar de limitarnos a reaccionar a ella.

Tras años de observar los procesos de crecimiento y despertar de muchas personas, he llegado a tener claras dos cosas: la primera es que ninguna identidad egoica –por fuerte que sea– puede vivir una vida humana feliz, íntima y plena. Si no despertamos, experimentaremos una insatisfacción perpetua. La segunda es que, en estos tiempos, es más difícil y peligroso intentar «mantener la compostura» y «hacerlo lo mejor que podemos» desde el nivel de la identificación con el ego que emprender el viaje del despertar. Solamente tenemos que saber que el despertar es posible y tener una idea acerca de cómo proceder. Hoy día nuestra elección es o bien hundirnos, cerrarnos y fingir, o bien abrirnos paso y despertar.

**La consciencia despierta en sí no se desarrolla ni crece nunca.** En su esencia, la consciencia despierta siempre es la misma. Es intrínseca a todas las dimensiones cambiantes de nuestra experiencia, de la misma manera que el espacio existe dentro de los átomos. La consciencia despierta es semejante al espacio físico en el hecho de que está dentro de nosotros, invisible y ubicua, pero es diferente del espacio físico por cuanto es un espacio que conoce. Cuando la consciencia despierta incondicionada adquiere el protagonismo e incluye nuestro condicionamiento humano, tenemos la posibilidad de acceder a una nueva etapa, más elevada, del desarrollo humano. La práctica de la meditación, el estudio y las prácticas espirituales preliminares forman parte de las líneas de desarrollo espirituales y meditativas, pero puedes atisbar la consciencia despierta en cualquier momento, con independencia de cuál sea tu nivel de desarrollo. Puedes despertar sin haberte ejercitado en la meditación y sin haber realizado prácticas espirituales. La consciencia despierta no pasa por ningún proceso de desarrollo. Tanto si se la reconoce como si no, la consciencia ya está despierta, siempre. En definitiva, ninguna persona identificada con el ego puede despertar; si alguien emprende el camino desde ahí, no llegará al final. La identificación con el ego, entendida como aquello que creemos que somos, es aquello de lo que despertamos. El despertar tiene lugar cuando la consciencia despierta se convierte en la dimensión principal del conjunto de nuestra consciencia, en el ámbito de nuestro Ser.

**Puedes despertar, pero seguir sin crecer.** Hacer progresos solamente en el ámbito de las habilidades meditativas o de los estados místicos no te conducirá a un desarrollo humano pleno. De hecho, puedes despertar inicialmente de tu identificación con el ego y permanecer ubicado como un testigo desapegado y no enjuiciador. Desde esta ubicación de la consciencia extensa estamos libres de gran parte del sufrimiento interno provocado por aspectos egoicos como el deseo, la aversión, la preocupación y la depresión. Sin embargo, mientras no prosigamos con el despertar interior y el exterior, puede ser que permanezcamos neutrales desde el punto de vista ético, emocionalmente desapegados y desconectados.

Tenemos ejemplos de maestros espirituales de todos los países que tuvieron despertares iniciales. Algunos de estos maestros actúan de manera inmadura: abusan de la gente, del poder, del dinero, del sexo, de las drogas y del alcohol mientras afirman que han transcendido la conducta ética básica. En el libro *Toward a Psychology of Awakening* (*Psicología del despertar*), John Welwood habla de esta trampa potencial:

> Existe la tendencia a utilizar las prácticas espirituales para intentar elevarnos por encima de nuestros problemas emocionales y personales, de todos esos asuntos farragosos y pendientes de resolver que tiran de nosotros hacia abajo. Llamo *evasión espiritual* a esta tendencia de evitar o transcender prematuramente las necesidades humanas básicas, los sentimientos y las tareas de desarrollo.[4]

**Puedes crecer, pero solamente hasta cierto nivel, sin despertar.** Nuestra identificación con el ego, basada en el pensamiento, es un sistema operativo que tiene una capacidad limitada, como el sistema operativo de un ordenador. Nuestro desarrollo humano tiene un límite, a menos que despertemos de nuestro sentido del yo identificado con el ego y empecemos a vivir en la consciencia despierta. Incluso si vamos progresando bien en nuestro crecimiento psicológico, al final llegaremos a un tope, porque el pequeño sentido del yo tiene una capacidad limitada. Un sentido del yo basado en el ego solo puede llevarnos hasta cierto punto. Si queremos seguir desarrollándonos, tendremos que salirnos de la identificación con el ego, lo cual, a su vez, requerirá que despertemos. Vivir una vida despierta también requiere que despertemos interiormente, que despertemos exteriormente y que crezcamos.

Uno no tiene que esperar hasta estar completamente maduro, o tener la vida «resuelta», o llegar a la vejez antes de empezar a despertar. De hecho, muchas de las oportunidades para el despertar inicial residen en los períodos de transición, de crisis, de pérdida de seres queridos, y de caos en las vidas interiores y exteriores de la gente. Vivimos en unos tiempos en los que la identificación con el ego se derrumba porque no puede mantener el control ni manejar la intensidad de la vida. Puedes empezar a despertar ahora mismo, antes de que tengas la vida completamente resuelta o de que se haga pedazos.

## EL PUNTO DE ENCUENTRO DEL CRECIMIENTO CON EL DESPERTAR

Mientras que las etapas del principio de la madurez se apoyan culturalmente con rituales y celebraciones –graduaciones universitarias, bodas, primeros trabajos, nacimiento de niños, fiestas de inauguración del hogar, ascensos y demás– las etapas vitales, más sutiles, del despertar pasan culturalmente desapercibidas. El punto de encuentro del despertar y el crecimiento es el cambio de nuestra identidad, o del sentido de quiénes somos. Solo por medio de pasar de la identificación con el ego al ámbito del Ser tendremos la capacidad de llevar una vida íntima y plenamente emocional y de ser compasivos. La consciencia abierta de corazón nos permite sentir la vida plenamente, sin agobiarnos, angustiarnos, deprimirnos o caer en adicciones. Solamente desde la consciencia abierta de corazón podemos soportar lo que parece insoportable.

Ahora que vivimos en una época de acceso total a la información y de diálogo entre las culturas y las tradiciones espirituales tengo la esperanza de que nuestro conocimiento de la forma en que se combinan y se despliegan el despertar y el crecimiento ayudará a la gente a entrar en las etapas siguientes del desarrollo humano.

---

### ATISBO 1: La puerta de la memoria

Una de las indicaciones útiles que suelen dar los maestros de meditación a sus alumnos es decirles que no intenten recrear una experiencia de meditación positiva o perseguir un buen estado. En lugar de eso, les indican que, sencillamente, dejen que todo surja de forma natural, sin sujetarse a esperanzas, miedos ni expectativas. Este es un buen consejo. Sin embargo, existe una forma de utilizar la memoria para abrir una puerta a lo que está aquí y ahora.

Una alumna primeriza vino a verme durante un descanso en el contexto de una clase introductoria de un día de duración a la consciencia abierta de corazón. Me dijo:

—Estoy muy frustrada; no obtengo la amplitud, ni la paz, ni el bienestar que parece que están experimentando todos los demás.

Le pregunté:

—¿Puedes recordar un momento en el que sí sentiste paz, amplitud y bienestar?

Se quedó perpleja, pero luego dijo:

—Sí, claro. Hace un par de semanas, cuando fui de excursión con unos amigos y subimos a la cima de una colina para contemplar el paisaje.

—Estupendo –le dije–, vamos a utilizar esa experiencia pasada para ayudarte a que te des cuenta de que esa misma capacidad la tienes aquí y ahora.

Hice el ejercicio siguiente con ella, lo cual nos llevó unos pocos minutos. Por favor, adáptalo a una experiencia tuya concreta que recuerdes. Prueba a hacerlo ahora, después de haber leído este ejemplo:

1.  Cierra los ojos. Ahora recuerda cuando estabas de excursión. Con la imaginación, ve y siente cada detalle de ese día. Escucha los sonidos, huele los aromas y siente el aire en tu piel. Evoca el placer de estar con tus amigos. Percíbete recorriendo el último tramo y llegando a la cima de la colina.

2.  Ahora visualiza y siente que has alcanzado la cima y que estás mirando el paisaje. Siente esa apertura, tu conexión con la naturaleza, tu sensación de paz y bienestar. Ahora que has alcanzado tu objetivo, experimenta lo que se siente cuando la búsqueda ha finalizado y no hay nada más que hacer. Ve ese amplísimo cielo en el que no hay objeto alguno sobre el que pensar, y siente plenamente esa profunda sensación de bienestar.

3.  Ahora, despacio pero totalmente, empieza a dejar la visualización, el pasado y los recuerdos asociados. Permanece conectada a la alegría y

la libertad de ser que está aquí ahora. Abre los ojos lentamente. Date cuenta de que el bienestar que experimentaste entonces también está aquí ahora, y de que, una vez que has descubierto que está dentro de ti, no es necesario que vayas a ningún otro sitio en concreto del pasado o del futuro.

## ATISBO 2: La cueva del corazón

Este ejercicio es parecido a la práctica yóguica de meditación llamada *nirvikalpa samadhi*, que es un ejercicio de absorción en el que no hay ninguna autorreferencia, y a la práctica que los tibetanos llaman «la mente en negro previa a la realización». Se parece también al *yoga nidra* ('sueño yóguico'), una práctica de descanso profundo. Es posible que conozcas el ejercicio de yoga nidra llamado *shavasana*, que se hace habitualmente al final de las clases de yoga y presenta muchos beneficios porque induce una relajación muy profunda en el sistema nervioso. Es como una «siesta energética» muy potente.

Con esta práctica podrás experimentar el no yo de una manera más relajada que en el sueño, aunque tú permanecerás completamente despierto, pero sin contenidos y sin un yo. La mayoría de las prácticas de atisbo han mostrado una vista del infinito cielo diurno. En el ejercicio de la cueva del corazón, la experiencia del no yo es como el cielo infinito de la noche: una experiencia de consciencia negra como el terciopelo negro.

Ramana Maharshi, el gran sabio moderno, recomendaba a menudo dos ejercicios. Uno era una autoindagación a través de preguntarse directamente «¿quién soy yo?». El segundo ejercicio, que es menos conocido, es lo que Ramana llamaba «descansar en la cueva del corazón, en el lado derecho del pecho». No describió nunca con mucho detalle cómo hacer este ejercicio, pero experimenté con él para ver qué me parecía. Al utilizar la consciencia local para entrar en la cueva del corazón pareció abrirse una dimensión profunda de la consciencia. La versión que ofrezco tiene sentido para mí y parece ir bien a muchas otras personas. Muchos de mis alumnos dicen que este es uno de sus ejercicios favoritos.

En el lado izquierdo de tu pecho está tu corazón biológico. A la gente le parece que su corazón emocional está en lo alto de su pecho, cerca de la garganta.

El chakra –o centro de energía– del corazón se ha descrito como ubicado en la parte central del pecho, un poco hacia abajo. En el lado derecho del pecho está la cueva del corazón, que es el espacio seguro del corazón. Allí es donde estaría el corazón físico si estuviese en el lado derecho del pecho, pero hay un espacio en su lugar.

En este ejercicio desenganchas la consciencia local del pensamiento y dejas que descienda hacia el lugar seguro y sosegado que es la cueva del corazón. Es una forma de descanso más profunda que el sueño, aunque estás completamente despierto. Cuando el cuerpo descansa profundamente, la tendencia normal es que la mente se duerma. En este caso, cuando permitas que tu cuerpo y tu cerebro descansen profundamente, mira a ver si hay también una consciencia que siga completamente despierta: una especie de claridad que es como el terciopelo negro, o como el cielo de la noche.

Algunas personas han dicho que un período corto de descanso en la cueva del corazón las hace sentir como si hubiesen disfrutado del equivalente a la mejor noche de sueño de sus vidas. Gózalo.

1. Siéntate cómodamente, o échate de espaldas. Cierra los ojos y respira profundamente un par de veces de manera que te sientas alerta, vivo y despierto.

2. Ahora deja que la consciencia local se desenganche del pensamiento. Déjala que caiga lentamente, como una hoja, por debajo de tu cuello y que encuentre un lugar seguro y apacible dentro de la parte superior del lado derecho de tu pecho. Puede parecer como si este espacio seguro tuviera una lucecita, o pequeños puntos de luz, o bien podría estar completamente oscuro, como el terciopelo negro.

3. Permite que tu consciencia descanse en este silencio de terciopelo negro sin dormirte. Siente que cada célula bebe de este descanso y esta renovación. Deja que la consciencia despierta se entregue a la cueva del corazón y que descanse como esta oscuridad profunda y resplandeciente, más profunda que el sueño y aun así completamente despierta. Quédate ahí unos diez o quince minutos, o hasta que, de forma natural, te levantes o abras los ojos.

# 12

## EL *MINDFULNESS* SIN ESFUERZO

*Dijo el meditador:*
*—Experimento un estado que no es fruto de la medi-*
*tación, aunque perdura un poco por sí mismo.*
*—¡Bien hecho! –dijo Jamgön Kongtrül–, ahora pasa*
*el resto de tu vida practicándolo.*

TULKU URGYEN RINPOCHE[1]

Hoy día, el *mindfulness* se ha popularizado mucho en nuestra cultura. Se ha revelado eficaz aplicado en muchos contextos diferentes: la psicoterapia, la espiritualidad, el tratamiento del dolor, el
tratamiento de las adicciones y la mejora de la concentración mental.
El *mindfulness* sin esfuerzo, que es una etapa más avanzada en la ejercitación del *mindfulness*, es muy útil para la gente que tiene problemas
para concentrarse en el trabajo o en la escuela, porque enseña una
manera de hacerlo desde la consciencia extensa.

El hijo adolescente de una de mis alumnas, a quien habían diagnosticado el trastorno de déficit de atención e hiperactividad (TDAH)
y tenía que esforzarse mucho en clase, acudió a mí para aprender, concretamente, el *mindfulness* sin esfuerzo. Cuando lo conocí, tenía problemas con los exámenes y para acabar los deberes escritos. Como estaba frustrado, tenía ataques de ira en la escuela y en casa. Me dijo que,
paradójicamente, se distraía más cuanto más intentaba concentrarse.
Ante esta afirmación, hice este comentario: «Parece que el hecho de

esforzarte por estar atento te está saliendo caro». Él bromeó: «Sí, estaba prestando tantísima atención que sentí que acabaría arruinado».

Le pregunté cuáles eran las actividades que más le gustaban, y me respondió que le encantaba tocar la trompeta en la banda de la escuela. Mencionó también que eran las únicas ocasiones en que podía permanecer concentrado. Le enseñé a utilizar el *mindfulness* sin esfuerzo y se aplicó a ello enseguida. Me dijo: «¡Conozco esta manera de concentrarse!; es lo que hago cuando toco».

Le expliqué cómo acceder deliberadamente al *mindfulness* sin esfuerzo dondequiera y cuandoquiera que lo necesitase, y consiguió dominar el procedimiento en seis semanas. Aprendió a entrar en la consciencia extensa, lo que le dio la capacidad de concentrarse desde una perspectiva panorámica. Fue capaz de observar sus emociones de frustración o de ira en el momento mismo de empezar a manifestarse, y de darse cuenta después de que tenía la posibilidad de no exteriorizarlas. Al final del semestre siguiente, el *mindfulness* sin esfuerzo era una segunda naturaleza para él, le iba mejor que nunca en la escuela y disfrutaba aprendiendo.

Después de haber ayudado a mucha gente a aprender esta nueva forma de concentración, actualmente creo que el fenómeno al que llamamos *déficit de atención* debería llamarse *sobrecarga de atención*, porque estamos sobreutilizando un tipo de atención que tiene sus límites. Está bien que tengamos otra opción: el *mindfulness* sin esfuerzo.

El *mindfulness* es importante dondequiera que nos encontremos en el proceso del despertar, porque en definitiva es la capacidad de seguir conectados y vinculados con lo que ocurre en el mundo relativo desde cualquier nivel de la mente. Pero aquello a que podamos aplicarlo dependerá del nivel de la mente en el que estemos ubicados.

## El *mindfulness* deliberado y el *mindfulness* sin esfuerzo

En su libro *Rainbow Painting* (*Pintar arco iris*), Tulku Urgyen Rinpoche dice que en el *dzogchen* hay seis clases de *mindfulness*, y luego habla de los dos tipos principales: «Existen dos tipos de *mindfulness*: deliberado y sin esfuerzo».[2] Puedes utilizar el *mindfulness* deliberado como un ejercicio inicial que te conduzca al *mindfulness* sin esfuerzo, o bien puedes empezar a practicar la meditación con el *mindfulness* sin esfuerzo. Aunque se empiece con el *mindfulness* sin esfuerzo se obtienen igualmente todos los beneficios del *mindfulness* deliberado.

El *mindfulness* deliberado es el tipo más básico de *mindfulness* con que la mayoría de nosotros nos hemos encontrado. La palabra del budismo *theravada* equivalente a *mindfulness* es *sati* (en el idioma pali), que se traduce frecuentemente por 'recordar'; pero no significa recordar en el sentido de rememorar acontecimientos pasados. Cuando se utiliza en el contexto del *mindfulness* deliberado, *sati* significa recordar volver al objeto de concentración cuando la atención se distraiga. El *mindfulness* deliberado requiere que regresemos constantemente, que volvamos a recordar y a prestar atención.

La falta de fuerza de voluntad no es el motivo de que perdamos la concentración. El motivo de que no podamos permanecer concentrados es que la mente ordinaria desde la que observamos siempre está moviéndose y cambiando. En el *mindfulness* deliberado tenemos que volver a aplicarnos continuamente a la tarea por medio de recrear activamente no solamente la concentración sino también «al que se concentra» una y otra vez dentro de la mente ordinaria.

Los dos ejercicios más conocidos del *mindfulness* deliberado son la atención unidireccional y la observación carente de juicios de los pensamientos, sentimientos y sensaciones. Tradicionalmente, el *mindfulness* deliberado abarca ambos: *shamata* ('morar en la calma') y *vipassana* ('ver las cosas tal y como son en realidad'). En los últimos años, los investigadores han estudiado exhaustivamente ambos tipos de *mindfulness* deliberado, y se refieren a *shamata* como atención enfocada y a *vipassana* como monitoreo abierto.

Algunas tradiciones del *mindfulness* deliberado se enfocan en aquietar la mente parlanchina con una concentración disciplinada; otras adoptan un enfoque más paciente, basado en regresar suavemente cada vez que la mente se distrae. El primer método de concentración utiliza ejercicios como contar las respiraciones (procedente del zen) o las nueve etapas del desarrollo de la atención (procedente del budismo tibetano) para mantener la concentración hasta que se aprenda esa capacidad. El segundo método del *mindfulness* deliberado empieza con la tarea de intentar sostener la atención. Cuando la mente, inevitablemente, empiece a divagar, tomaremos consciencia de habernos distraído y volveremos a aplicar la atención, una y otra vez. Este enfoque hace hincapié en la consciencia sin juicios, más que en la concentración.

El segundo tipo de *mindfulness*, el denominado *sin esfuerzo*, es conocido también como *mindfulness innato*. *Mindfulness* sin esfuerzo no significa que no tengamos que hacer un esfuerzo inicial. No se nos pide que «no hagamos nada», ni que «intentemos no esforzarnos» (¡intentar no esforzarse puede suponer un gran esfuerzo!). La denominación *sin esfuerzo* hace referencia al descubrimiento de que la consciencia despierta es consciente de forma espontánea, sin necesitar nuestra ayuda ni nuestro esfuerzo. La consciencia sin esfuerzo es una descripción de la forma en que experimentamos la vida de manera natural cuando operamos desde la consciencia despierta.

Una forma de empezar a practicar el *mindfulness* sin esfuerzo consiste en hacer que la consciencia local dirija su mirada al meditador consciente. Cuando se busca al meditador, no se puede encontrar. En lugar de eso, se descubre que la consciencia extensa es consciente sin tener que esforzarse por ello. Al vivir desde la consciencia despierta, recibimos el apoyo de eso que ya es consciente. Con este apoyo somos capaces de concentrarnos sin esfuerzo desde la consciencia extensa. Desde el *mindfulness* sin esfuerzo no hay necesidad alguna de concentrarse obstinadamente. La consciencia extensa es el fundamento de la mente despierta y consciente, la cual, a diferencia de la mente ordinaria, no está hecha de pensamientos cambiantes; por eso podemos concentrarnos y prestar atención a las cosas sin tener que esforzarnos. Cuando la consciencia despierta se desplaza desde el fondo hasta el primer plano, nuestra forma de conocer ya no está ubicada en los contenidos de nuestra mente ni se ve limitada por ellos.

Podemos ejercer el *mindfulness* desde cualquiera de los cinco niveles de la mente que mencioné antes: la mente ordinaria, la mente sutil, la mente despierta y consciente, la mente simultánea y la mente-corazón. El *mindfulness* deliberado se ejercita desde los dos primeros niveles de la mente: la mente ordinaria y la mente sutil. El *mindfulness* sin esfuerzo acontece desde los siguientes tres niveles de la mente. Lo más importante a tener en cuenta es que no podemos practicar el *mindfulness* sin esfuerzo desde la mente ordinaria ni desde la mente sutil.

Un famoso modernizador de la meditación *mindfulness*, Jon Kabat-Zinn, define de esta manera el *mindfulness* deliberado: «*Mindfulness* significa prestar atención de una manera concreta: a propósito, en el momento presente y sin emitir juicios».[3] Esta definición puede aplicarse tanto al *mindfulness* deliberado que ejercemos desde la mente ordinaria como al que ejercemos desde la mente sutil. La mente ordinaria tiene que intentar deliberadamente no ser juzgadora porque está ubicada en el pensamiento dualista, que siempre está comparando y juzgando. En cambio, un indicio de que estamos ejerciendo el *mindfulness* desde la mente sutil lo constituye el hecho de que, de forma natural, no juzgamos. El *mindfulness* deliberado sin objeto –a veces llamado «*shamata*» *sin objeto* o *consciencia sin elección*– sigue viendo desde el punto de vista de la mente sutil.

Piensa en la diferencia que hay entre la respiración sin esfuerzo y la respiración deliberada. Imagina que cada vez que necesitases respirar tuvieses que recordarlo. Advertir el *mindfulness* sin esfuerzo es como darse cuenta de que la respiración acontece por sí misma. Cuando miramos desde la consciencia despierta, no necesitamos realizar ningún esfuerzo para ejercer el *mindfulness*. Desde el *mindfulness* sin esfuerzo tenemos la capacidad de utilizar la consciencia local para enfocarnos deliberadamente mientras la consciencia despierta permanece completamente abierta. El *mindfulness* sin esfuerzo nos empodera con la capacidad natural de estar con nuestros pensamientos y nuestras emociones sin tener que supervisarlos constantemente. Encontramos el *mindfulness* sin esfuerzo por medio de entrar en la consciencia extensa y, luego, enfocarnos desde ella.

Existen dos tipos más de *mindfulness* sin esfuerzo. Cuando pasamos a estar en la consciencia despierta encarnada podemos utilizar el *mindfulness* no dual. El otro tipo es el *mindfulness del corazón*, que consiste en ser consciente ya no desde la consciencia extensa transcendente ni desde la presencia encarnada, sino desde la consciencia abierta de corazón.

En el avance paulatino que ofrecen muchos enfoques meditativos, el *mindfulness* sin esfuerzo se considera una práctica avanzada, pero a los principiantes puede resultarles tan fácil de aprender como el *mindfulness* deliberado. El *mindfulness* sin esfuerzo es algo así como montar en bicicleta en una calle que presenta una pendiente ligeramente descendiente: una vez que aprendemos a mantener el equilibrio, podemos rodar hacia abajo sin tener que pedalear.

La tradición *dzogchen* dice: «Sostén principalmente la consciencia libre con el *mindfulness* innato».[4] Este dicho es tanto una descripción de lo que ocurre en el nivel de la consciencia despierta como una instrucción para manejarnos desde la mente despierta y consciente. La primera diferencia respecto del *mindfulness* deliberado es que la consciencia despierta es a la vez el sujeto y el objeto; la segunda es que somos conscientes desde dentro del cuerpo y de la mente en lugar de observar desde fuera. Es como decir: «Sostén el amor por la persona de quien estás totalmente enamorado».

Existe una cualidad de devoción, disposición, interés, concentración y también entrega. El sostenimiento no tiene lugar a partir de ningún esfuerzo llevado a cabo por nuestra identificación actual con el ego ni por la voluntad de este. Aun así, el sostenimiento es una instrucción importante para la estabilización, la permanencia y la expresión, que evita también que adoptemos una actitud demasiado pasiva. El *mindfulness* sin esfuerzo hace la transición desde la realización inicial hasta la capacidad de vivir desde la consciencia primordial y libre. Desde la consciencia abierta de corazón, el *mindfulness* del corazón es la conexión de lo infinito con lo finito, y de cada ser humano con los demás y con el mundo.

En la tradición *mahamudra*, la manera de concentrarse a partir del *mindfulness* deliberado se denomina *perspectiva del evento*, porque miramos eventos o contenidos de nuestra mente. El *mindfulness* sin esfuerzo

utiliza un método de concentración llamado *perspectiva de la mente* porque cambiamos la dirección de nuestro enfoque para mirar la naturaleza de nuestra propia mente. El *mindfulness* sin esfuerzo empieza a
menudo con la práctica de la consciencia de la consciencia. Este darle
la vuelta a la consciencia se denomina *instrucción de orientación*. La práctica de *mindfulness* sin esfuerzo de mirar desde la consciencia extensa
se denomina *rey del «samadhi»* y se describe como un águila que vuela
alto a la vez que mira su nido.

Aunque se utiliza en el budismo tibetano, el *mindfulness* sin esfuerzo puede encontrarse también en otras tradiciones meditativas. En su
libro *Mindfulness: A Practical Guide to Awakening* (*Mindfulness: Una guía
práctica para el despertar espiritual*), Joseph Goldstein, cofundador de la
Sociedad para la Meditación del Insight, escribe que aunque la mayor
parte del enfoque del budismo *theravada* está puesto en el *mindfulness*
deliberado, esta tradición reconoce no obstante que el *mindfulness* sin
esfuerzo es el *mindfulness* no provocado.

Goldstein escribe lo siguiente del *mindfulness* no provocado:

[...] surge espontáneamente por la fuerza de su propio impulso. No
se necesita ningún esfuerzo concreto. Sencillamente, acontece por sí
mismo. En este estado de consciencia sin esfuerzo podemos discernir aún más la presencia o la ausencia de un punto de observación
de referencia, la sensación de que alguien está observando o siendo
consciente.[5]

Con el *mindfulness* sin esfuerzo hemos pasado a ver desde la consciencia extensa. Estamos en un nivel diferente de la mente, un nivel
que es estable, calmado y capaz de permanecer sin distraerse de manera natural. La consciencia extensa tiene la capacidad de observar
sin esfuerzo el surgimiento de los pensamientos, los sentimientos, las
emociones e incluso las subpersonalidades sin necesidad de identificarse con ello, ni juzgarlo, ni negarlo, ni oponerse a ello ni proyectarlo
sobre los demás. Igual que el espacio, la consciencia extensa no puede
verse aumentada ni disminuida por cualquier forma que surja dentro

de su campo; solamente existe una aceptación natural de todo. El *mindfulness* sin esfuerzo es como un espejo que refleja sin emitir juicios.

Se puede alcanzar el *mindfulness* deliberado o bien por medio de separarse de los contenidos de la mente, o bien por medio de descansar hasta que los contenidos de la mente estén separados del meditador consciente. Ahora bien, el *mindfulness* sin esfuerzo no consiste en dar pasos atrás que nos lleven cada vez más lejos, como si estuviésemos llevando a cabo una regresión infinita hacia un testigo cada vez mayor. Empieza con una vuelta en redondo de la consciencia para mirar a través del ego observador. Cuando hacemos esto, la ubicación del observador se abre o se disuelve. El objetivo es descubrir la ausencia de la identificación con el ego y darnos cuenta de que la consciencia despierta extensa es nuestro nuevo fundamento.

## Dos enfoques de la calma y la percepción

Aunque el objetivo último del despertar es el mismo, el *mindfulness* deliberado y el *mindfulness* sin esfuerzo abordan de forma diferente la permanencia en la calma y la percepción. En el *mindfulness* sin esfuerzo, en lugar de intentar calmar los contenidos de la mente, nos salimos de la mente ordinaria y entramos en una mente que ya está en calma, alerta y despierta, que ya es consciente. El enfoque del *mindfulness* deliberado aborda la permanencia en la calma por medio del uso de la concentración unidireccional y la meditación de la bondad amorosa. Concentración unidireccional significa enfocarse en un objeto, tal como la respiración; en darse cuenta, sin juzgar, de que la atención se ha distraído; y en regresar continuamente al enfoque en el objeto. La meditación de la bondad amorosa utiliza frases sencillas y positivas para generar sensaciones de bienestar emocional, físico y mental. La meditación de la bondad amorosa nos conduce a morar en la calma y reduce el miedo, el odio y la ira por medio de afirmar el amor y sentirlo hacia uno mismo, los seres queridos, los conocidos e incluso las personas con las que no nos llevamos bien.

La concentración unidireccional reprime la mente ordinaria y la red del modo predeterminado. Aunque nos concede un descanso, también reprime, en cierta medida, la creatividad, las emociones y el funcionamiento superior. En cambio, el alojamiento en la calma del *mindfulness* sin esfuerzo *equilibra* la red del modo predeterminado en lugar de reprimirla. Por lo tanto, la distracción de la mente autorreferencial no nos arrastrará y todavía podremos disponer de nuestras capacidades creativas. Cuando utilizamos el *mindfulness* deliberado observamos nuestros pensamientos como si fueran posesiones o piezas de ajedrez que podemos mover de un sitio a otro. Mingyur Rinpoche describe el enfoque del *mindfulness* sin esfuerzo:

> Accedemos a la mente del alojamiento en la calma por medio del reconocimiento. ¿Qué es lo que reconocemos? La consciencia: la omnipresente cualidad de conocer que tiene la mente, de la que no nos separamos ni siquiera un instante. Aunque normalmente no reconocemos la consciencia, no podríamos vivir sin ella más de lo que podríamos vivir sin respirar. Por esta razón utilizo a menudo las denominaciones *shamata* y meditación consciente indistintamente. Descubrir nuestra propia consciencia nos permite acceder a la estabilidad y la claridad que se encuentran en nuestra mente de forma natural. Esta estabilidad y claridad están ahí independientemente de las condiciones y las circunstancias, de nuestros estados de ánimo y de nuestras emociones.[6]

En el *mindfulness* del corazón aprendemos a entrar en la consciencia amorosa —el *bodhicitta* definitivo— que siempre impregna el campo con una sabiduría ubicua y compasiva. En lugar de empezar con el alojamiento en la calma, empezamos con el reconocimiento directo de la consciencia despierta y con el profundo descubrimiento de que la mente despierta y consciente ya está presente y es calmada, intuitiva y amorosa por naturaleza.

Cuando utilizamos el *mindfulness* sin esfuerzo y el *mindfulness* del corazón, empezamos a relacionarnos más íntimamente con nuestros pensamientos y sentimientos. Podemos escuchar las voces y las necesidades de las subpersonalidades, con las cuales nos identificábamos anteriormente, si bien ahora ya no creemos que sean el centro de lo que somos. Ahora reconocemos fácilmente esas partes como meras funciones del ego –papeles que podemos interpretar–, pero no como quienes somos. Cuando descubrimos la consciencia abierta de corazón, no tenemos que volver a la identificación con el ego, porque la consciencia no conceptual nos ha sacado de nuestro sistema operativo basado en el pensamiento. Conforme nos liberemos de la identificación con el ego ya no estaremos a merced de nuestros estados de ánimo, de nuestro miedo al futuro o de nuestros remordimientos en relación con el pasado.

## El experimento del *mindfulness* sin esfuerzo

Con los años he puesto a prueba la eficacia del *mindfulness* sin esfuerzo en talleres de meditación en muchos entornos distintos. Los treinta y cuatro grupos diferentes de personas con los que he trabajado al respecto han incluido desde doce hasta ciento cincuenta participantes. Y el grado de su experiencia en el campo de la meditación también ha sido diverso; ha incluido desde principiantes hasta veteranos.

En el experimento, los grupos intentaban mantener una concentración continuada utilizando dos estilos distintos de meditación: el *mindfulness* deliberado y el *mindfulness* sin esfuerzo. Les daba esta instrucción a los participantes: «Concentraos en la sensación de la respiración en la nariz o en el vientre, e intentad mantener una concentración continua». Como forma de medir si mantenían o no esa concentración constante, les pedía que etiquetasen sus inspiraciones con un número, contando de uno a cincuenta. Les pedía que durante las espiraciones no utilizasen ningún número, sino que permaneciesen conscientes de lo que sentían al espirar. También les decía: «Intentad mantener continuamente la concentración en vuestra respiración sin perder la cuenta ni dejar que la mente se distraiga. Si vuestra mente se distrae o perdéis la cuenta, daos cuenta de ello. Podéis empezar a contar otra vez desde uno o retomar la cuenta donde os perdisteis».

En un grupo reciente, constituido por ochenta y cinco hombres y mujeres, empecé por pedirles que utilizasen primero el *mindfulness* deliberado. Solo dos de los alumnos de entre los ochenta y cinco dijeron que habían sido capaces de sostener la concentración de forma continua y no perder la cuenta. Luego, después de haber dedicado quince minutos a enseñar al mismo grupo el *mindfulness* sin esfuerzo, ochenta de los participantes dijeron que habían sido capaces de contar hasta cincuenta sin perderse.

Suelo realizar este experimento al principio de los talleres y no les digo a los participantes el propósito del mismo, para no influir en el resultado. He alternado el orden de las prácticas del *mindfulness* deliberado y sin esfuerzo. También he contado con personas que han funcionado como grupo de control, a las que he pedido que contasen cincuenta respiraciones, sin darles más instrucciones. Los resultados son siempre parecidos: en cada uno de los grupos, un promedio del cinco por ciento de las personas que no han recibido ninguna instrucción llegan a contar las cincuenta respiraciones, y un diez por ciento aproximadamente lo consiguen por medio del uso del *mindfulness* deliberado. En cambio, el ochenta y cinco por ciento de los meditadores de mis grupos han sido capaces de contar hasta cincuenta sin perder la cuenta de sus respiraciones cuando han utilizado el *mindfulness* sin esfuerzo.

## Las ventajas de empezar con el *mindfulness* sin esfuerzo

En el *mindfulness* deliberado deconstruimos la identificación con el ego sin proporcionar una alternativa. Cuando nos salimos de la identificación con el ego, las defensas egoicas relacionadas con dicha identificación también se deconstruyen, y puede surgir una oleada de material inconsciente y de emociones reprimidas. La intensidad de esta oleada puede ser difícil de soportar cuando ya no se tiene ni la vieja identidad ni una nueva base —un estado al que a veces se llama *intervalo de ausencia de ego*—. En palabras de Willoughby Britton, investigador neurocientífico de la Universidad Brown que ha estudiado varios de los efectos secundarios potencialmente negativos de la meditación *mindfulness*: «Una gran cantidad de material psicológico va a surgir y procesarse. Viejos rencores, heridas, este tipo de cosas».[7]

Por otra parte, he visto que supone una gran ventaja empezar con el reconocimiento directo de la consciencia despierta, de manera que podamos evitar vernos atrapados en el intervalo de la ausencia de ego. Un motivo importante por el que empezar por el *mindfulness* sin esfuerzo es que entramos inmediatamente en la consciencia despierta, que es un recurso infinito capaz de gestionar todas las emociones difíciles. Además, la consciencia despierta constituye una base mucho más fuerte y convincente para manejarse en el mundo que la identificación con el ego. Enfrentarse con el intervalo de ausencia de ego ya es bastante difícil, pero se agrava cuando los mecanismos de defensa del ego siguen tirando de nosotros para que volvamos a identificarnos con este. De manera que muchas personas se asustan y regresan a dicha identificación. En cambio, desde la consciencia despierta podemos sentir los miedos, oír las dudas y darles la bienvenida.

Para practicar la visión interna por medio del *mindfulness* deliberado se necesita normalmente un lugar especial –una sala de meditación, un centro de retiro o una habitación silenciosa– para observar la experiencia interior. Por el contrario, la práctica de la visión interna por medio del *mindfulness* sin esfuerzo puede llevarse a cabo con los ojos abiertos, en mitad del día. Es importantísimo darse cuenta de que el tipo de atención que se usa en el *mindfulness* deliberado no puede utilizarse para pasar al *mindfulness* sin esfuerzo.

El *mindfulness* deliberado aborda la visión interna por medio de utilizar los cuatro fundamentos del *mindfulness* que se encuentran en el *Sutta Satipatthana*: el ejercicio de observar cuatro tipos diferentes de objetos internos, a saber, las sensaciones físicas, los sentimientos agradables y los desagradables, la mente y los objetos mentales. Con la práctica de los cuatro fundamentos del *mindfulness* deliberado se deconstruye el mini yo por medio de observar las partes de la mente que originan la sensación de separación. El *mindfulness* deliberado nos conduce a la visión interna de quienes no somos. Por el contrario, la visión interna del *mindfulness* sin esfuerzo nos permite darnos cuenta de cuál es el fundamento de lo que *sí somos* por medio de conducirnos a reconocer la consciencia despierta directamente.

## Los cinco fundamentos del *mindfulness* sin esfuerzo

Como forma de organizar la práctica del *mindfulness* sin esfuerzo de una manera similar a como se organiza el *mindfulness* deliberado, ofrezco aquí los cinco fundamentos del *mindfulness* sin esfuerzo: la consciencia de la consciencia es plenamente consciente de la consciencia; la consciencia es consciente de sí misma en tanto que naturaleza de la mente; la consciencia ubicada en la consciencia extensa es consciente desde la mente despierta y consciente; la consciencia despierta encarnada es consciente desde la mente simultánea; y la consciencia abierta de corazón utiliza el *mindfulness* del corazón para crear y relacionarse.

1. **La consciencia de la consciencia es plenamente consciente de la consciencia.** No podemos utilizar la atención consciente que usamos en el *mindfulness* deliberado para concentrarnos en la respiración y los pensamientos con el fin de encontrar la consciencia despierta; por lo tanto, tenemos que encontrar una forma de descansar en la naturaleza de la mente, o de utilizar la consciencia local para hacernos conscientes de la consciencia extensa. En la meditación del *mindfulness* deliberado estamos ubicados en la mente sutil, observando los contenidos de nuestra consciencia. Sin embargo, este primer fundamento del *mindfulness* sin esfuerzo es un giro en redondo en el que dejamos de observar por medio de nuestros ojos los contenidos de nuestro cuerpo y nuestra mente. La consciencia de la consciencia no es un proceso incesante de revelación de la consciencia, sino un giro en U de la consciencia para que mire a través del meditador y descubra que la consciencia despierta ya es consciente como sujeto y objeto a la vez.

2. **La consciencia es consciente de sí misma en tanto que naturaleza de la mente.** Cuando la consciencia local se hace consciente de la consciencia extensa, empieza a reconocerse a sí misma. Cuando la consciencia local y la consciencia extensa se unen,

se dan cuenta de que siempre han estado unidas; es como cuando se escapa el aire de un globo y se mezcla con todo el aire de la habitación. El sujeto y el objeto se fusionan de manera semejante. Ya no hay un sujeto que conoce un objeto: desde esta perspectiva, solamente hay consciencia. La consciencia se conoce a sí misma por medio de ser ella misma. Descubrimos que la consciencia ya está despierta sin nuestra ayuda. La consciencia de la consciencia nos lleva más allá de la identificación con el ego y conoce sin consultar con los pensamientos ni con nuestros sentidos. En este segundo fundamento del *mindfulness* sin esfuerzo vamos más allá de la consciencia extensa como objeto de la meditación. Una manera de comprobar que hemos realizado este cambio es efectuar esta indagación: «¿Soy consciente de la consciencia extensa, o es la consciencia extensa consciente de sí misma?». Por favor, no te saltes la experiencia de la consciencia descansando como sí misma y pases al fundamento siguiente de la consciencia testigo. Si puedes permanecer en la consciencia consciente de sí misma —carente de contenidos, atemporal, carente de límites, conocedora— durante tres o cinco segundos solamente, esta experiencia puede llevarte al ámbito del Ser.

3. **La consciencia ubicada en la consciencia extensa es consciente desde la mente despierta y consciente.** Esta es la experiencia de regresar al cuerpo y la mente y adoptar una visión panorámica, como si estuviésemos ubicados en el ancho cielo. Este principio, que supone un cambio de perspectiva radical, puede sacarte de la identificación con el ego y llevarte a la consciencia extensa en tanto que testigo del yo. Desde la naturaleza de la mente no somos puntos aislados en un campo. Podemos permanecer concentrados sin esfuerzo desde la mente despierta y consciente, porque su fundamento es la consciencia extensa, y no los pensamientos y percepciones cambiantes. Aprendemos a confiar en que la consciencia extensa conoce; entonces ya no tenemos que volver al pensamiento en busca

de una segunda opinión. Cuando el yo testigo se establece en la consciencia extensa, es capaz de utilizar lel *mindfulness* sin esfuerzo para enfocarse y manejarse en el mundo. La consciencia local, el vehículo que nos ayudó a descubrir la consciencia extensa, se convierte ahora en una herramienta que el yo testigo utiliza a conveniencia para concentrarse en tareas concretas.

4. **La consciencia despierta encarnada es consciente desde la mente simultánea.** Es una consciencia viva y encarnada semejante a estar en «estado de flujo», o a «estar en la zona». Empezamos por experimentarnos a nosotros mismos solamente como yoes separados y sólidos que nos dimos cuenta de que éramos consciencia sin forma. La consciencia sin forma se da cuenta ahora de que también es intrínseca a las formas. La consciencia despierta hace ahora un segundo giro en redondo y se sitúa dentro para incluir los contenidos de la mente y las energías del cuerpo, pero esta vez con una perspectiva nueva. Ahora observamos lo que surge, no solamente desde fuera, sino también desde dentro del cuerpo. No somos testigos desapegados, sino que sentimos nuestros pensamientos, emociones y sensaciones desde dentro, sin tener que recrear un ego gestor. Desde el *mindfulness* sin esfuerzo podemos controlar abiertamente los niveles internos de la mente a los que no puede acceder el *mindfulness* deliberado. El *mindfulness* sin esfuerzo puede ver claramente el proceso de la consciencia de sí, las subpersonalidades, los supuestos de larga data, las partes que están en la sombra (a menudo denominadas «oscuras»), las autorrepresentaciones y la imagen que uno tiene de sí mismo. La consciencia despierta encarnada es denominada frecuentemente *consciencia unitaria* o la etapa del *sabor único* en la tradición *mahamudra*. Pasamos de estar ubicados en el cielo observador a estarlo en el océano de consciencia en el que las olas de la experiencia se alzan, llegan a su punto más alto y descienden, sin separarse jamás del mar. La mente

simultánea experimenta todos los niveles de la realidad desde la consciencia no dual: la vacuidad y la plenitud, la consciencia absoluta y el mundo relativo, lo finito y lo infinito; y el hecho de no estar en ningún sitio, en todas partes y aquí. Desde este cuarto fundamento del *mindfulness* sin esfuerzo podemos ser conscientes simultáneamente, desde la consciencia extensa, de nuestra realidad interior y exterior. Esto equilibra la red del modo predeterminado, y podemos aprender a permanecer conectados y concentrados sin tener que esforzarnos por ello. Las personas que aprenden este fundamento del *mindfulness* no dual se sorprenden mucho al comprobar que pueden entrar inmediatamente en la consciencia despierta encarnada mientras llevan a cabo sus actividades diarias en un flujo libre de tensiones, y con los ojos abiertos.

5. **La consciencia abierta de corazón utiliza el *mindfulness* del corazón para crear y relacionarse.** Ahora descubrimos la mente-corazón y la consciencia no conceptual, que es el origen más importante de nuestra nueva manera de conocer. Desde la consciencia abierta de corazón damos la bienvenida a todo pensamiento y emoción, y reconocemos la misma consciencia despierta en los demás. Nos desplazamos desde el yo testigo hasta el no yo y desde ahí pasamos a ver desde el Ser, donde sentimos que no falta nada y que a «nosotros» —en tanto que consciencia abierta de corazón— nada puede dañarnos. Somos conscientes de nuestras emociones, de nuestros patrones de identificación con el ego y de las subpersonalidades que surgen en nosotros, aunque no nos identificamos con nada de esto. Esta capacidad de permanecer conectados con todo nos concede más espacio y mayor sabiduría; más capacidad de elegir cómo responder cuando las emociones, las opiniones y los pensamientos no paran de surgir. Desde el apoyo de la consciencia abierta de corazón podemos empezar a limpiar las emociones reprimidas y reconfigurar nuestro cerebro para mejor. Nos sentimos parte del campo de la vida

y podemos concentrarnos con la consciencia local. La actividad compasiva pasa a ser nuestra expresión natural.

---

ATISBO: *Mindfulness* **sin esfuerzo**

La práctica de *mindfulness* sin esfuerzo que utilicé en el experimento del que he hablado antes en este capítulo puede hacerse utilizando la práctica de la *concentración sin esfuerzo* y la de la *consciencia panorámica* del capítulo 5. Estos dos ejercicios se hacen desde el tercer fundamento, que es la consciencia ubicada en la consciencia extensa.

Para practicar los cinco fundamentos del *mindfulness* sin esfuerzo, prueba con cualquiera de estas prácticas completas de capítulos anteriores: *desengancharse, soltar, abrirse, ver, incluir, conocer* y *permitirse ser* en el capítulo 4; *los cuatro campos del ámbito del Ser*, en el capítulo 9; o la *conexión abierta de corazón*, en el capítulo 10.

Una de las partes más importantes, singulares y a veces complicadas de los cinco fundamentos del *mindfulness* sin esfuerzo son los dos giros en U. El primero de ellos, llamado *reconocimiento*, consiste en dejar de mirar hacia fuera utilizando la mente identificada con el ego para que la consciencia local se gire a mirar la consciencia despierta. Muchas personas que participan en mis grupos o que acuden a verme en sesiones individuales son capaces de tener este atisbo inicial. De todos modos, la consciencia despierta no es solamente una experiencia temporal que nos acontece, sino que podemos realizarla en tanto que el fundamento de quienes somos.

El segundo giro en U, llamado *realización*, consiste en ubicarnos en la consciencia despierta y permanecer en ella, que entonces mira «hacia atrás» y siente de nuevo para incluir nuestro cuerpo desde dentro, y mira hacia fuera para experimentar la conexión con los demás. He descubierto que el hecho de tomarse ni que sea uno o dos minutos para soltar completamente y sentir la consciencia consciente de sí misma antes de mirar de nuevo desde la consciencia extensa es el fundamento de este salto a la libertad.

# 13

## VIVIR DESDE EL SER

*El ser humano es una casa de huéspedes. Cada ma-*
*ñana hay un recién llegado. Una alegría, una depre-*
*sión, una mezquindad, alguna consciencia momen-*
*tánea acuden como visitantes inesperados. ¡Dales la*
*bienvenida y atiéndelos a todos!*

JELALUDDIN RUMI[1]

¿Has utilizado alguna vez una cuerda para columpiarte sobre un lago desde la orilla? Soltar una cuerda que se está balanceando puede dar bastante miedo, porque abandonamos el control; dejamos la seguridad de lo conocido para volar por el aire y acabar cayendo en el agua. A pesar de nuestra inquietud, saltamos y nos balanceamos sobre el lago porque sabemos que será una experiencia emocionante. Cuando caemos al lago, nos damos cuenta de que el agua no tiene las mismas cualidades que la tierra que acabamos de dejar. Aunque la zambullida nos refresca y aporta alegría, al principio también experimentamos una ligera desorientación. Luego, ya en la superficie, experimentamos el sostén y la flotabilidad que nos proporciona el agua.

Esto es muy parecido a lo que experimentamos al hacer la transición desde la identificación con el ego hacia el Ser. La primera vez que descubrimos el Ser experimentamos un gran alivio; al fin podemos descansar. No debemos hacer nada para ser. No tenemos que pensar, porque el Ser no depende del pensamiento. El Ser no necesita que cambie nada, ni tiene que curarse para estar bien. Aunque todos nosotros tenemos la capacidad natural de morar en lo que Somos, la mayor parte de la gente se siente desorientada al principio. Debido a esta desorientación, puede ser que la identificación con el ego intente reafirmarse de nuevo. Es como si nos viésemos empujados otra vez a identificarnos con el ego, a regresar a la aparente seguridad de la orilla. Normalmente tenemos que agarrar la cuerda y zambullirnos en el agua una y otra vez antes de poder permanecer en el Ser y, al final, poder vivir desde ahí.

Si te encuentras con una fuerte resistencia interna cuando empieces a ejercitarte en la permanencia en el Ser, debes saber que se trata de algo normal. Conforme pasamos de identificarnos con el ego a identificarnos con el Ser, estamos cambiando de sistema operativo. Los viejos programas relacionados con el actual sistema operativo de la identificación con el ego se crearon para la supervivencia de este. La identificación con el ego se apropia de estos programas de supervivencia, de modo que oímos las voces del miedo, como cuando los niños nos dicen que hay monstruos bajo sus camas. Si hacemos caso a esas voces puede ser que entremos en modo de lucha o huida, como si el despertar fuese una amenaza. Cuando sientas miedo, tienes que comprobar si viene del sistema de la identificación con el ego. Con la práctica serás capaz de distinguir esas voces. ¡Acabarás por verlas como los niños que tienen un volante en el asiento trasero y fingen que son ellos quienes conducen el vehículo en realidad! Solamente necesitan que se les asegure que están a salvo, de manera que puedan relajarse y disfrutar del viaje.

Cuando abandonamos la identificación con el ego nos sentimos libres de la insatisfacción y la separación perpetuas. La ausencia del mini yo conduce al alivio, a la relajación, a la tranquilidad y a liberarse de la lucha. Sin embargo, no podemos vivir nuestras vidas desde la ausencia. El estado inicial de la ausencia de ego y de conocimiento no equivale a la caída en el lago, sino que equivale al momento de transición en que soltamos la cuerda. Tenemos que descubrir la presencia del ámbito del Ser y aprender a operar desde ahí. Desde el ámbito del

Ser, surgen un conjunto de cualidades esenciales que nos brindan apoyo: alegría, ilimitación, presencia encarnada, conexión, amor abierto de corazón y creatividad. La más importante de todas ellas es la nueva forma de conocer, que no regresa a la mente ordinaria en busca de una segunda opinión. Tenemos que desarrollar esta nueva «ausencia de conocimiento que conoce» para poder estabilizar nuestro despertar funcional. Cuando nos familiaricemos con el nuevo sistema operativo basado en la consciencia, podremos empezar a vivir desde el Ser.

Cuando vemos desde la consciencia abierta de corazón, averiguamos que los pensamientos, los sentimientos y las sensaciones (tanto agradables como desagradables) se siguen alzando en la consciencia encarnada, pero que no hay un yo separado que se apegue a estos contenidos o se sienta amenazado por ellos. Por lo tanto, podemos experimentar un nivel básico de bondad, ecuanimidad, compasión y amor incondicional que no se limita al sistema físico del dolor-placer. Nuestro cuerpo y nuestra mente experimentan la libertad y la dicha de la presencia. Entonces tenemos que permanecer con el proceso de reconfiguración de la mente-cuerpo y aprender a crear y relacionarnos desde el Ser.

Es muy infrecuente que alguien pase a vivir desde el Ser a partir de un solo atisbo inicial. Podemos obtener el reconocimiento e incluso la realización, pero la estabilización y la expresión necesitan cierto despliegue, porque la identificación con el ego y la red del modo predeterminado han establecido unos hábitos de supervivencia muy fuertes. Es importante descansar en la presencia consciente y permitir que el despertar se despliegue por sí mismo, pero el solo hecho de permanecer ahí no siempre nos conduce a la capacidad de vivir desde la consciencia abierta de corazón. Si estamos demasiado activos en el proceso de despliegue, los peligros son la intelectualización o la creación de un ego espiritual. Si estamos demasiado pasivos, entonces el peligro es que nos quedemos atascados en estados meditativos de dicha, claridad o quietud. Podemos aprender a unificar la consciencia despierta con nuestro condicionamiento humano por medio de actuar desde el Ser, activamente y con intención. Entrar en la consciencia despierta y, luego, ejecutar pequeños actos desde el Ser , como escribir un correo electrónico, es una forma de construir confianza y nuevas redes neuronales que apoyen el despliegue del despertar.

La necesidad de seguridad que cree tener la identificación con el ego va reconstruyendo viejas defensas que eclipsan la consciencia despierta. Si estamos identificados con el ego, estamos contraídos y nuestras percepciones surgen desde este nivel de la mente. Cuando nos salimos de la identificación con el ego, podemos reconocer nuestros propios pensamientos, sentimientos y subpersonalidades como contenidos cambiantes de la consciencia. Si nos comprometemos con el despliegue del despertar y nos familiarizamos con lo que es vivir desde la consciencia abierta de corazón, nuestro condicionamiento viejo y defensivo se irá volviendo menos dominante. Las cualidades del Ser y la nueva forma de conocer desde la consciencia abierta de corazón nos guiarán, pero tenemos que alimentar activamente la siguiente etapa del crecimiento, o de lo contrario podemos volver a caer en la identificación con el ego.

Se da un período de integración conforme la consciencia despierta y carente de forma se encarna como presencia y luego se conecta con los demás a través de la consciencia abierta de corazón. Puedes dejar que los amorosos brazos de la consciencia despierta te sostengan y te apoyen. Desde allí descubrirás la motivación de apoyar a quien lo necesite.

Durante este período de transición verás cómo se manifiestan los mecanismos de defensa que se crearon para ayudar a la personalidad de tu ego a sobrevivir y prosperar durante tus años de formación. Es necesario dar la bienvenida a esas defensas, liberarlas y reconfigurarlas. Incluso cuando uno está bajo las garras de viejos patrones como el miedo, la culpa, la vergüenza y la ira puede aprender a entrar más fácilmente en la consciencia despierta y luego darse cuenta de que es intrínseca a todo. Lo creas o no, todos podemos sentir un bienestar penetrante —una bondad básica— que no dependa de los constantes altibajos de la vida diaria. Conforme se va desplegando el despertar, es natural que alternemos entre la identificación con el ego, la observación de la autoconsciencia y el vivir desde el Ser. Podemos aprender a efectuar pequeños cambios durante el despliegue de este proceso que den lugar a grandes cambios.

## La psicología antes y después del despertar inicial

Se necesita cierto grado de madurez emocional y de perspicacia psicológica para prepararse para encarnar la consciencia. Sin embargo, incluso el mejor trabajo psicológico que hagamos desde la identificación con el ego podrá llevarnos solamente hasta cierto punto. Si nuestro objetivo es morar en el Ser y crear y relacionarnos desde ahí, necesitaremos un enfoque diferente una vez que el despertar haya empezado a producirse. Una de las razones de que sea tan difícil enfrentarse a las emociones reprimidas, a las partes «oscuras» y a los recuerdos traumáticos es que esas energías son más fuertes que el patrón mental de la identificación con el ego. Para que nuestros nudos emocionales puedan disolverse, la consciencia abierta de corazón tiene que acoger los sentimientos traumáticos y liberar las subpersonalidades correspondientes, que están atrapadas en la cárcel de nuestros recuerdos del pasado. Nuestras redes neuronales seguirán disparando recuerdos de traumas hasta que esos patrones traumáticos hayan sido recibidos y descargados. Solamente cuando hayamos pasado a morar en el Ser tendremos la capacidad de desintoxicar, liberar, transformar y amar todas las emociones reprimidas, los patrones kármicos y las partes «oscuras» de nosotros mismos.

Sobreviven en el cerebro vestigios de etapas de desarrollo anteriores, y las experiencias emocionales fuertes crean nudos preverbales emocionales en el cerebro y en el sistema nervioso, muy sensible, del niño. Estas impresiones neuronales no solamente generan patrones emocionales, sino también patrones de identidad. Las subpersonalidades son hábitos cerebrales que se formaron en relación con maneras de enfrentarnos a situaciones emocionalmente difíciles a una edad en la que teníamos pocos recursos y aún menos capacidad cognitiva. Aunque su objetivo es mantener la estabilidad de manera que podamos sobrevivir a los traumas, pueden acabar por preservar heridas de la niñez, sin pretenderlo.

Desde los orígenes de la psicología occidental se ha reconocido el hecho de que hay varias partes de nosotros mismos que pueden ocasionarnos sufrimiento cuando dominan nuestra identidad. Sigmund Freud dividió la psique en tres partes: *id*, *ego* y *superego*. Carl Jung también desarrolló una teoría que contemplaba múltiples partes: las *personas* (los 'personajes'), las *sombras* y los *arquetipos*; Jung consideraba que el Yo era un arquetipo. Roberto Assagioli, otro gran pensador, hizo el mapa de la interacción que tenía lugar entre múltiples subpersonalidades en una teoría que llamó *psicosíntesis*. Fritz Perls, que desarrolló la terapia Gestalt, les pedía a sus clientes que imaginasen distintos aspectos de sí mismos y hablasen con ellos; los más famosos eran el Mandamás, el Desvalido, el Progenitor internalizado y el Niño interior. Richard Schwartz desarrolló la terapia Sistemas de la Familia Interna (IFS, por sus siglas en inglés), que reconoce distintas partes interiores, como los exiliados, los protectores, los bomberos y los gerentes. La terapia IFS tiene una peculiaridad única, que es el objetivo de trabajar con subpersonalidades para establecer un Yo no identificado con el ego, parecido a lo que yo llamo el Ser. Schwartz dice que hay tradiciones esotéricas de religiones que hablan del Yo como de una «manifestación del ámbito absoluto del Ser», y dice además que «frecuentemente no hacen falta años de práctica meditativa para acceder a ello, porque existe en todos nosotros, justo por debajo de la superficie de nuestras partes extremas. Una vez que las subpersonalidades están de acuerdo en separarse de nosotros podemos acceder, de pronto, a quienes somos realmente».[2]

Cuando experimentamos una situación vital difícil en el presente, nuestro sistema nervioso puede reactivar una parte que se sienta víctima, u otra que intente protegernos. El poder que tiene un hábito neuronal (o subpersonalidad) es tan contundente que, cuando estamos en su poder, *regresamos* al patrón cerebral que se forjó en aquella edad. Sentimos verdaderamente como si fuésemos otra vez aquel niño indefenso. Las subpersonalidades y las partes «oscuras» ocultas pueden emerger cuando se las activa y pueden secuestrarnos si no las sacamos a la luz, donde podemos acogerlas y liberarlas de sus cargas.

Puesto que estas heridas infantiles están tan profundamente escondidas dentro, muchas personas creen que albergan malos sentimientos en una parte fundamental de sí mismas. Cuando se salen de la identificación con el ego, estas personas empiezan a darse cuenta de que esos malos sentimientos son solamente patrones de energía y sistemas de creencias que tienen que liberarse. Conforme despiertes y aprendas a vivir desde el Ser podrás ir incorporando y liberando algunas de esas partes «oscuras» exiliadas.

Mientras no veas desde el Ser y te expreses desde la consciencia abierta de corazón, estarás rotando entre distintas subpersonalidades, o, más acertadamente, estas subpersonalidades estarán rotando a través de ti. Antes de que despertemos, las subpersonalidades se turnan en el asiento del conductor de nuestra identidad. Una de las subpersonalidades nos impulsa con demasiada fuerza; otra parece vacilante, inmadura y confusa. Una parte quiere que la cuiden, otra es ferozmente independiente. A menudo, las subpersonalidades están en conflicto entre sí y luchan por tener el control. Después del despertar inicial, las subpersonalidades y los patrones de pensamiento siguen apareciendo e intentando ocupar el asiento del conductor de la identidad. Cuando una subpersonalidad ocupa el asiento de la identidad, parece como si esta fuese verdaderamente «yo»; de modo que la nueva habilidad que es importante que ejerzamos es el *mindfulness* del corazón, para ser conscientes, desde la consciencia abierta de corazón, de esos patrones que surgen y no nos identifiquemos con ellos. Muchas de las personas que han venido a verme me han dicho: «He visto a través del pequeño yo. Y me parece un retroceso relacionarme con esos patrones de pensamiento como si fuesen personalidades». Esto tiene sentido intelectualmente, y yo también he intentado verlo de esta manera. Pero esta es la forma en que se han creado y en que se manifiestan las subpersonalidades, de manera que, si no nos encontramos con ellas tal como son, pueden acercarse sigilosamente y provocar el caos en nuestras vidas.

Trabajar con varias partes internas ayuda a superar la ilusión de que hay un yo único, firme y separado. Es necesario superar esta ilusión para despertar y crecer. Por ejemplo, en terapia de pareja uno de los miembros puede decir: «Una parte de mí está verdaderamente enfadada por el hecho de que no quieras ir a casa de mi hermana este fin de semana, y otra parte es capaz de escuchar por qué no quieres ir. ¿Puedo hablarte primero de la parte enojada?». Esto permite que las personas mantengan su conexión amorosa –y que no se sientan atacadas– incluso cuando el compañero expresa emociones fuertes. Advertir nuestras partes internas nos permite separarnos de la identificación con el ego y situarnos como un yo observador, y entonces podemos regresar de nuevo a la consciencia abierta de corazón, la cual acoge nuestros múltiples aspectos. Después del despertar inicial, la capacidad de incluir todas las partes es uno de los desarrollos más importantes hacia la estabilización. Desde la consciencia abierta de corazón tenemos la capacidad de percibir esas subpersonalidades como partes nuestras, en lugar de tomarlas por nuestra identidad principal.

He averiguado que es posible empezar por trabajar con las subpersonalidades y llegar al ámbito del Ser; pero más a menudo empiezo por presentar directamente a las personas el ámbito del Ser y luego las animo a que den la bienvenida a las subpersonalidades, a que se relacionen con ellas y las alivien de sus cargas. Estas partes parecen estar necesitadas y asustadas y ser hostiles, pero no hay ninguna que sea intrínsecamente mala. Todas las partes lo hacen lo mejor que pueden, desde su limitada perspectiva, para estar a salvo y encontrar amor. Cuando nos encontramos frente a frente con las partes «oscuras» que hemos evitado temerosamente, nos damos cuenta de que solamente son subpersonalidades asustadas, heridas o airadas que expresan su malestar por el hecho de que no las vemos ni las escuchamos. La identificación con el ego carece de la capacidad de otorgar a esas partes el amor que necesitan, pero incluso las partes en la sombra que parecen más heridas o aborrecibles pueden verse libres de sus cargas cuando son acogidas por el amor incondicional desde lo que Somos. Lo que empezó siendo un niño interior herido –detenido en el tiempo, constantemente asustado, como en la escena traumática de una película– puede evolucionar y acabar por convertirse en una parte alegre y colaboradora de una vida humana vigorosa. Durante el transcurso del despertar, las subpersonalidades se alzan continuamente como pretendientes al trono de la identidad, y desde la consciencia abierta de corazón podemos darles la bienvenida e incorporarlas al ámbito del Ser.

El solo hecho de permanecer en el Ser puede permitir que las emociones y creencias dolorosas, así como las subpersonalidades fuertes, empiecen a surgir espontáneamente para autoliberarse. A menudo se utilizan tres imágenes para hacer referencia a la liberación espontánea: 1) cuando aparece una vieja emoción, empezamos a sentir como si viésemos la cara de un viejo amigo; 2) las emociones incómodas pueden liberarse a sí mismas de sus cargas espontáneamente, de forma análoga a como se despliega una serpiente enroscada; 3) surgen las emociones, pero no hay nadie que reaccione ante ellas; es como si unos ladrones entrasen en un casa vacía.

Tu nuevo sentido del Ser es exactamente lo que tus partes heridas interiores han estado buscando todo el tiempo. Cuando estas subpersonalidades se sienten vistas y queridas, pueden verse por fin libres de sus cargas, y sus destructivos y dolorosos hábitos pierden energía y motivación. Cuando las subpersonalidades se ven reprimidas, negadas o atacadas interpretan que las intensas energías del cuerpo físico suponen una amenaza a su existencia y se apropian de las respuestas instintivas de *huir*, *luchar*, *quedarse quieto* y *complacer*. Estas estrategias defensivas acaban por crear más capas mentales y emocionales dolorosas encima de la señal de dolor original. Desde el Ser podemos practicar el *mindfulness* del corazón y cultivar la capacidad de detectar la influencia de los pensamientos, las emociones y las subpersonalidades fuertes antes —o poco después— de identificarnos con ellas.

Una de las formas más importantes de fomentar el vivir desde el Ser es reconocer la diferencia entre las subpersonalidades y los personajes. Los personajes (máscaras o papeles funcionales) pueden ser naturales y útiles en la vida diaria, pero no son el origen de nuestra identidad. Tenemos varios personajes que aparecen en primer plano en los momentos adecuados. Piensa en los personajes del trabajador, el amigo, el miembro de la familia o el compañero afectivo. Estos papeles nos ayudan a manejarnos en el mundo, pero podemos aprender a llevarlos como ropajes que nos cambiamos según la ocasión, sin identificarnos con ellos. Cuando estamos cómodos con nuestras emociones, nuestra personalidad y nuestros personajes, no tenemos que preocuparnos de que el despertar nos limite a un solo papel o a una única expresión de la identidad. De hecho, ocurre lo contrario: conforme vamos sintiéndonos más a gusto y estamos menos a merced de nuestras emociones, contamos con más posibilidades y una mayor flexibilidad en cuanto a nuestra expresión personal.

Algunas de nuestras historias centrales están fuertemente arraigadas en nosotros. Cuando llegamos a ellas, experimentamos dolor emocional; además, cuando sucede cualquier cosa difícil o desagradable, surge una ruptura dualística del tipo «yo contra ellos». Estas son algunas creencias negativas fundamentales que se dan con frecuencia: «hay algo que no está bien en mí, o en ellos», «yo soy malo, o ellos son malos», «soy un inútil, o ellos son unos inútiles», «soy antipático, o ellos son antipáticos», «soy tonto, o ellos son tontos», entre otras manifestaciones, infinitas, de la vergüenza, la culpa, el reproche y el odio. Cuando asumimos posiciones identificadas con el ego, junto a los sentimientos y las creencias que las acompañan (tales como «soy un inútil»), nos fusionamos con ellas. Experimentamos erróneamente esas creencias y emociones como lo que somos en lugar de experimentarlo como sentimientos que tenemos. Podemos tener la impresión de que no hay salida, lo cual nos permite regodearnos en la negatividad. O podemos desarrollar métodos para separarnos de los pensamientos negativos y defendernos de los sentimientos que sacan a relucir.

Desde el Ser, por el contrario, somos perspicaces y mostramos compasión por nuestras subpersonalidades sin dejarnos seducir por sus argumentos. Lo relevante no es la intensidad que tengan esas energías, sino en quién o en qué surgen. Una vez que hayamos encontrado el enorme y encarnado sentido del Ser que llega con la consciencia abierta de corazón no tendremos que huir de las emociones fuertes. La clave para manejar la desorientación, la desintoxicación y los dolores de crecimiento que vienen con el despertar es familiarizar-nos con el ámbito del Ser y con el proceso de despliegue, y confiar en ello. Cuando surgen las subpersonalidades ante la consciencia abierta de corazón, podemos aceptar, liberar e integrar los sentimientos y las experiencias infantiles que anteriormente repudiábamos. La sabidu-ría de la consciencia abierta de corazón comprende que la ignorancia y la confusión fueron el origen de las dolorosas acciones que cristali-zaron como subpersonalidades. Cuando vivimos desde el Ser, las ne-cesidades humanas básicas que anteriormente habían permanecido escindidas e insatisfechas, como «quiero que me vean» o «quiero que me valoren», pueden ser abordadas y satisfechas. Llegamos a darnos cuenta de que somos valiosos y únicos, como todos los demás. Con este profundo cambio de perspectiva, la energía emocional que que-de en una herida o en un nudo fundamental vuelve a la persona como fuerza vital y creatividad.

Una alumna me contó en una ocasión que un pequeño incidente acontecido en el ámbito laboral la hizo sentirse ignorada: no la habían invitado a ir a almorzar con los compañeros. Cuando los vio reírse al salir por la puerta, una fuerte emoción empezó a agobiarla. Como ha-bía practicado los pequeños atisbos muchas veces, consiguió regresar rápidamente al Ser. Se desenganchó inmediatamente y regresó a la consciencia abierta de corazón, a pesar de que el sentimiento de «verse ignorada» se hizo más fuerte. Entonces oyó cómo el sentimiento habla-ba con la voz de su niña interior: «Soy despreciable, nadie me ve; ¿por qué debería intentarlo siquiera?». Permaneció con este sentimiento, hasta que pudo discernir la respuesta que le llegó desde la amorosa presencia del Ser. Emergió una voz compasiva que se dirigió a la niña interior herida: «Está bien, cariño, estoy aquí. Dime qué te pasa».

Al principio, esta invitación hizo que la niña interior herida se in-dignase aún más: «¡Todo el mundo me ignora!, ¡nadie me escucha!». Pero fue capaz de responder con comprensión desde su Ser: «Sí, aquí estoy. Oigo lo que dices de que nadie te escucha». Sintió que su niña interior herida empezaba a protestar de nuevo y que luego se detuvo; se dio cuenta de que había sido recibida al fin, por medio de la escucha compasiva, desde el Ser. Por primera vez, ella pudo estar plenamente presente con su tristeza incómoda y profunda. Algo ubicado muy dentro de sí se suavizó y empezó a cambiar. En ese momento, sintió que su identidad real era la amorosa presencia del Ser, la base de la cual era un amor tan totalmente incondicional que acogía hasta las partes «odiosas» de sí misma. Luego contó que se sintió como si «fuese el amor mismo», si bien sus viejos hábitos de identificación con los dolores del pasado le habían impedido darse cuenta antes. El peso de un antiguo patrón empezó a aligerarse. Durante los meses y los años siguientes, los patrones de pensamiento «soy odiosa» y «nadie me escucha» siguieron presentándose periódicamente, pero ya no tenían el poder de dominarla. Reconocía y liberaba estos pensamientos en el momento en que aparecían, a veces deprisa y a veces despacio, pero cada vez con mayor facilidad.

## Desintoxicación

La consciencia abierta de corazón nos permite empezar a despertar a la expresión creativa y la relación con los demás (es lo que en esta obra se ha denominado *despertar exterior*). La consciencia abierta de corazón no solamente significa tener la capacidad de descansar como lo que Somos, sino también de crear y de vivir una vida despierta. Es la nueva manera de conocer desde el Ser. Optar por la consciencia abierta de corazón libera a las subpersonalidades de la carga de actuar como si fueran nuestra identidad primordial. Los patrones de pensamiento se desenmarañan; las emociones y las historias que mantenían vigentes los ciclos del sufrimiento acaban por aflojarse y deshacerse. La consciencia abierta de corazón es el principio de un proceso de reinserción emocional. El hecho de pasar a vivir desde el Ser nos abre a un nivel de sensibilidad emocional al cual no podíamos acceder anteriormente.

Una vez que aprendemos a reubicar nuestra identidad, lo que se ha llamado tradicionalmente «la noche oscura del alma» se convierte en un período de limpieza. Conforme se va encarnando la consciencia despierta, puede darse un período de luto necesario, al que llamo

«¡qué fastidio!» en honor a Charlie Brown, el personaje de cómic. Todos hemos tenido pérdidas: la muerte de un ser querido, el divorcio
de los padres, el final de un sueño de toda la vida, una ruptura amorosa... Algo que ocurre habitualmente cuando se llega a la etapa de la
consciencia abierta de corazón es que se descubre el *mindfulness* del
corazón y la capacidad de permitir que la aflicción, anteriormente
bloqueada e irresoluta, se distienda, se procese y se disuelva.

Muchas personas dicen que experimentan un nuevo sentimiento
consistente en una «dulce tristeza», o una intimidad cariñosa, cuando
entran en esta etapa. Otras dicen que sienten como si sus corazones
se estuviesen partiendo sin razón alguna. Sin embargo, si indagamos
al respecto ¡descubrimos que el corazón no se está partiendo! Lo que
ocurre es que están rompiéndose y abriéndose los muros que habíamos construido alrededor del corazón. Ahora podemos experimentar
plenamente las emociones que eran demasiado fuertes para que las
manejase la identificación con el ego. Con el apoyo de la consciencia
abierta de corazón podemos sentir una gran aflicción mientras permanecemos vulnerables y seguimos siendo valientes.

Al principio podemos experimentar el Ser como descansar en silencio o en quietud, pero con el fin de permanecer en primer plano,
el Ser debe conocerse a sí mismo. Eso significa evitar quedar atascados en la quietud o «colgados» en el desapegado testigo consciente. En
lugar de permanecer en un estado transcendente, podemos aprender
a permitir que la consciencia sin forma se mezcle con nuestra forma
corporal y nos proporcione apoyo para nuestra limpieza.

Podemos limpiarnos a todos los niveles: físico, mental, energé-
tico, emocional y espiritual. Para permanecer en el proceso de desintoxicación es importante que distingamos entre dos tipos de dolor:
hay señales de dolor que apuntan a un peligro real y que necesitan una
respuesta inmediata; por ejemplo, el sobresalto de miedo que experimentamos cuando empezamos a cruzar la calle y vemos venir un
automóvil de repente. Y luego están los dolores de crecimiento. Con
estos puede ser que sintamos una señal de dolor pero que no exista una amenaza real, como cuando tenemos los músculos doloridos

después de hacer ejercicio. Esta clase de dolor indica que está habiendo una mejora como resultado de que estamos rompiendo los músculos como uno de los pasos del largo proceso de fortalecerlos.

El dolor de la desintoxicación o de la fundición de las emociones reprimidas indica que estamos dando un paso adelante en el camino de hacernos más fuertes. Cuando entramos en un lugar y hacía un frío glacial en el exterior, y sentimos el dolor de las manos al descongelarse, no intentamos aliviar ese dolor por medio de volver a sacar las manos a la intemperie. El hecho de reconocer que nos estamos descongelando nos permite no interrumpir el proceso, positivo pero doloroso, de recuperación de la plena vitalidad; en lugar de ello, aprendemos a convivir con el proceso. Del mismo modo, el hecho de aprender a estar con las emociones dolorosas durante la «desintoxicación» cambia la relación que tenemos con toda nuestra vida emocional.

En cuanto a la identidad, pasamos del ego al Yo testigo, y de ahí pasamos al Ser. Cuando estamos identificados con el ego estamos en el caos y la negación, y luchamos con las emociones y situaciones inquietantes, o nos vemos agobiados por ellas. Cuando pasamos al Yo testigo, tenemos espacio para observar, pero estamos desapegados de la plenitud de la vida. Cuando descubrimos la presencia, podemos estar encarnados mientras somos testigos desde dentro. Cuando descubrimos la presencia podemos estar arraigados en el cuerpo mientras observamos desde dentro. En cierto momento veremos que el Ser está dando la bienvenida a todos nuestros sentimientos, ya que sabe que no son una amenaza real. El Ser es como una abuela sabia que puede estar con un niño chillón de dos años al cual le consiente que manifieste su pataleta sin reaccionar demasiado.

Conforme se sueltan nuestras energías primarias, podemos sentir como si algo dentro de nosotros se estuviese liberando, como si estuviésemos limpiando el polvo de nuestras botas o tendiendo un trapo a secar. Podemos sentir como si el calor de la energía que hemos liberado nos estuviera cociendo lentamente y nos purificase hasta nuestra esencia. Durante este período de desintoxicación podemos sentir emociones desacostumbradamente fuertes: no solamente enfado, sino rabia e incluso una furia asesina; no solamente miedo, sino terror. A veces, una situación personal o un recuerdo traumático acompañan al fuerte sentimiento, y a veces no. En la Experiencia Somática –el trabajo de sanación de los traumas desarrollado por Peter Levine– se recomienda ajustar, o regular, la cantidad de energía que se libera, y que uno mismo se proporcione recursos en los que apoyarse. Podemos hacer que nuestro recurso sea la fuente de la consciencia despierta y utilizar la elección intencionada para regular el proceso de desintoxicación, aunque a veces eso puede tomar vida propia. Cuando nos damos cuenta –desde el Ser– de que existe un sentimiento de terror pero ninguna amenaza real, podemos enfrentarnos a lo que anteriormente nos había parecido insoportable sin tener que resistirnos a ello o identificarnos con ello. Dentro de la consciencia abierta de corazón es importante que encontremos y alimentemos las cualidades que tengan que ver con el valor, guiados por el deseo de libertad que tiene nuestro corazón.

Hace varios años pasé por una fase de desintoxicación. Me encontraba sentado en una cafetería y tenía una taza de té delante, mientras escuchaba una música de fondo agradable y hablaba con un viejo amigo al que no había visto desde hacía tiempo. De pronto, mi cuerpo se vio invadido por un terror primario. Sentí la necesidad de marcharme de allí. No vi nada en el entorno que hubiese podido desencadenar esa respuesta, de modo que busqué en mi interior para ver si había algún recuerdo o alguna situación emocional reciente que hubiesen podido inducir ese terror. Entonces me di cuenta de que se trataba de una experiencia que formaba parte de mi proceso de desintoxicación. Toda la vida había intentado defenderme de sentimientos fuertes como la ira, el terror y la soledad. Esta desintoxicación estaba descongelando mis emociones profundamente reprimidas. ¿Sabes cuando decimos «me ocuparé de esto más adelante»? Bien, ese «más adelante» era ahora. Darme cuenta de esto lo cambió todo. Decidí que abordaría mi terror con una estrategia de «zen para perros». Pensé: «Quieto, estate quieeetooo. No controles, no te resistas, no te identifiques».

Mi amigo debió de ver el sudor que corría por mi cara, porque me preguntó:

—¿Estás bien?

—Sí –respondí–, es algo que estoy sintiendo; no es nada personal.

Cuando me oí a mí mismo diciendo «no es nada personal», me reí. Ese terror no era una respuesta personal a nada que hubiera dicho mi amigo; de hecho, esa fuerte emoción ni siquiera constituía una amenaza personal para mí. Mi amigo siguió contando lo suyo, y yo seguí respirando mientras el terror iba pasando a través de mí.

Llamo a este tipo de desintoxicación «agita y cuece». El dolor que sentí era un dolor de crecimiento normal. La energía que al principio me había sacudido como a un trapo me abrió a una vitalidad que no había sentido antes. A ello le siguió una especie de audacia y de valor, que pasaron a estar más a mi alcance. Cuando se manifiestan esta clase de sentimientos intensos, es bastante típico que ciertas subpersonalidades crean que van a perder el control y «morir». Cuando las subpersonalidades temen por su propia muerte y nos identificamos con ellas, nosotros también sentimos como si fuésemos a perecer físicamente, o a quedarnos en el «infierno» de un dolor incesante. Por el contrario, cuando vivimos desde el Ser, las subpersonalidades y las energías vitales no constituyen una amenaza, por más fuertes que sean.

Una alumna que estaba pasando por su propia desintoxicación de «agitar y cocerse» contó que mientras hablaba con su jefe en el trabajo sintió un fuerte impulso que surgió de su vientre. El impulso viajó por su columna vertebral hasta su mandíbula y sus hombros, e incluso sus ojos, antes de desencadenar una respuesta de lucha. Identificó esa feroz emoción como una necesidad de tener razón, aunque su jefe no estaba insinuando que ella estuviese equivocada. Reconoció sentimientos que había experimentado en su niñez, que le resultaron familiares, de sentirse rechazada, invisible, herida y objeto de burla. Entonces reconoció una subpersonalidad que se defendía de esos sentimientos, los mismísimos sentimientos que también la habían impulsado a triunfar en la vida. En un momento fue capaz de entrar en su espacio de Ser. Desde allí, le habló a su parte infantil: «Ya no tienes que estar al mando, cariño». Su cuerpo se relajó completamente. Después de eso fue capaz de expresar su opinión a su jefe de una manera sencilla, clara y sincera.

## Reconfigurarnos para permanecer en el Ser

La identidad que emprende el viaje no es quien sabemos que somos tras el despertar; pero ya que al principio no podemos concebir cómo viviríamos sin el ego como gerente, vivir desde el Ser nos parece un proyecto imposible. No lo es. Ahora bien, tienes que reconocer el efecto rebote que puede hacerte retroceder de distintas maneras. Muchas personas que han empezado el viaje del despertar han dicho que han vuelto a la mente como consecuencia del miedo o del aburrimiento. Estar sentado sin saber y sin ego puede desencadenar fuertes señales de miedo y las correspondientes respuestas de defensa por parte del ego. Por extraño que pueda parecer, al principio debes estar dispuesto a que la paz te aburra. Como estamos acostumbrados a muchísimos estímulos procedentes de los dramas emocionales y la fascinación mental, acostumbrarse a la paz y al bienestar puede suponer una gran transición, aunque sea lo que verdaderamente queremos. (Ahora bien, no se trata de que nos veamos seducidos por el camino y nos quedemos en el remolino de la paz, la quietud y la calma). Puede ser que nos sintamos empujados a volvernos a identificar con el ego para «ser alguien» justo después de haber soltado nuestra vieja identidad. Puede ser que nos agobiemos y regresemos a la mente si no podemos soportar la desintoxicación y la lenta transición de la reconfiguración. El Ser es capaz de soportar los miedos y las protestas de los viejos programas, y de saber que nuestras emociones son reales, pero que lo que dicen no es cierto.

Conforme asentamos la capacidad de permanecer en el ámbito del Ser, el amor que sentimos nos conduce a implicarnos en acciones y expresiones creativas y compasivas. Cuando la consciencia despierta se encuentra con nuestra humanidad, se entrelazan cuatro cualidades: la *bondad amorosa*, la *compasión*, la *alegría empática* y la *ecuanimidad*. Estas cualidades esenciales permiten que la consciencia despierta se encarne como el amor y la interconexión que permean nuestro cuerpo. Las cuatro cualidades del amor se conocen en lengua pali como *brahma viharas*, 'las casas de lo Divino' o 'las moradas superiores'. Cuando la consciencia sin forma adopta formas conscienciales, estas cuatro cualidades se manifiestan y revelan ser las estructuras esenciales y las capacidades naturales del amor.

## Hacer desde el Ser

La lengua china contiene el término *wu wei*, que puede traducirse como 'espontaneidad' o 'acción sin esfuerzo'. *Wu wei* no significa esperar pasivamente, sino reconocer activamente que la acción espontánea ya está teniendo lugar, sin vernos dirigidos por un «hacedor» identificado con el ego. El Ser ya está siempre aquí, de forma natural, pero aún no estamos configurados para operar desde él. Operar desde el Ser significa interactuar, responder y crear desde un estado de flujo panorámico en el que nos sentimos libres del egocentrismo y de la identificación con el ego, y en el que a pesar de todo seguimos teniendo pleno acceso a nuestra memoria y a las habilidades que hemos aprendido. La mayoría de nosotros, que no vivimos en un monasterio o en una cueva –o que no nos pasamos la mayor parte del día meditando–, debemos encontrar un equilibrio entre el hacer y el dejar que las cosas sean tal como son. Por lo tanto, tenemos que aprender a desenvolvernos en el mundo sin regresar al hacedor. La consciencia despierta, en tanto que el ámbito del Ser, posee intencionalidad y capacidad de elección.

El descubrimiento de la consciencia local y la intencionalidad de la consciencia abierta de corazón nos capacitan para confiar en la acción espontánea que surge desde el Ser. Con el fin de pasar de la permanencia a la estabilización, y de la estabilización a la expresión, tenemos que aprender la paradójica danza de actuar desde el Ser. En última instancia, actuar desde el Ser es mucho más fácil y confortable que hacerlo desde nuestra agobiada y temerosa identificación con el ego. Cuanto más actuemos desde el ámbito del Ser en lugar del de la identificación con el ego, más fácil nos resultará hacerlo. Al final, la actuación desde el Ser pasa a ser el nuevo hábito y acontece por sí misma.

*No hacer*, en el sentido de ausencia de esfuerzo, no significa no hacer nada. *Wu wei* hace referencia a no identificarse con el antiguo «hacedor». Sin embargo, mantener la creencia fija de que «no hay nada que hacer» puede constituir un malentendido que refuerce la apatía. Comparado con el *wu wei*, el programa de identificación con el ego del viejo hacedor puede parecer compulsivo, como el comportamiento de un perro que cava obsesivamente en busca de un hueso. Al salirnos de las subpersonalidades obstinadas e identificadas con el ego, empezamos a experimentar la acción sin esfuerzo conforme vamos conectando con la inteligencia espontánea y vivaz que es el sello distintivo de la vida despierta. Podemos sentirnos apoyados y contentos, como niños en un día de verano; podemos disfrutar de una sensación liberada de curiosidad y alegría. Además, podemos sentir el poder de actuar y la libertad de elección. Paradójicamente, estamos entregando nuestra voluntad personal a un poder mayor que nuestro ego, y aun así, al hacer esto, obtenemos la verdadera libertad y la auténtica capacidad de responder (de ser responsables).

Cuando vivir desde la consciencia abierta de corazón sea lo normal para nosotros, nuestra motivación, nuestra intención, nuestra disposición y nuestra dedicación brotarán desde un lugar nuevo. El ámbito del Ser no se limita a nuestra identidad individual, sino que se ve a sí mismo en los demás. Como resultado de ello, surge a muchos niveles un sentido de comunión y de comunicación entre la gente y dentro de los grupos. Cuando vemos a los demás como a nosotros mismos, somos libres para vivir desde una ética nueva basada en el bien común, en lugar de vernos impulsados por el miedo a la carencia o una lista de «deberías».

Una alumna con la que estaba llevando a cabo una serie de sesiones por teléfono me dijo que había empezado a acceder a la sensación de Ser.

—Es increíble la apertura que siento —me dijo—, pero tengo un poco de miedo a seguir con este despertar, porque no quiero perder mi pasión por la creación artística, que ha sido siempre el amor de mi vida.

—¿Qué pensamientos te hacen creer que podrías perder tu pasión? —le pregunté.

—Si creo que todo está bien tal como es, me preocupa perder toda mi motivación y mi impulso. No crearé nada. Es casi un «¿por qué molestarse?». Mis pensamientos me dicen que la satisfacción me conducirá a la apatía.

—Estás describiendo la primera etapa de descubrimiento del Ser: el descanso en el Ser que eres —le dije—. El Ser no depende de la acción ni del pensamiento. Para ser quien tú *eres*, tú no tienes que *hacer* nada. —Y terminé—: Conforme el Ser se va convirtiendo en el origen de tu identidad, tiene lugar una reconfiguración que permite que la energía vital borbotee. Si puedes esperar y confiar, obtendrás una nueva inspiración que te llevará a actuar de otras maneras.

Le sugerí a mi alumna que indagase:

—¿Qué tal si, ahora mismo, tu motivación primordial para la creación artística estuviese basada en tu sentido del bienestar, la curiosidad y la energía?

Mi alumna se tomó esa indagación en serio. Tres meses después me llamó para decirme que su arte había tomado una dirección diferente y que le habían encargado que crease una instalación artística para un parque público.

Según van pasando por la reconfiguración y la desintoxicación, algunas personas aprovechan la oportunidad para cambiar aspectos de sus vidas, pero muchas continúan con las mismas relaciones, profesiones y vidas exteriores. Es importante reconocer el período inicial de descanso, de no hacer, de desengancharse del impulso de la voluntad; este proceso a menudo es necesario antes de que lo nuevo aparezca. Así como muchas veces los adolescentes duermen más que los niños, los acelerones de crecimiento que experimentamos pueden inducirnos sueño.

El hecho de soltar las antiguas motivaciones puede reducir por poco tiempo nuestro impulso activo, mientras nos reconfiguramos y hacemos la transición hacia nuestro nuevo sistema operativo. Las mentes de algunas personas se quedan calladas durante este período. Otras personas empiezan a desbloquearse enérgicamente, y quizás experimenten una aflicción necesaria según van desbloqueando sus vidas emotivas. En el caso de algunos individuos, sienten el desbloqueo como un soltar los nudos emocionales y físicos de su cuerpo. Es importante recordar que las mismas defensas del ego que nos protegen del dolor emocional también socavan nuestra fuerza vital natural. Cuando estos nudos emocionales (y las defensas contra las emociones) acaban por desenredarse, pasamos a tener a nuestra disposición más energía espiritual, emocional y física que nunca antes.

Según dejamos que nuestras defensas surjan, pasen por nuestro cuerpo y se disuelvan, algunos de nuestros antiguos sistemas de creencias nos gritan para que regresemos a ellos; profieren amenazas y repiten viejas historias, tales como «¡eres un vago!», o «¡vas a acabar como un vagabundo que no vale para nada!». Puesto que el gran transatlántico que es tu vida ha ido echando vapor en una determinada dirección hasta este momento, tiene que llegar a detenerse totalmente antes de poder girar y tomar otro rumbo. Puedes tener la sensación de que te estás deteniendo y no estás yendo a ninguna parte cuando, de hecho, estás en medio de la transición, sumamente importante, hacia vivir desde el Ser.

## Vivir desde el Ser

Uno de los motivos por los que no permanecemos en el Ser es que la «nueva forma de conocer» y el desarrollo del «hacer desde el Ser» necesitan cultivarse y ser practicados. Es fácil detenerse y perderse en estados de transición como la dicha del cuerpo sutil o la observación meditativa, porque estos estados están libres de las intensas energías vitales. Es esencial que residamos en el siguiente estado que es la consciencia abierta de corazón y la forma de conocer no conceptual. Sin este fundamento nos veremos incapaces de manejarnos en el mundo sin tener que regresar a la identificación con el ego para afrontar el día a día. Al final, la nueva forma de conocer desde la consciencia despierta puede reconfigurarnos de tal manera que la función del ego y la memoria se vinculen con el Ser.

Después de haber pasado a la consciencia despierta y de haberla encarnado un cierto tiempo, hacer algo nuevo —como dar una conferencia— puede hacer que te sientas nervioso, pero no experimentas ninguna preocupación subyacente por la posibilidad de fracasar. En esta etapa de transición, cometerás errores a medida que experimentes con la acción desde el Ser, pero serás capaz de reírte de dichos errores y de tener compasión por ti mismo. Cuando te enfrentes a una tarea difícil no tendrás que cerrarte ni que volver a la identificación con el ego, porque habrás conseguido otra cualidad del corazón: una sensación de valor y de honradez. Es posible estar abierto de corazón y ser vulnerable cuando se cuenta con el apoyo de la consciencia despierta; uno puede enfrentarse a la adversidad o a los desafíos sin derrumbarse.

Una pareja que poseía su propio negocio y había estado implicada durante décadas en distintos tipos de trabajo espiritual acudió a un retiro de una semana que yo dirigía. Se encontraron con que el enfoque de la consciencia abierta de corazón juntó inmediatamente todo lo que habían experimentado con anterioridad. Después de unos meses de práctica, empezaron a experimentar cambios importantes. Anteriormente se habían sentido atrapados en el mandamiento «sé siempre positivo», del que dijeron que les había llevado hacia la codependencia y a la indecisión, sobre todo en relación con sus empleados. Anteriormente, habían dejado que pasasen fechas de entrega y que se hundiesen proyectos por miedo a herir los sentimientos de otras personas. Ahora se daban cuenta de que, como habían sido incapaces de comunicarse claramente y de asumir los riesgos adecuados, se habían autosaboteado.

La pareja dijo que ambos habían encontrado un nuevo valor, una nueva claridad y un nuevo deseo de actuar. Un año después, su empresa fue elegida Empresa Top Green en su estado de residencia. El marido dijo: «Nos sentimos libres de dejar nuestra anterior forma de proceder y comunicar a los empleados lo que necesitábamos. Tuvimos el valor de ser honrados y mostrarnos categóricos».

El bienestar del que estamos hablando aquí no es solamente físico, mental, emocional o psicológico; es el bienestar de nuestra mismísima esencia: una seguridad verdadera, que no puede verse dañada, y una confianza básica, que es el fundamento de la nueva identidad. Como la identidad no se basa en ideas, ni en acciones, ni en expectativas, hay una sensación de apertura y se siente en lo profundo que todo está bien. La sensación de bienestar no se limita a nuestra propia experiencia interna, sino que se extiende horizontalmente hacia la manera en que percibimos el mundo y a los demás. Este bienestar no se basa en creencias ni en el pensamiento positivo, sino que procede de la comprensión central de que cada uno de nosotros y los demás no estamos separados.

A medida que el despliegue del despertar sigue teniendo lugar hacia lo profundo y hacia dentro –hacia el pozo del Ser– alcanzamos una profundidad que aporta unas aguas vitales refrescantes a las partes ocultas más oscuras de nosotros mismos. Al impregnar todas las dimensiones conscientes e inconscientes, sabe que los sentimientos de vergüenza, de inutilidad y de no ser digno de amor no son ciertos. Esto se extiende a la energía básica que es la supervivencia. Esta dimensión vertical del Ser nos conecta con los canales sutiles y con los centros de energía del cuerpo de arriba abajo y de nuevo hacia arriba. Tenemos la capacidad de sentirnos en casa en el propio cuerpo.

Vivir desde el Ser nos proporciona el descanso y el amor que todos hemos anhelado. Conocemos la consciencia despierta, que tiene la inmaculada claridad de un cielo matinal enorme y deslumbrante. El ámbito del Ser aporta el equilibrio del cielo nocturno, en el que hay una sensación de quietud más profunda que el sueño, si bien el estado de vigilia es total; se trata de una paz primordial. En palabras de un alumno: «El ámbito del Ser es lo único que hizo que el terror desapareciese». Por fin se ve a través del miedo al miedo a la muerte. Por primera vez somos capaces de sentir dos verdades importantes a la vez: que la consciencia despierta, en tanto que nuestro ámbito del Ser, no ha nacido nunca y no puede morir, ni siquiera sufrir daño; y que nuestro querido cuerpo humano nace, cambia y siente dolor y amor, hasta que un día desaparece. Desde el Ahora podemos sentir ambas verdades y saber que todo está bien.

## Las líneas del amor

La consciencia abierta de corazón establece una nueva base de compasión y ética en la manera en que tratamos a los demás. Conforme vamos progresando en los niveles de la mente, conseguimos beneficios en cada etapa; beneficios como la capacidad de decidir más racionalmente y de ser atentos y considerados con los demás. No obstante, si no seguimos creciendo permanecerán ciertas limitaciones. Si nos quedamos en la mente muy sutil del testigo puro, podemos desapegarnos y no tener en consideración nuestras emociones y las de los demás. Podemos acabar en un estado de relativismo ético en el que todo nos parezca lo mismo y acabemos banalizando el dolor y el sufrimiento que experimenta la gente en la vida diaria.

Por el contrario, cuando pasamos a vivir desde la consciencia abierta de corazón somos capaces de sentir el dolor de los demás sin cerrarnos ni sentirnos agobiados por ello, porque también vemos el enorme despertar al mismo tiempo. El amor es una fuerza unificadora. La consciencia abierta de corazón ve, desde el amor incondicional de nuestra auténtica naturaleza, que todos estamos interconectados.

En cierto momento empezamos a sentirnos liberados de los habituales patrones de la identificación con el ego. Empezamos a experimentar el campo ilimitado de la fuente de la vida, que es infinita e invisible. Al experimentar directamente lo interconectados que estamos, empezamos a despertar a las intenciones de nuestro corazón, y aprendemos a unificar la contemplación y la acción. En ese momento, nuestro fundamento es la consciencia incondicionada y el amor incondicional. Desde la consciencia abierta de corazón vemos también la singularidad y la individualidad de los demás. Aunque nos sentimos ilimitados, respetamos los límites personales. Vemos las fortalezas y las debilidades de los demás, y aprendemos a relacionarnos desde el respeto y la integridad.

El amor incondicional fluye a través de los canales específicos del respeto, la integridad, el propósito, el significado, el valor, la capacidad de respuesta, el perdón y la compasión; y todos ellos forman el fundamento de nuestras nuevas vidas, éticas por naturaleza. Conforme se va desplegando el despertar, empezamos a ver que existen tipos diferentes de amor y de respeto y que cada uno sigue sus propias líneas, como los cables eléctricos de color diferente. Existe el amor de la amistad, el amor romántico, el amor fraternal, el amor entre padres e hijos, el amor entre alumnos y profesores, el amor colaborativo y el amor entre jefe y empleados. Cada tipo de amor tiene su propio cable, y cuando el amor incondicional fluye por uno de estos cables, ese amor es pleno y fuerte como un río que llega al mar. Cuando los tipos de amor permanecen dentro de los límites del respeto y no se cruzan las líneas, por lo general no se da ninguna clase de confusión, de seducción o de abuso.

Desde nuestro sentido del yo convencional, nuestra ética se nos impone frecuentemente desde fuera, quizá desde un conjunto de mandamientos, leyes o normas que nos dicen que si los transgredimos seremos castigados o seremos culpables. Es muy fácil que la gente siga la ética de una multitud o de un Estado que reivindique un camino intelectual «correcto» y que defina a quienes disienten o a los subgrupos como «equivocados» y «diferentes».

Desde la consciencia abierta de corazón empezamos desde una posición muy diferente; nuestro potencial para ver compasivamente y actuar espontáneamente, incluso valerosamente –tanto en el ámbito personal como en el social–, es una dinámica totalmente nueva. Esto no es algo que podamos hacer pensando o que se pueda crear solamente por medio del esfuerzo. Esta capacidad nueva nos ayuda a enfrentarnos con las dificultades externas así como con el proceso interior de reconfigurar y desintoxicar nuestras vidas emocionales. Una vez que hemos pasado a otro nivel de la mente y del corazón, empezamos a sentirnos en casa dondequiera que vamos.

El cambio de nivel nos permite gozar de una nueva perspectiva que puede transformarnos profundamente. Mucha gente experimenta

SALTO A LA LIBERTAD

algo parecido la primera vez que ve una fotografía tomada desde el espacio exterior de nuestro precioso planeta azul. Si cada uno de nosotros descubrimos nuestra propia verdad interior y después nos juntamos mientras respetamos la diversidad en nuestra unidad, podemos hacer que nuestros corazones actúen desde el amor incondicional y transformar la manera en que vivimos juntos.

---

ATISBO: Dar la bienvenida a las partes que están en la sombra

Puedes efectuar este atisbo al final de cualquier sesión de práctica o en cualquier momento del día, cuando sientas que necesitas algo de amor y consciencia o que una parte de ti ha recreado la identificación con el ego. Con frecuencia, las personas que han tenido un despertar inicial niegan las partes que están en la sombra, o no las ven, porque creen que han ido definitivamente más allá de la identificación con el ego. Sin embargo, el camino hacia la estabilización y la expresión consiste en enfrentarnos a las partes nuestras que están en la sombra e incorporarlas al ámbito del Ser.

Empieza por comprobar dentro de tu cuerpo y alrededor de él para ver si hay alguna subpersonalidad o partes de ti de las que seas consciente. Desde la consciencia abierta de corazón, interésate por estas partes tuyas. Mira si puedes permitirte sentir con claridad una de estas partes.

1.  Siente que ves lo que eres desde el Ser. Pregúntate: «¿Soy consciente de esta parte? ¿Qué aspecto tiene esta parte, qué dice, cómo la siento?». Deja que esa parte, o niño interior, o personaje, o comentarista se muestre por completo; es decir, no lo abordes como un pensamiento, una creencia o una actitud pasajeros, sino como un patrón personificado y organizado dentro de ti. Frecuentemente, es una parte que habla como si fuese tú.

2.  Mientras ves esta parte más claramente, plantéate estas preguntas: «¿Soy consciente de esta parte desde mi cabeza o desde mi corazón? ¿Cómo me siento en relación con esta parte desde la consciencia abierta de corazón?». Siente que estás mirando desde el Ser.

3. Luego, pregúntale a esta parte: «¿Eres tú consciente de mí? ¿Cómo te sientes en relación con el hecho de que esté aquí y te esté viendo? ¿Eres consciente de la compasión que siento por ti?».

4. Espera hasta que experimentes con claridad que esta parte separada está comunicándose contigo.

5. Seguidamente, pregúntale directamente a esta parte: «¿Qué quieres que sepa de ti?», y «¿Hay algo de lo que tengas miedo que te haya mantenido oculta?». La respuesta podría ser: «Me siento sola; no me parece que nadie me escuche; tengo miedo de que me rechacen». Si aceptas esta parte que está dentro de ti, si la escuchas desde la consciencia abierta de corazón, todo empieza a cambiar.

El primer objetivo de este proceso es que veas estas partes y te relaciones con ellas según surjan, de manera que no se apoderen del asiento central de tu identidad y hablen por medio de ti. El segundo objetivo es que conectes con las subpersonalidades, de manera que se den cuenta de que son amadas incondicionalmente. «Incondicionalmente» significa sin ninguna condición en absoluto. Las subpersonalidades son patrones, justo como la identificación con el ego, que con frecuencia se apoderarán de nuestra identidad en el nivel subconsciente en el trayecto hacia el despertar si las ignoramos o si las reducimos a meros pensamientos y sentimientos. Una parte oculta que sea aceptada con amor incondicional puede abandonar sus planes. Entonces, las partes que están en la sombra pueden ser vistas y liberadas, y podemos recuperar la energía vital que contienen, para que ello nos permita vivir desde el Ser.

# Conclusión

## LA QUIETUD DANZANTE

*A veces hay que tocar mucho tiempo para conseguir tocar como uno mismo.*

MILES DAVIS

Imagina cómo sería nuestro mundo si cada vez más gente empezase a despertar. ¿Qué ocurriría si el despertar estuviese disponible para nosotros como una etapa normal del desarrollo? Esto puede suceder, y tengo esperanzas de que ocurra.

En estos tiempo contemporáneos, en los que tenemos tantas posibilidades, podemos distraernos y acabar viviendo en la superficie. He concebido este libro y las prácticas que contiene para fomentar experiencias de las dimensiones más sencillas y profundas de nuestra experiencia humana en medio de nuestra vida diaria. Todos tenemos el potencial de reconocer la consciencia despierta, la cual nos aporta la verdadera tranquilidad y nos abre el corazón. No sé lo bastante sobre evolución como para decir que nuestra especie humana va a evolucionar, pero *sí* puedo decir que esta etapa de crecimiento puede desarrollarse a propósito. Quizá esta evolución requiere que participemos en ella voluntariamente y con constancia, como lo requirió nuestro aprendizaje de la lectura y la escritura. El despertar es uno de los mayores regalos que podemos darles a nuestros semejantes y a nuestro planeta.

Como ocurre con el cambio de cualquier hábito, el despertar requiere que le des prioridad a tu práctica. Y deberás desaprender y aprender en igual medida. Empezar el día con una sesión corta sentado o con un ejercicio de sintonización de diez o veinte minutos es tan importante como tomar el desayuno: puedes saltártelo, pero el resto del día será diferente si lo haces.

Aprende los principios de los atisbos y de la permanencia. Haz alguno de los ejercicios que se describen que te funcionen mejor. Hazlo tuyo. Desplaza la consciencia, afínate, macérate y luego abre los ojos y empieza a ver y a actuar desde el Ser, hasta que te reidentifiques. A continuación, efectúa un pequeño atisbo para volver a reconocer. Puedes hacer esto donde sea. Yo lo hago en casa, en el metro, de pie en la cola de una tienda, caminando por la calle y hablando con alguien. El silencio interior, la quietud danzante y la consciencia están siempre a tu alcance.

En última instancia, mi esperanza es que empezando con los pequeños atisbos acabes por enamorarte del amor. Cuando uno se enamora de su propia naturaleza y de las cualidades naturales de esta, uno quiere volver siempre a eso. Como ocurre con el amor romántico, cuando uno está enamorado de su auténtico yo tiene un interés, una motivación y una devoción naturales. El siguiente paso consiste en dejar de buscar en el mercado espiritual y, en lugar de ello, comprometerse. El amor que has estado buscando ya es quien tú eres (¡de manera que ya vivís juntos!). Es posible que te haya preocupado la posibilidad de que hubiese un funeral por tu ego, pero en lugar de eso lo que ha tenido lugar es una celebración matrimonial.

Cuando cultives el hábito de los pequeños atisbos, empezarás a ver cambios en tu vida diaria. Descubrirás bienestar y calma en relación con cosas que antes te molestaban. Empezarás a reconocer también esta consciencia y bondad básica, así como el dolor de la ignorancia, en quienes te rodean. Cuando estés asentado en la consciencia que sabe que no puede ser lastimada, podrás responder ante quienes estén sufriendo, en lugar de reaccionar frente a ellos.

La vida es una maestra y podemos aprender tanto de los errores, las dificultades y las decepciones como de los éxitos. Durante este proceso es importante reconocer que la duda es una herramienta discernidora del pensamiento. Por ejemplo: «No estoy seguro de que la consciencia esté desenganchada del pensamiento. Voy a intentarlo otra vez». No se trata de erradicar esta clase de dudas, que nos conducen a investigar con la mente abierta a partir de una curiosidad saludable; pero sí debemos ser conscientes de otro tipo de duda, que puede convertirse en una identidad que, a menudo, hace que la gente abandone su proceso de despertar. Esta duda susurra: «Todos los demás parece que lo estén consiguiendo. Yo no lo conseguiré nunca. Será mejor que ni siquiera lo intente». Esta clase de duda es indicativa de que has vuelto a identificarte con el ego o de que estás en manos de una subpersonalidad «escéptica». Desde la consciencia abierta de corazón empiezas a oír esta voz escéptica y le respondes con un «gracias por la información». A continuación das la bienvenida a todos los pensamientos, los sentimientos y las partes de ti mismo.

Las prácticas de atisbo de este libro te conducirán a descubrir el amor y la sabiduría naturales que están dentro de ti. La bondad y la consciencia se convertirán en tu vida. Te será más fácil encontrar el perdón y abandonar el resentimiento hacia los demás. Si no sacases nada más de este libro, recuerda que en las situaciones difíciles el primer paso es pasar a otro nivel de la mente. No te puedo dar ningún consejo de antemano sobre cómo deberías actuar; no existe garantía alguna de cómo vas a responder ni de cómo vivirás la experiencia. Sencillamente, cambia de nivel y lo sabrás. Si has experimentado un gran dolor, la consciencia despierta es la medicina definitiva. Tu corazón puede sanar. El cambio, la pérdida y la muerte son siempre partes de la vida. Incluso la gente que, como yo, ha experimentado la pérdida trágica de seres queridos puede abrirse a algo más grande que el yugo de la aflicción.

Puedes elegir cualquier momento del día para bajarte del tren del pensamiento y entrar en la consciencia despierta. Una vez que lo hayas hecho, encontrarás de manera natural una nueva motivación, una nueva creatividad, una mayor bondad y una renovada pasión por la vida. Y por favor, no esperes hasta que tu despertar se haya estabilizado para disfrutar del trayecto.

Estas son unas cuantas cosas que hacer por el camino: haz lo que ames hacer. Lleva a cabo tu desarrollo ético, psicológico y en el campo de las relaciones, y sigue creciendo en todas las áreas de tu vida. Camina por la naturaleza, baila, juega con los animales, acércate al agua, contacta con los amigos, haz algo absurdo, ríe con fuerza. Canta en la ducha; ve a un museo o a un concierto. Pasa tiempo con niños y tómate un té con sus amigos invisibles y sus animalitos de peluche. Haz un acto de amabilidad al azar, como pagarle el café a alguien (haz alguno de estos actos atrevidamente, y otros de forma anónima). Explora actividades entretenidas por ti mismo y disfruta de tu propia compañía, pero ten también la iniciativa de invitar a algún amigo a hacer algo divertido juntos. Entra en la consciencia despierta. Acepta lo que pase tal como es. No reacciones a la reactividad; no juzgues los juicios; permite, sencillamente, que todo acontezca.

Hazle un cumplido a alguien; haz una lista de agradecimientos y cuenta las bendiciones que has recibido. Pide un abrazo y recíbelo; pregúntale a alguien si quiere un abrazo y dáselo. Ponte colores brillantes un día (o la mayoría de ellos); camina por ahí con una sonrisa interior. Sé amable con tus voces interiores y diles: «Te oigo, querida; está bien». Envía buenos deseos sinceros a alguien que conozcas, y a continuación di una oración por algún desconocido que parezca estar en la miseria. Recibe el apoyo del universo. Haz una pausa antes de enviar correos electrónicos importantes.

Dedica tu práctica espiritual a toda la gente, a todos los animales, a la Tierra y al universo. Haz una lista de toda la gente que te haya ayudado o que haya sido amable contigo, incluso de pequeñas formas, y siente que esas personas están aquí y ahora como un equipo de apoyo durante el día y la noche. Examina tus propios prejuicios. Perdona a alguien incondicionalmente. Intenta ver que alguien mezquino es alguien que sufre: no lo odies y no te retires; en lugar de ello, háblale con amor. Llama a alguien con quien no hayas hablado en mucho tiempo y dile que has estado pensando en él o en ella. Sonríe, toma despacio una bocanada de aire fresco y disfruta del ahora. Envía un poco de dinero a una organización caritativa. Escucha a alguien sin darle consejos ni pensar en qué tiene que ver contigo lo que está diciendo; limítate a escuchar y a estar plenamente presente con esa persona. Recurre a tu Fuente en primer lugar, y luego siéntete vulnerable en relación con lo que te esté haciendo daño en este momento en la vida. Siente tus sentimientos desde el Ser, sin crear una historia ni proyectarte en el futuro. Escribe unas frases en tu diario para comunicar sinceramente lo que sabes, lo que piensas y lo que sientes. Sé la quietud danzante.

Da las gracias.

Dile «por favor, ayúdame» al universo.

Di «no» a lo que no quieras hacer; luego di «sí» a la vida.

Entra en la consciencia despierta y abraza la vida.

Respira y sonríe.

# NOTAS

**Introducción**
1. Mary Oliver, «The Summer Day», en *House of Light* (Boston: Beacon Press, 1990), pág. 60.
2. Dzogchen Ponlop Rinpoche, *Wild Awakening: The Heart of Mahamudra and Dzogchen*, edición segunda impresión (Boston: Shambhala Publications, 2003), págs.30-31.

**Capítulo 1. Estar en casa mientras se vuelve a ella**
1. Lama Gendun Rinpoche, de una canción popular y espontánea conocida como *Free and Easy* (que se traduce como 'libre y fácil').
2. Este dicho de la sabiduría antigua es un juego de palabras muy conocido, procedente, probablemente, de la tradición zen. Se ha publicado sin atribución en el libro de Anthony de Mello *One Minute Wisdom* (New York: Bantam Doubleday Dell, 1985), pág. 126.
3. Hsin-Hsin Ming, *Verses on the Faith-Mind by Seng-ts'an, Third Zen Patriarch* (Buffalo, NY: White Pine Press, 2001), pág. 11.

**Capítulo 2. Reconocimiento directo, despliegue paulatino**
1. Tulku Urgyen Rinpoche, *Rainbow Painting* (Hong Kong: Ranjung Yeshe Publications, 1995), pág. 121. (En español: *Pintar arco iris*. Alicante: Dharma, 2009).
2. Eugen Herrigel, *Zen in the Art of Archery* (New York: Vintage Books, 1999), pág. viii. (En español: *Zen en el arte del tiro con arco*. Móstoles [Madrid]: Gaia, 2012).
3. *Ibid*.
4. Sam Harris, *Waking Up: A Guide to Spirituality Without Religion* (New York: Simon & Schuster, Kindle Edition), pág. 137. (En español: *Despertar: Una guía para una espiritualidad sin religión*. Barcelona: Kairós, 2015).

5. B. Alan Wallace, *The Attention Revolution: Unlocking the Power of the Focused Mind* (Somerville, MA: Wisdom Publications, 2006), pág. 7. (En español: *El poder de la meditación para alcanzar el equilibrio*. Barcelona: Oniro, 2010).
6. *Ibid.*, pág. 7.
7. La cita de Tennyson es de una carta de 1874. El fragmento aparece en la nota de pie de página núm. 228 del libro de William James *The Varieties of Religious Experience: A Study in Human Nature* (Rockville, MD: Arc Manor, 2008), pág. 280. Se cita el mismo fragmento en el artículo de William T. Stead «Tennyson the Man: A Character Sketch», en *The Review of Reviews,* vol. 6, 1893 (American Edition, editada por Albert Shaw), pág. 569.
8. «True meditation», que se traduce como 'meditación verdadera', en la página web de Adyashanti (Adyashanti.org), consultada el 11 de febrero de 2015, adyashanti.org/index.php?file=writings_inner&writingid=12.
9. San Francisco de Asís, «What we are looking for is what is looking». En Ken Wilber, *The Holographic Paradigm* (Boston: Shambhala, 1982), pág. 20. (En español: *El paradigma holográfico*. Barcelona: Kairós, 1987).
10. Sri Ramana Maharshi, *Who Am I?* (Tiruvannamalai, India: Sri Ramanasramam, 2013), pág. 9. (En español: *Nan Yar. ¿Quién soy yo?* Open Sky, 2016).
11. *Ibid.*, pág. 8

**Capítulo 3. La consciencia local**
1. *The Secret of the Golden Flower: The Classic Chinese Book of Life* (New York: Harper Collins, 1996), pág. 11.
2. Wang-Ch'ug Dorje, el noveno Karmapa, *The Mahamudra: Eliminating the Darkness of Ignorance* (Dharamsala: Library of Tibetan Works & Archives, 1978), pág. 71.
3. La cita de Dudjom Rinpoche se menciona en Sogyal Rinpoche, Patrick Gaffney y Andrew Harvey, *The Tibetan Book of Living and Dying* (New York: HarperCollins, 1994), pág. 161.
4. *Merriam-Webster OnLine,* entrada «attention», consultado el 6 de marzo de 2015, merriam-webster.com/dictionary/attention.
5. William James, *The Principles of Psychology, Vol. 1* (New York: Henry Holt, 1890), pág. 420.

**Capítulo 4: Ubicación, ubicación, ubicación**
1. Ken Wilber, *The Fourth Turning: Imagining the Evolution of an Integral Buddhism* (Boston: Shambhala Publications, 2014, edición Kindle [Kindle Locations 481-486]). (En español: *El cuarto giro: Evolucionando hacia un budismo integral*. Barcelona: Kairós, 2016).
2. Tulku Urgyen Rinpoche, *Rainbow Painting* (Hong Kong: Ranjung Yeshe Publications, 1995), pág. 204. (En español: *Pintar arco iris*. Alicante: Dharma, 2009).
3. Stephan L. Franzoi, *Social Psychology, Fifth Edition* (New York: McGraw-Hill Humanities/Social Sciences/Languages, 2008), pág. 61.

4. *Merriam-Webster OnLine,* entrada «moment», consultado el 15 de febrero de 2015, merriam-webster.com/dictionary/moment.

5. Las palabras de Mingyur Rinpoche se citan en Tony Duff, *A Complete Session of Meditation* (Katmandu, Nepal: Comité de Traducción Padma Karpo, 2014), pág. 108.

6. Gampopa aparece citado en Ken McLeod, *Wake Up to Your Life: Discovering the Buddhist Path of Attention* (New York: Harper Collins, 2001), pág. 415.

7. George Santayana, *Reason in Common Sense* (New York: Charles Scribner's Sons, 1905), pág. 284.

8. Tulku Urgyen Rinpoche, *As It Is: Volume 1* (Hong Kong: Ranjung Yeshe Publications, 1999), pág. 17.

**Capítulo 5. El arte y la ciencia del despertar**
1. Blaise Pascal, *Pensées 48, 1651* (Dover, 1941).

2. Britta K. Hölzel, y otros, «How Does Mindfulness Meditation Work? Proposing Mechanisms of Action from a Conceptual and Neural Perspective», *Perspectives on Psychological Science,* 6, no. 6 (noviembre de 2011): págs. 537-559.

3. Donald O. Hebb, *The Organization of Behavior* (New York: John Wiley & Sons, 1949), pág. 5.

4. Rich McManus, «PET Pioneer Raichle Intrigued by Brain's Default Mode», *NIH Record,* 59, no. 9 (4 de mayo de 2007): pág. 2.

5. Matthew A. Killingsworth y Daniel T. Gilbert, «A Wandering Mind Is an Unhappy Mind», *Science,* 330, no. 6006 (12 de noviembre de 2010): pág. 932.

6. *Ibid.*

7. *Ibid.*

8. Samantha J. Broyd y otros (2009), «Default-mode brain dysfunction in mental disorders: A systematic review», *Neuroscience and Biobehavioral Reviews,* 33 (2009): págs. 279–96, doi:10.1016/j.neubiorev.2008.09.002. PMID 18824195.

9. Kathleen A. Garrison y otros, «Effortless awareness: using real-time neurofeedback to investigate correlates of posterior cingulate cortex activity in meditators' self-report», *Frontiers in Human Neuroscience,* 7 (agosto de 2013): pág. 440.

10. Zoran Josipovic y otros, «Influence of meditation on anti-correlated networks in the brain», *Frontiers in Human Neuroscience,* 5 (enero de 2012): pág. 11.

11. Andrew Newberg y Mark Robert Waldman, *Why We Believe What We Believe: Uncovering Our Biological Need for Meaning, Spirituality, and Truth* (New York: Free Press, 2006), pág 176.

12. Andrew Newberg, Eugene D'Aquili y Vince Rause, *Why God Won't Go Away* (New York: Ballantine Books, 2008), pág. 2.

13. *Ibid.,* pág. 7.

14. La cita de David Bohm se cita en el artículo de Anna F. Lemkow «Reflections on Our Common Lifelong Learning Journey», en *Holistic Learning and Spirituality in Education,* ed. J. P. Miller y otros (Albany, NY: State University of New York Press, 2005), pág. 24.

15. Thrangu Rinpoche, *Essentials of Mahamudra: Looking Directly at the Mind* (Somerville, MA: Wisdom Publications, 2004), ubicaciones Kindle 99-102.

16. Adyashanti, entrevistado por Oprah Winfrey, *Super Soul Sunday,* Oprah Winfrey Network, episodio 510, 20 de abril de 2014.

17. Jill Bolte Taylor, «My stroke of insight», filmado en febrero de 2008, TED video, 18:44, publicado el 13 de marzo de 2008, ted.com/speakers/ jill_ bolte_taylor.

18. «Cortical Visual Impairment, Traumatic Brain Injury, and Neurological Vision Loss», página web de la Fundación Estadounidense para Ciegos, consultada el 5 de mayo de 2014: afb.org/info/living-with-vision-loss/ eye-conditions/cortical-visual-impairment-traumatic-brain-injury-and-neurological-vision-loss/123.

**Capítulo 6. El pensamiento como sexto sentido**

1. La cita de Yogi Berra se menciona en: Patrick Goold, ed., *Sailing — Philosophy for Everyone: Catching the Drift of Why We Sail* (Malden, MA: Wiley-Blackwell, 2012), pág. 31.

2. *Merriam-Webster OnLine,* entrada «concept», consultado el 11 de febrero de 2015, merriam-webster.com/dictionary/concept.

3. Adam S. Radomsky y otros, «Part 1 – You can run but you can't hide: Intrusive thoughts on six continents», en *Journal of Obsessive-Compulsive and Related Disorders* 3, no. 2 (julio de 2014): págs. 269–279. Disponible en: hdl.handle.net/1959.3/369325.

4. Del resumen: Patricia Sharp, «Meditation-induced bliss viewed as release from conditioned neural (thought) patterns that block reward signals in the brain pleasure center», en *Religion, Brain & Behavior* 4, no. 3 (2014): págs. 202–229, consultado el 8 de marzo de 2015: tandfonline.com/doi/ abs/10.1080/2153599X.2013.826717#. VPyXnUs-7KN.

5. *Ibid.*

**Capítulo 7: La consciencia no conceptual**

1. Tulku Urgyen Rinpoche, *Rainbow painting* (Hong Kong: Ranjung Yeshe Publications, 1995), pág. 119. (En español: *Pintar arco iris*. Alicante: Dharma, 2009).

2. Howard Gardner, *Frames of Mind: The Theory of Multiple Intelligences* (New York: Basic Books, 2011).

3. Mihaly Csikszentmihalyi, «Flow, the secret to happiness», filmado en febrero de 2004, TED video, 18:56, publicado el 24 de octubre de 2008, ted.com/talks/mihaly_csikszentmihalyi_on_flow?language=en.

4. Lao Tsu, *Tao Te Ching* (New York: Vintage, 1989), pág. 51. (En español: Lao Tse. *Tao Te King*. Málaga: Sirio, 2009).

5. Mark Leary, Claire Adams y Eleanor Tate, «Hypo-egoic self-regulation: exercising self-control by diminishing the influence of the self», en *Journal of Personality* 74, no. 6 (diciembre de 2006): 1804. DOI: 10.1111/j.1467-6494.2006.00429.x.
6. Malcolm Gladwell, *Blink: The Power of Thinking Without Thinking* (New York: Back Bay Books, 2007), pág. 11. (En español: *Inteligencia intuitiva: ¿Por qué sabemos la verdad en dos segundos?* España: Taurus, 2017).
7. William Shakespeare, *Hamlet,* Acto 1°, escena 5, líneas 166–167.
8. Jill Bolte Taylor, *My Stroke of Insight: A Brain Scientist's Personal Journey* (New York: Viking, 2006), pág. 146. (En español: *Un ataque de lucidez: Un viaje personal hacia la superación.* Debate, 2015).

## Capítulo 8. Un caso sencillo de confusión de identidad

1. Dogen, *Shobogenzo: Zen Essays by Dogen* (Honolulu: University of Hawaii Press, 1986), pág. 2.
2. Lucas 9:23–24 (Nueva versión internacional, en inglés).
3. Rick Hanson y Rick Mendius, «Train Your Brain #6: Mindful Presence» (10 de julio de 2007), en la página web del Instituto Wellspring para la Neurociencia y la Sabiduría Contemplativa: wisebrain.org/MindfulPresence.pdf. Consultado el 15 de febrero de 2015.
4. Esta cita es de una editorial no especificada: «In Search of Self», en *Nature Neuroscience* 5, no. 11 (noviembre de 2002): pág. 1099. DOI:10.1038/nn1102-1099.
5. Joshua Fields Millburn, «Waking Up: Sam Harris Discusses the Benefits of Mindfulness», en la página web The Minimalists: theminimalists.com/sam/.
6. *Oxford Dictionaries,* entrada «ego», consultado el 15 de febrero de 2015, oxforddictionaries.com/definition/english/ego.
7. El ejemplo de la evolución de un microorganismo es de Christian de Quincey, *Radical Nature: Rediscovering the Soul of Matter* (Rochester, VT: Park Street Press, 2010), págs. 273–4.
8. *Ibid.*
9. Eckhart Tolle, como se lo cita en John W. Parker, *Dialogues with Emerging Spiritual Teachers* (Fort Collins, CO: Sagewood Press, 2009), págs.101–2.

## Capítulo 9. La anatomía de la consciencia

1. Shunryu Suzuki, *Zen Mind, Beginner's Mind,* ed. Trudy Dixon (Boston: Shambhala Publications, 2011), pág. 24. (En español: *Mente zen, mente de principiante.* Madrid: Gaia, 2009).
2. Patanjali, *The Yoga-Sutra of Patanjali: A New Translation with Commentary* (Boston: Shambhala Classics, 2003), pág. 68, línea 4.25.
3. William Blake, *The Marriage of Heaven and Hell: A Facsimile in Full Color* (Mineola, NY: Dover Publications, 1994), pág. 36. (En español: *El matrimonio del cielo y el infierno.* España: Cátedra, 2007).

4. Tsoknyi Rinpoche, «Two Truths — Indivisible» en *Lion's Roar* (revista *on line*), 12 de agosto de 2014, lionsroar.com/two-truths-indivisible-2/.
5. Stephen Hawking, *Curiosity: Did God Create the Universe?*, The Discovery Channel, 7 de agosto de 2011.

**Capítulo 10. La consciencia abierta de corazón**
1. La cita de Sri Nisargadatta Maharaj es de «Stream of Life», blog de la página web Gaiam, consultada el 16 de febrero de 2015, blog.gaiam.com/quotes/authors/nisargadatta.
2. Jiddu Krishnamurti, *Intelligence, Love and Compassion: Sixth Public Talk at Saanen*, vídeo y transcripción *on line*, filmado en julio de 1979, publicado en la página web de J. Krishnamurti, jkrishnamurti.org/krishnamurti-teachings/view-video/intelligence--love-and-compassion-full-version.php. Disponible con subtítulos al español y a otros idiomas.
3. Anam Thubten, *The Magic of Awareness* (Boston: Snow Lion, 2012), pág. 15. (En español: *La magia de la conciencia*. Málaga: Sirio, 2013).
4. G. K. Chesterton, del ensayo «A Defence of Heraldry», en *The Defendant*, reimpresión de la edición de 1901, Project Gutenberg, 2004. gutenberg.org/files/12245/12245-h/12245-h.htm.
5. Charla del doctor Daniel J. Siegel (2014) en el simposio Educación del Corazón, en Holanda, garrisoninstitute.org/about-us/thegarrison-institute-blog/1950-educating-the-heart.

**Capítulo 11. La siguiente etapa del desarrollo humano**
1. Pierre Teilhard de Chardin, como se cita en Robert J. Furey, *The Joy of Kindness* (Crossroads, 1993), pág. 138.
2. Stephen Ilardi, «Depression Is a Disease of Civilization», filmado en abril de 2013, TEDxEmory video, 22:20, publicado el 23 de mayo de 2013, youtube.com/watch?v=drv3BP0Fdi8. Consultado el 16 de febrero de 2015.
3. Vijay Rana, «The Future of Spirituality: An Interview with Ken Wilber», en *Watkins Mind Body Spirit* (revista *on line*), publicado el 8 de julio de 2014, watkinsmagazine.com/the-future-of-spirituality-an-interview-with-ken-wilber. Primera publicación: *Watkins Mind Body Spirit* 35, otoño de 2013.
4. John Welwood, *Toward a Psychology of Awakening* (Boston: Shambhala, 2002), pág. 11. (En español: *Psicología del despertar: Budismo, psicoterapia y transformación personal*. Barcelona: Kairós, 2002).

**Capítulo 12. El *mindfulness* sin esfuerzo**
1. Tulku Urgyen Rinpoche, *Rainbow Painting* (Hong Kong: Ranjung Yeshe Publications, 1995), pág. 155. (En español: *Pintar arco iris*. Alicante: Dharma, 2009).
2. *Ibid.*, pág. 110.
3. Jon Kabat-Zinn, *Wherever You Go, There You Are: Mindfulness Meditation in Everyday Life* (New York: Hyperion, 1994), pág. 4. (En español: *Mindfulness*

*en la vida cotidiana: Donde quiera que vayas, ahí estás.* Barcelona: Paidós Ibérica, 2009).

4. Tulku Urgyen Rinpoche, *Rainbow Painting,* pág. 120.

5. Joseph Goldstein, *Mindfulness: A Practical Guide to Awakening* (Boulder, CO: Sounds True, 2013). (En español: *Mindfulness: Una guía práctica para el despertar espiritual.* Málaga: Sirio, 2015).

6. Yongey Mingyur Rinpoche con Helen Tworkov, *Turning Confusion into Clarity: A Guide to the Foundation Practices of Tibetan Buddhism* (Boston: Snow Lion, 2014), ubicaciones Kindle 329–336. (En español: *Transformar la confusión en claridad: Una guía de las prácticas fundacionales del budismo tibetano.* Barcelona: Kairós, 2016).

7. Stephany Tlalka, «Willoughby Britton: "The Messy Truth about Mindfulness"», en Mindful.org, 4 de julio de 2014, mindful.org/mindfulness-practice/willoughby-britton-the-messy-truth-about-mindfulness.

**Capítulo 13. Vivir desde el Ser**

1. Rumi, *The Essential Rumi* (New York: Harper Collins, 1995), pág. 109. (En español: *La esencia de Rumi: Una antología de sus mejores textos.* Barcelona: Obelisco, 2002).

2. Richard Schwartz, «The Larger Self», ensayo en la página web The Center for Self Leadership, consultado el 16 de febrero de 2015, selfleadership.org/the-larger-self.html.

# AGRADECIMIENTOS

Todos los libros son creaciones que han recibido muchas influencias. Yo podré haber escrito este, pero he contado con muchísima ayuda. Esta obra ha sido fruto de la colaboración con una comunidad creciente, cambiante y solidaria.

Estos son algunos de los maestros que me han ayudado por el camino: Tulku Urgyen Rinpoche, Tsoknyi Rinpoche, Godwin Samaratne, Kosuke Koyama, Coleman Brown, Ann Ulanov, Fr. Bede Griffiths, Dan Brown, Anthony DeMello, Traleg Rinpoche, Namkhai Norbu, Khenchen Thrangu Rinpoche y sobre todo Adyashanti y Mingyur Rinpoche.

Quiero dar especialmente las gracias a mis editores: Robin Reinarch, Amy Rost, Naomi Rosenblatt, Stephanie Gunning, Ann McNeal y Jenny Tufts.

Hay personas que me han ayudado de muchísimas maneras, a las cuales quiero expresar mi agradecimiento: Maggi Kelly, Melissa Kerr, Nick Herron, Alice McLelland, John Irwin, Dick y Susan Roth, John Slicker, James Brosnan, Robin Rose, Katy Perlman, Nick Herron, Scott McBride, Paige Kelly, Carrington Morris, Satja Khalsa,

Zach Hodges, Amy Gross, Susan y Scott Anderson, Lalita Devi, Nancy Schaub, Dawn Legere, Yoga Science Foundation, Nick Rutherford, Dorothy Lichtenstein, Kurt Johnson y mi agente literario Bill Gladstone.

Soy incapaz de dar las gracias a todos los que me han ayudado nombrándolos; sabed que vuestro apoyo ha hecho que este libro esté al alcance de mucha gente.

Y, por último, quiero dar las gracias a todos los clientes y alumnos que he tenido a lo largo de los años, porque me han dejado compartir sus caminos y me han proporcionado una retroalimentación estupenda que me ha ayudado a ser capaz de ayudar a otras personas.

# ÍNDICE TEMÁTICO

# SOBRE EL AUTOR

L och Kelly, trabajador social clínico acreditado, máster en Teología, es el director del Open-Hearted Awareness Institute (Instituto de la Consciencia Abierta de Corazón), organización sin ánimo de lucro. Es educador, psicoterapeuta titulado y líder reconocido en el campo de la meditación. Mingyur Rinpoche le pidió que enseñase *sutra mahamudra* y Adyashanti que enseñase la realización de la no dualidad.

Loch tiene licenciaturas en psicología y espiritualidad por la Universidad de Columbia y el Seminario Unión Teológica, donde se le concedió una beca para estudiar tradiciones de meditación en Sri Lanka, la India y Nepal. Ha contribuido a la creación de refugios para personas sin hogar y programas de almuerzos comunitarios. Ha trabajado en una clínica mental ambulatoria de Brooklyn (Nueva York).

Loch colabora con neurocientíficos en Yale, en la Universidad de Pennsylvania y en la de Nueva York en el estudio de la meditación para descubrir formas de mejorar la compasión y el bienestar. Vive actualmente en la ciudad de Nueva York con su esposa, Paige, y su gato *Duffy*. Para más información, visita la página web del Open-Hearted Awareness Institute, en lochkelly.org.

# ÍNDICE